张治东 著

传统农耕与乡村治理
以宁夏为例

Traditional Farming and Rural Governance

A Case Study of Ningxia

社会科学文献出版社
SOCIAL SCIENCES ACADEMIC PRESS (CHINA)

序 一

非常高兴《传统农耕与乡村治理——以宁夏为例》一书即将付梓。2021年10月，治东以访学研修学者身份来浙江大学深造，我有幸成为其指导老师。治东从事的是社科研究工作，而我则是一名高校理工科教师。起初文理科的不同思维方式以及各自知识储备的差异使我们在沟通交流方面存在些许偏差和分歧，但共同致力于"三农"工作的热情，又使我们结下了深厚的师友情谊。治东在访学期间积极参与了我主持的国家重点计划研发课题"农村生活污水再生利用技术研究与集成示范"以及饮用水水源地生态湿地工程设计，并实地考察了许多浙江省的农业生态类项目。调研过程中，我们在一起讨论了关于我国农业文明与生态环境的很多问题，把文化研究与生态环境研究逐步融合在一起，形成了一条农业文明生态化发展的明晰思路。我们一致认为，从古至今的生态农业文化对于当前的和美乡村建设有着极为重要的启示意义。

拿到《传统农耕与乡村治理——以宁夏为例》书稿后，我仔细阅读、细细品味，感到该书把农耕文化与乡村的健康发展进行了有机的结合，尤其是用宁夏的发展案例来诠释宜居宜业和美乡村建设内涵，具有鲜明的特色。我深信，该书的出版对于推动我国和美乡村建设具有重要的现实意义。

　　我国是人类历史上最早从狩猎时代走向农耕时代的国家之一。早在距今一万年以前的新石器时代，在广袤的华夏大地上就出现了灿烂的农业文明。神农氏是我国尊奉的"三皇"之一，是古代传说中的农业之神。大量的考古发掘证明我国大江南北很早就已经出现了原始农业，且广泛分布在黄河与长江流域。仰韶、红山、大溪、良渚、龙山、河姆渡等文化遗址，无不展示着华夏土地上丰富、完整的农耕文化。人们常说"民以食为天"，发达的农业是中华民族繁衍生息的根本，数千年来的农耕文明筑就了我国传统文化的重要基础。新中国成立后，中国共产党更是将乡村建设视为各项工作的重中之重，党的二十大报告提出"建设宜居宜业和美乡村"，这是党对乡村建设的新要求。几千年农耕文明既是中华民族古老文化的传承，也必然能为和美乡村建设提供有力的文化支撑。

　　宁夏自古就是一个以农为主、农牧结合的省份，农耕文化底蕴深厚。数千年的传承和发展，不仅为我们留下了大量育种栽培、病虫害防治、蓄水防洪、拦截泥沙、减蚀固沟、集流抗旱、保温增墒、培肥土壤、盐碱地改良等农业技术，而且还传承发展了包括维护农村社会秩序等的农业生产实践经验和乡村礼仪制度。传统农耕实践和农耕民俗蕴含了大量朴素的生态农业理念，使得农业社会得以持久平稳地运行，实现了对耕地资源的保护和节约使用、对生物多样性的优化组合和协调选择，以及帮助人们选择最佳的生产与生态的关系和优化土地耕作制度、发展乡民艺术等。

　　《传统农耕与乡村治理——以宁夏为例》的重要特色是将祖祖辈辈传承下来的农耕智慧引入现代农业生产和现代生活方式之

中，为破解农村发展困境、促进城乡共同繁荣、推动区域协调发展、加快建设乡村全面振兴样板区提供了有效的实践路径。

传统农耕文化遗产蕴含着古人创造并传承至今的独特的农业生态思想，其根植于乡土社会，传承和发展了耕作栽培技术体系以及维护农村社会秩序等实践经验和乡村礼仪制度，具有原始的生物多样性保护和传统农业技术知识传承、朴素的生态与农业景观理念。作为塞上鱼米之乡，宁夏拥有类型多样、内容丰富、较具个性的传统农耕文化遗产，发掘和保护这些珍贵的遗产不仅可以让陈列在广袤大地上的多样性文化遗产鲜活起来，还能帮助恢复和修复宁夏脆弱的生态系统，并为促进农业的多面发展提供经验支持。正如作者所说："当前，宁夏要加快建设乡村全面振兴样板区就离不开对传统农耕文化遗产的继承和弘扬，要积极打造产业兴旺、生态宜居、乡风文明、治理有效、生活富裕的和美乡村，就要将传统农耕文化遗产的义理内涵贯彻进去，推进村镇建设和农村人居环境整治。"

全书以宁夏为例，对传统农耕文化遗产做了较为全面而详细的梳理和归类，并就其产生历史、发展现状做出叙述和分析，探寻在传承保护和创新发展中面临的主要问题，结合诸多实际案例提出了一些行之有效的措施建议，这不仅对宁夏构建现代农业产业体系、生产体系、经营体系具有很强的启发和借鉴意义，也对我国其他省份和地区的和美乡村建设具有良好的指导作用。

总之，本书立足我国全面推进乡村振兴的时代背景，以传统农耕文化与乡村治理的结合点为突破口，从传统农耕文化遗产中所蕴含的循环经济思想、珍惜保护适应生态环境的传统理念和崇尚以乡规民约为约束的乡村礼仪等方面入手，综合运用多学科理论的研究视角，探讨如何对宁夏传统农耕文化遗产进行有效地传承保护与创新发展，并试图将传统农耕文化遗产融入现代农业生态体系，为构建现代农业产业体系、生产体系、经营体系与建设宜居宜业和美乡村提供经验支持和理论支撑，是比较有意义的探索。

浙江大学环境与资源学院教授、博士生导师

罗安程

2023年9月15日于浙江大学

序 二

中华农耕文明博大精深，无论是巧夺天工的农业景观，还是天人合一的生态伦理，都承载着华夏文明生生不息的基因密码，展现了中华民族的思想智慧和精神风貌。党的十九大报告提出实施乡村振兴战略，党的二十大报告提出要全面推进乡村振兴。全面推进乡村振兴，充分体现了党和政府一张蓝图绘到底，一以贯之抓落实的战略定力，也是党中央着眼加快建设农业强国做出的重大决策部署。

《传统农耕与乡村治理——以宁夏为例》一书，紧紧围绕党的二十大报告提出的全面推进乡村振兴，从中华农耕文明的特质精华和乡村治理的重大意义两个维度展开研究，为传统文化的创造性转化和创新性发展做出了重要贡献。作者张治东先生怀着对科研的敬畏、对农民的深厚情感，对农业生产进行实地调研，耳闻目睹，积累了翔实的第一手调研数据，经过多年的潜心研究，这本近30万字的学术著作终于呈现在广大读者面前。该书涉及面广、信息量大，在乡村治理研究方面，做了很好的政策和制度诠释，在中华农耕文明的传承及发展方面提供了新的尝试和有重要价值的学术探讨。

《传统农耕与乡村治理——以宁夏为例》全书以问题意识为导向，以传统农耕文化及乡村治理能力现代化为主线，在梳理传统农耕文化对经济社会发展的价值和党的农村治理理论渊源与实践历程的基础上，客观剖析了在乡村振兴框架下，传统农耕文化的深远意义与党的乡村治理能力的发展现状及制度安排；同时借鉴国内外乡村治理个案的相关经验与启示，从不同的视角提出了在乡村振兴战略下实现党的乡村治理能力现代化的对策思路及发展路径。在具体研究过程中，本书以新内源发展理论和扎根理论为基础，采用规范研究和实证研究相结合、逻辑分析和案例分析相结合的方法，梳理传统农耕经验，总结和分析当前乡村治理存在的不足，提出具体可行的政策建议。

　　本书研究内容涵盖传统农耕文化遗产对经济社会发展的价值、传统农耕文化遗产与农业生产实践、农耕民俗与乡村治理、"非遗"与乡村旅游融合发展、人居环境与"和美"乡村建设、乡风文明赋能乡村振兴等，共10个章节。本书汇聚农耕文明精华以及乡村治理的精髓，纵览式抒写了农耕文明在历史演进中的基本脉络，清晰地勾勒出了乡村治理中的基本思路，展望了乡村振兴的美好前景，兼具历史性和现实性，具有很好的参考价值。

　　传统农耕文化遗产对经济社会发展的价值。作为世界三大农业起源中心之一，我国在5000多年的农业生产生活积淀中孕育了灿烂辉煌的农耕文明。传统农耕文化遗产，以活态性、系统性、多功能性为主要特征，是劳动人民在与其所处环境长期协同发展中世代传承并具有丰富的农业生物多样性、完善的传统知识与技术体系、独特的生态与文化景观的农业生产系统。农耕文化遗产根植于淳朴的乡土社会传统和长期的农业生产实践经验，传承了故有的系统、协调、循环、再生的思想，所蕴含的生物、技术、文化"基因"，对于乡土社会的稳定和发展发挥了重要作用。近年来，对于农耕文化遗产的发掘与传承研究日益受到社会各界的重视。在本书中，张治东先生将农耕文化遗产分为农耕物质文化遗产和农耕非物质文化遗产两大类型，还从工程类、特产类、物种类、聚落类、民俗类等方面进行了细分并逐一阐述，提出了各文化遗产项目的分类系统与认定标准。作者侧重探讨了在乡村振兴中怎样才能更好地发挥农耕文化遗产的作用，他指出，农耕文化遗产不只是关乎过去，更是关乎未来，希望现代社会能够真正传承"天、地、人、稼"的和谐发展理念，传承农耕文化遗产，守护精神家园。譬如，修建坡改梯田是山区提高农业综合生产能力、防止水土流失、改善生产生活条件的重要措施。地处黄土高原的宁夏南部山区，水土流失严重，自然灾害频发，作者对当地梯田减灾与农业生产能力的提高、梯田保护与农业生产良性循环体系做了论述，就坡改梯田对农业生产的贡献、社会价值、后续建设与保护、存在的问题进行了梳理，分析了梯田产生的生态效益、经济效益和社会效益，在保护和开发利用地区实现乡村振兴、促进贫困地区经济社会发展的价值。从文化遗产的视角，提出将梯田保护、修复与乡村振兴有机结合起来才是贫困地区继承发展传统文化遗产的正确之道。

农耕民俗与乡村治理。民俗是一个国家的不同民族或不同社会群体在长期的生产实践和社会生活中逐渐形成并世代相传、较为稳定的文化事项，包括民间流行的风尚、习惯等。历经数千年的发展，分散在中华大地上的乡村聚落逐渐形成了独具特色的地方民俗。作为中华民族传统文化之一的民俗文化具有无可替代的功能和作用，它是各个民族不断创造、沉淀、流传的生活文化，是现代社会主义精神文明建设的组成部分，是推动中华文明不断进步和发展的力量源泉。随着我国经济的高速发展和现代文化的不断传播，农耕民俗文化生存空间日渐萎缩，人们对传统民俗的关注度逐渐降低，由冷淡到漠视，传统民俗正在遭遇寒流，网络的快速发展使得传统的主流价值观逐渐淡出人们的视线，出现道德滑坡、乡村治理难度增大等问题，民俗文化的传承受到了极大的挑战。

民俗传统是乡村振兴的重要保障，民俗文化的保护与发展，是文化保护的重要内容。其分布范围广，需要政府部门在政策层面给予重视和引导，也需要民俗文化的研究学者给人们带来民俗文化最原始的文化信息，引导人们去积极地保护和传承优秀的民俗文化。民俗文化在每个人的血脉和生活中流淌，存储在社会各阶层的心理结构中，具有一定的凝聚力，因此具有鲜明的地方特色和时代特征的传统民俗活动是乡村治理的坚实基础。

张治东先生认为，我国在乡村治理上，一是通过正面引导，加强宣传教育，解决农民群众的精神思想问题；二是通过机制创新，增强乡村公共服务能力；三是通过村规民约形式，推进乡村移风易俗，引导农民践行社会主义核心价值观，建设文明乡风；四是通过农村基层组织建设，提升和完善乡村治理能力。

民俗文化具有自己的文化特性与功能价值，如何扬长避短，发挥民俗文化助力乡村振兴的正向积极作用，需要理论引领。同时，还要着力于乡村文化的重构，以习近平文化思想为指导，以优秀的传统文化为基础，构建一个有文化认同和文化自信的乡村文化体系，让传统乡村文化焕发出鲜活的生命力。本书中，作者围绕传统农耕民俗文化在现代社会秩序建设中的价值、传统农耕民俗文化遗产在保护和开发利用过程中的问题以及如何将传统农耕民俗文化遗产嵌入现代乡村治理三个方面进行了探讨。作者列举诸多经验与启示，结合自身实践，从个案着手，以点带面，文史互参，对于传统民俗的保护、开发与利用，以及对乡村治理提出了很多新思路，很有借鉴意义。

传统村落发展乡村旅游的路径。乡村旅游是指以乡村自然和人文资源为感受对象的旅游方式，包括在传统农村休闲游和农业体验游的基础上拓展度假、观光、休闲、娱乐、购物、体验及学习等项目的一种旅游活动。从乡村发展上看，是以乡村地域及与乡村农事相关的风土、风俗、风景、风物组合而成的乡村风情为吸引物，以乡村旅游度假为主旨，以村庄野外探奇为区域空间，以人文无干扰、生态无破坏、野行与旅居为特色，以城市居民为目标市场，以观赏农村田野风光、体验农民生产劳动、了解风土民情和回归大自然为目的的一种旅游方式。

乡村旅游伴随着经济社会快速发展应运而生，是沐浴着农村改革的春雨而茁壮成长的朝阳产业。宁夏在加快旅游景区开发建设的同时，大力发展乡村旅游业，伴随着乡村旅游人数的逐年增加，乡村旅游正日益成为城市居民休闲的重要方式和选择，已成为乡村振兴、产业扶贫的新亮点。

宁夏是少数民族地区，是典型的贫困地区，少数民族贫困地区是扶贫的重点区域，也是乡村旅游资源富集区。乡村旅游增强了农村经济的"造血功能"，也为扶贫开发探索出了一条新路径。乡村旅游走近农村、贴近农民，有力地促进了农村产业结构调整，增加了农村就业岗位，提高了农村居民收入，加快了农村经济社会发展，以旅带农、以旅促农、以旅富农，实现了旅游产业的持续发展。乡村旅游作为旅游业发展的一种新业态，越来越受到广大消费者的青睐，成为加快旅游产业发展的催化剂。

近年来，宁夏各级政府依托乡村资源禀赋、区位优势、民族风情和民俗文化，把休闲农业和乡村旅游作为转变农业发展方式的重要途径和乡村振兴的突破口，为农村经济持续增长增添了新的动力。本书分析了宁夏乡村旅游发展的主要情况，指出了宁夏乡村旅游发展存在的主要问题，一是乡村旅游发展还处于无序开发状态，缺少统一规划和管理；二是旅游主要还停留在观光层面上，旅游活动缺乏知识性和趣味性；三是文化品位不高、特色不突出，开发模式较为单一。为解决这些问题，张治东先生总结梳理了许多成功案例，结合自身调研，提供了可信度高、具有一定价值的一手资料和数据，探讨了乡村文化开发与乡村旅游相结合的新路径。提出先行规划，合理开发；完善基础设施建设；突出地方特色，打造乡村优势品牌；传承红色文化自信，增强民族文化底蕴；强化管理水平，提高服务意识，推动旅游项目提档升级，实现可持续发展的目标。

乡风文明、人居环境与乡村振兴。文明表征着时代，时代孕育着文明，乡风文明是乡村振兴的"根"和"魂"。淳朴良好的乡风，是农村精神面貌和文明程度的体现，是实现乡村振兴的重要标志和保障。和美乡村建设改变民风村貌，文明乡风涵养和谐乡村。乡风文明关系到乡村振兴的成效，关系到广大农民群众的幸福感、获得感、安全感。

目前，我国乡村除了自然属性方面的环境问题外，还面临着实践主体与实践场景缺失困扰，主要表现为村民的道德素质滑坡，是非观念模糊。农村赌博之风时有发生，农民集体观念缺失，婚姻市场天价彩礼明码标价，婚丧嫁娶大操大办、薄养厚葬。铺张浪费等不良风气不断蔓延，不良习俗沉渣泛起，乡风文明建设遭遇诸多恶习挑战。许多农村地区的乡风文明建设面临的现实问题比较突出，其中一些典型性问题已严重干扰到农村社会稳定。面对上述问题，一是要更好地延续农耕文化血脉。要加大对乡村优秀传统文化的挖掘、整理和保护力度，使其与现代文化有机融合，以乡土情结为纽带，重构乡村文化生态。以农耕文明为灵魂，以村容村貌整洁为韵律，确保中华民族血脉相承的文化基因千古绵延。二是要加强乡风文明建设。乡村文化振兴必须紧跟时代节拍，继承优良传统，去其糟粕取其精华。培育良好家风、淳朴民风、文明乡风。引导村民移风易俗，提倡喜事新办、丧事简办，为群众减负，为幸福加码。传递乡土文化正能量，剔除因循守旧、故步自封的生产观念，摒弃封建迷信生活陋习，抵制落后腐朽文化侵蚀。普及科技知识，倡导文明理念，弘扬时代新风，为文化振兴提供民风淳朴的人文环境。只有把乡村振兴与乡风文明建设有机结合起来，互相促进，才会不断深化乡村振兴内涵，增强乡村振兴动力，乡村振兴目标才能如期实现。

农村人居环境是人居环境在农村区域的延伸，是广大农民群众赖以生产、生活的基础。改善民居环境、建设宜居宜业和美乡村，是乡村治理的一项重要任务。随着经济社会的发展，农民逐渐改变了原有的生活方式，农村人居环境问题也随之出现。主要表现为：乡村社区规划滞后；闲置老旧住宅与日俱增，影响村容村貌；垃圾转运配套设施严重缺失；污水收集治理尚未建立长效管护机制；资金投入短缺、基础设施配套不全；村规民约执行难、群众参与度不高、环保意识薄弱、基层组织作用薄弱等。

农村人居环境治理事关人民群众的切身利益和整个国家的可持续发展。对此，张治东先生梳理了农村人居环境治理的概念和治理要素，分析了当今农村人居环境治理的难点，提出了具体的治理思路。

要进一步提高对农村环保重要性和紧迫性的认识，治理的关键在于深入研究农村人居环境的治理模式，治理的核心是积极探索建立和完善农村环境决策主体结构，实现决策主体多元化、专业化，搭建合作平台促进各治理主体相互协作，构建完善的协调机制，创新环境治理机制、调控与引导机制、实施组织机制以及环境改善的长效机制，在政府引导下调动村民对农村人居环境治理的主动性。

我国农耕文化源远流长，经过数千年的历史洗礼与文明积淀，最终成为中华民族不可或缺的文化根脉，延续着中华文明的基因与灵魂。在乡村振兴时代背景下，农耕文化呈现更加丰富的时代意蕴与价值内涵，对弘扬民族文化、增强民众文化自信具有重要作用。因此，深入挖掘农耕文化时代价值，发扬其中的精神内涵，实现文明的传承与延续，是广大科研工作者持续关注的重要课题之一。改革开放以来，我国乡村面貌发生了翻天覆地的变化，助推着经济繁荣与社会进步，但在发展过程中，不仅面临着乡村经济社会发展的挑战，也面临着乡村治理方面的挑战。

体察民情、考察民意既是一种社会责任，更是一位学者的良知所在。张治东先生长期从事农业经济和乡村文化方面的研究，根据自己多年的研究体会和实践经验，参阅了大量的国内外相关文献资料，借鉴了国内外同行学者的先进理念和实际案例，重点围绕我国农耕文化与乡村治理的现状，探讨了农耕文化的传承与乡村治理的模式选择，提出了很多建树性思想理念与今后的发展方向。社会科学研究源于实践，回应实践提出的问题，总结概括实践的经验与规律，构筑解决问题的理论与方法，推动人类社会的发展与进步。本书理论与实际紧密结合，理论叙述深入浅出，案例生动典型，逻辑严密，文字底蕴深厚，期望该书能为我国农耕文明与乡村治理方面的分析研究提供参考。

宁夏社会科学院农村经济研究所原副所长、研究员

李禄胜

2023 年 6 月 21 日

前　言

一

2020年6月8日,习近平总书记在黄河吴忠滨河大道古城湾砌护段察看黄河生态治理保护状况时指出:"黄河是中华民族的母亲河,是中华民族和中华文明赖以生存发展的宝贵资源。自古以来,黄河水滋养着宁夏这片美丽富饶的土地,今天仍在造福宁夏各族人民。宁夏要有大局观念和责任担当,更加珍惜黄河,精心呵护黄河,坚持综合治理、系统治理、源头治理,明确黄河保护红线底线,统筹推进堤防建设、河道整治、滩区治理、生态修复等重大工程,守好改善生态环境生命线。"[1]

黄河孕育了中华民族的古代文化,黄河流域[2]是中华农耕文

---

[1] 《习近平在宁夏考察时强调:决胜全面建成小康社会决战脱贫攻坚　继续建设经济繁荣民族团结环境优美人民富裕的美丽新宁夏》,《人民日报》2020年6月11日,第1版。

[2] 按照地理学概念,流域是指由分水线所包围的河流集水区。每一条河流都有自己的流域,就像每个生命都有自己繁衍生息的活动区域一样。

明的发祥地之一。地处黄河上游的宁夏,① 因黄河而生,依黄河而兴。在千百年的农业劳动生产实践中,宁夏各族群众依黄河之利,形成了包括工程类、特产类、物种类、聚落类和民俗类在内的各项传统农耕文化遗产,这些传统农耕文化遗产在有效节约水土资源、维护生物多样性、保障粮食安全、改良土壤环境、修复生态环境和塑造乡风文明、推进农村社会治理等方面发挥了重要作用,体现了独特的动态保护思想和农业可持续发展理念。

工程类农耕文化遗产,主要指为提高农业生产和改善农村生活环境而修建的各类农业设施,包括为引黄灌区农业发展而修建的农田灌溉工程和为防止南部山区水土流失而修建的旱地节水保墒工程等。无论是引黄灌渠、井灌、集雨窖灌,还是沟坝地、旱作梯田、引洪漫地,都是宁夏各族群众长期在用水、节水过程中与大自然和谐相处的智慧体现,它们在蓄水防洪、减蚀固沟、集流抗旱、保温增墒、拦截泥沙、改良土壤、控制水土流失、改善农村生产条件和保护生态环境等方面发挥了显著作用。

特产类和物种类农耕文化遗产,指人类在长期的农业生产实践中驯化和培育的动物和植物(作物)种类,主要以地方品种的形式存在。宁夏盐碱地分布十分广泛,为在盐碱地上种好

---

① 宁夏全境基本上都属于黄河流域,除黄河穿越宁夏平原外,还有清水河、苦水河、葫芦河、泾河、祖厉河等黄河各级支流流经宁夏中南部山区,流程800多公里,流域3.9万多平方公里。其中,清水河是宁夏境内黄河水系的主要河流,发源于固原市原州区南部开城镇附近,流经原州、海原、同心至中宁泉眼山注入黄河,全长320公里,流域面积1.45万平方公里;苦水河,又名山水河,是黄河一级支流,源自甘肃省环县沙坡子沟脑,向北流入宁夏境内,经盐池、同心和吴忠,至灵武新华桥汇入黄河;葫芦河,发源于西吉县与海原县交界处的月亮山南麓;泾河是黄河二级支流,发源于六盘山东麓,南源出于泾源老龙潭,北源出于固原大湾镇,经渭河注入黄河;祖厉河是黄河上游的一级支流,由祖河、厉河汇集而成,至甘肃靖远汇入黄河,流经宁夏的海原和西吉,集水面积597平方公里。

庄稼，人们培育了很多抗旱、耐盐、耐碱的作物品种。譬如枸杞，抗盐碱性强，常常作为土壤沙化的绿化先锋树种以防农田次生盐渍化。以中宁枸杞、灵武长枣等作物和以盐池滩羊、固原乌鸡等畜禽为代表的特产类和物种类农耕文化遗产，在较长的适应性生产过程中，对于培育新的抗病品种、为人类提供食物源、为医疗卫生保健提供药用生物及生物生存环境资源、为工业提供原料，以及对农业生物多样性保护都有不可估量的价值和作用。

聚落类农耕文化遗产，是人类各种形式的有重要价值的农业聚居地的总称，包括房屋建筑的集合体，与居住直接有关的其他生活、生产设施和特定环境等。在漫长的农业历史进程中，宁夏形成了包括城堡、寨子、窑洞和传统村落等在内的众多聚落类农耕文化遗产。传统聚落作为人类数百年甚至上千年农耕文化传承的主要平台和基本单元，留下了丰富的历史遗存和独具特色的非物质文化遗产。随着收入的增加和社会的发展，久居城市的人越来越向往到乡村亲近、感悟大自然，体验农村生活的乐趣，这为传统聚落与乡村旅游的融合发展提供了现实基础。

民俗类农耕文化遗产，指一个民族或区域在长期的农业发展中所创造、享用和传承的生产、生活习惯风俗，包括关于农业生产和生活的仪式、祭祀、表演、信仰和禁忌等。宁夏民俗类农耕文化遗产主要包括农业生产民俗、农业生活民俗和民间观念与信仰等。民俗类农耕文化遗产主要是从当地人民生产、生活习惯中演变和形成的，受地理环境、当地农业生产方式、历史传统的影响和制约，显示出了浓郁的地方特点和地域特色，可直观反映出某一地域的文化性格。

二

黄河是宁夏主要的供水水源，黄河主干道流经宁夏北部灌区397公里，西南高、东北低的地形落差，使宁夏北部灌区具有十分便利的自流灌溉条件。黄河自中卫南长滩流入宁夏境内，途经卫宁灌区、青铜峡水库、青铜峡灌区，之后在石嘴山头道坎以下麻黄沟出境。2000多年来，人们在黄河两岸引水修渠、构筑堤坝、栽种树木、堆积石垛，使美丽富饶的宁夏引黄古灌区成为黄河文化的地标性符号之一。缓缓流淌的黄河水，如同母亲的乳汁一般滋养着美丽富饶的宁夏平原，这使宁夏位列我国五大"西部粮仓"之一，成为闻名遐迩的"米粮川"。除此之外，还有包括清水河、苦水河、葫芦河、泾河、祖厉河等在内的黄河各级支流蜿蜒穿过宁夏中南部山区3.9万多平方公里的流域，使中南部山区干旱贫瘠的土地得以滋润，成就了"天下黄河富宁夏"的美誉。

在长期的生产生活中，黄河几乎渗透于人们生活的点点滴滴。黄羊滩、滩羊、羊皮筏子、祭河神、游九曲，无论是地名、动植物名，还是祭祀活动、出行工具，几乎都与黄河有着这样那样的牵连。在千百年的历史沉淀中，生活在黄河流域宁夏段的人们以其开放包容的姿态，通过文化交流不断吸收和融合其他地域的知识技能和生活经验，并以"兼容并蓄，淬砺致臻"的文化品格，为中华文明的统一趋向砥砺奋进、培根铸魂。在漫长的融合发展过程中，民族迁徙、民族融合不断在这片热土上演。据史料记载，先后有匈奴、鲜卑、月氏、羯、氐、羌等少数民族迁入宁夏，并与当地居民交流融合，为宁夏的繁荣发展贡献了力量。

宁夏地表形态多样，草原、沙漠、湿地、丘陵、河谷一应俱全，是一个农耕经济与畜牧产业相互交错发展的过渡地带。宁夏各族群众在千百年的农业生产实践中，创造了以传统农耕知识技术体系和农业生产系统为主要内容的传统农耕文化遗产，这些传统农耕文化遗产沉积着世代相传的生产制度和礼仪民俗，与广大民众的生存需求和心理需求相适应，在塑造乡风文明、推进农村社会治理等方面发挥着重要作用。

传统农耕文化遗产涉及传统伦理、道德观念、社会风尚、行为规范、生产规律、精神需求及价值体系等诸多要素，反映了生活在黄河流域人们的精神风貌和传统习惯。因为它是建立在传统农业经济基础之上的，所以与村落文化和乡风文明具有较大契合度。而村落文化和乡风文明，就其本质而言，是一项根植于广大农村社会、关注农民内心世界、提振农民精神生活水平、改善农民精神风貌的实践活动。多样的生产方式孕育了多样的文化形态，但无论选择哪种样态，都是人们与黄河和谐共生的结果。

当前，传统农耕文化遗产和乡村旅游所蕴含的民俗风情等体验特征，极大地迎合了城市居民追求新颖、独特、体验的心理需求。中卫市成功引入西坡等5个国内知名品牌，开发建设"黄河宿集"等民宿产业，较好地发展了乡村旅游。对旅游者来说，到当地居民的日常生产生活中进行体验，不仅能够增强其对当地文化的直观理解，更能够对当地文化亲和力进行活态展示。在全面推进乡村振兴过程中，如何依托农村的自身逻辑和秩序建构村落空间，使农村充满发展活力，实现习近平总书记提出的"看得见山，望得见水，记得住乡愁"，是当前宁夏各级政府的主要目标和重点方向。

三

宁夏地形复杂多样，气候条件多变，生态环境脆弱，自然资源有限。从我国三大地势阶梯的特征来看，宁夏处于第一级与第二级地势阶梯的过渡地带，属于黄土高原和内蒙古高原交错地带，这里不仅土地贫瘠、人均耕地少，而且水资源极度稀缺，有资料显示宁夏人均水资源占有量是全国平均值的1/12。人们在如此条件下生存，如果不养成吃苦耐劳、勤俭节约的生活习惯，是难以世代为继的。"山大沟深，狂沙满天飞"，是对宁夏生态环境的真实写照。南部山区山势险要、沟壑纵横，中北部三面环沙，水土流失、土地荒漠化现象十分普遍。宁夏各族人民在长期与风沙、苦寒的搏斗中，逐渐养成了勇敢顽强、坚韧不拔的精神品格。这种精神被宁夏人民借用伟人的话总结为"不到长城非好汉"的奋斗精神，鼓励着一代又一代宁夏各族儿女与恶劣环境相抗争。

在长期的农业生产劳动实践中，宁夏各族群众经过不断筛选，培育出了许多与当地生态资源具有良好协调性的特产类和物种类品种资源，像贺兰山葡萄、中宁枸杞、中卫硒砂瓜、灵武长枣、盐池滩羊、海原小茴香、同心银柴胡、固原燕麦、彭阳红梅杏、西吉马铃薯等，都是具有独特生态适应性和较高营养价值的生物品种资源，在抗病、抗虫、抗旱、耐盐、耐碱等方面有着丰富的遗传多样性，为生物多样性发展和生态环境保护发挥了重要作用。然而，当地很多土特产只是以初加工产品的形态展现在消费者面前，并没有被开发出较高的附加值，而且很多地方农产品的季节性强，能够延伸的产业链短。目前，除了枸杞、葡萄、马铃薯等几个宁夏特产，在政府的主导和精心打造下，基本实现了"公司+基地+农户"的发展模式，开发出了部分系列产品外，其他土特产的品种开发尚在规划起步中。

其实，宁夏很多传统农作物不仅是宁夏农业生物品种资源多样性的重要基因库，也是目前国内利用基因组、转录组、代谢组等技术分析稀少的品种资源。保护种源建设，加快种业产业振兴，不仅是深化"藏粮于地，藏粮于技"的主要举措，也是实施国家粮食安全战略的重要保障。习近平总书记强调："种源安全关系到国家安全，必须下决心把我国种业搞上去，实现种业科技自立自强、种源自主可控。"① 借助现代生物技术、数字智能技术实施农业生物良种的精准育种、智能育种强化现代种业提升工程，构建种源搜集、保护、鉴定和高效利用机制，加强制种基地和良种繁育体系建设，应是当前构建农业生态循环体系的主要方面。宁夏可依托国家重大项目，对这些品种资源的遗传价值、营养价值、保健价值等进行深度研究和系统解析，为提高农业单元生产能力进行有益探索。2020年6月，习近平总书记来宁夏视察时指出："要加快建立现代农业产业体系、生产体系、经营体系，让宁夏更多特色农产品走向市场。"② 遵照习近平总书记的嘱托，宁夏应该在加大培育传统特色产业的基础上，导入新时代科技元素，激发传统农耕文化遗产的内生动力，铺就现代农业高质量发展之路。

近年来，随着石油农业弊端的日渐显露，人们开始思考如何将传统农耕文化嵌入现代生态农业体系，以维护农业生态平衡和维持农业自然资源的永续利用。在深入学习习近平总书记来宁夏视察时的讲话精神和《在黄河流域生态保护和高质量发展座谈会上的讲话》等精神内涵的基础上，本书通过对黄河流域宁夏段传统农耕文化遗产项目及其类别的梳理，从传统农耕文化遗产在宁夏经济社会秩序建设中的价值探讨，掣肘传统农耕文化遗产

---

① 常钦：《把"藏粮于地、藏粮于技"真正落实到位（我和总书记面对面）》，《人民日报》2022年3月7日，第2版。
② 《让宁夏更多农产品走向市场——比论认真学习宣传贯彻习近平总书记视察宁夏重要讲话精神》，《宁夏日报》2020年6月29日，第1版。

发展的因素，宁夏传统农耕文化遗产在保护和开发利用过程中存在的问题，将传统农耕文化遗产嵌入黄河流域生态保护和高质量发展先行区、现代生态农业体系，以及宁夏全域旅游示范区建设的路径选择等方面进行分析，对宁夏保护黄河流域生态平衡和构建现代农业产业体系、生产体系、经营体系做出尝试性探索。

目 录

第一章　宁夏传统农耕文化遗产的概念、价值及保护意义 / 001
　　第一节　传统农耕文化遗产概念及相关研究综述 / 001
　　第二节　传统农耕文化遗产的循环经济思想、
　　　　　　生态价值及保护意义 / 008
　　第三节　对构建现代农业产业体系、生产体系、经营体系的
　　　　　　经验启示 / 029

第二章　宁夏传统农耕文化遗产及其项目类别 / 035
　　第一节　工程类农耕文化遗产 / 035
　　第二节　特产类农耕文化遗产 / 046
　　第三节　物种类农耕文化遗产 / 049
　　第四节　聚落类农耕文化遗产 / 063
　　第五节　民俗类农耕文化遗产 / 077

第三章　传统农耕文化遗产与农业生产实践 / 143
　　第一节　传统农耕文化遗产在农业生产实践中的
　　　　　　功能定位 / 143

第二节　影响传统农耕文化遗产传承发展的

因素分析 / 152

第三节　将传统农耕文化遗产嵌入黄河流域生态保护和

高质量发展先行区建设 / 169

第四章　农耕民俗与乡村治理 / 181

第一节　传统农耕民俗文化在现代社会经济秩序建设中的

价值作用 / 181

第二节　传统农耕民俗文化在保护和开发利用

过程中的困境 / 186

第三节　将传统农耕民俗文化遗产嵌入现代乡村治理 / 194

第五章　宜居宜业环境与和美乡村建设 / 202

第一节　宁夏宜居宜业和美乡村建设概况 / 202

第二节　制约宜居宜业和美乡村建设的影响因素 / 211

第三节　推进宜居宜业和美乡村建设的对策建议 / 213

第六章　绿色生态循环农业与生态文明建设 / 216

第一节　宁夏绿色生态循环农业发展模式 / 216

第二节　宁夏实施绿色生态循环农业的机遇和挑战 / 222

第三节　发展绿色生态循环农业的对策建议 / 224

第七章　乡风文明赋能乡村振兴 / 228

第一节　宁夏乡风文明发展现状 / 228

第二节　乡风文明建设面临发展困境 / 237

第三节　全面推进乡村振兴背景下乡风文明建设的

路径选择 / 241

第八章　传统村落与乡村旅游 / 245

第一节　传统村落与乡村旅游的互动关系 / 245

第二节　在传统村落发展乡村旅游的困境分析 / 250

第三节　在传统村落发展乡村旅游的路径选择 / 261

第九章　"非遗"与乡村旅游的融合发展 / 275

第一节　"非遗"与乡村旅游融合发展的基础 / 275

第二节　"非遗"在乡村旅游中的发展困境 / 280

第三节　"非遗"与乡村旅游融合发展的路径选择 / 289

第十章　传统农耕文化遗产与宁夏全域旅游示范区建设 / 299

第一节　创建全域旅游示范区的禀赋优势 / 300

第二节　创建全域旅游示范区的影响因素 / 302

第三节　将传统农耕文化遗产嵌入宁夏全域旅游示范区
　　　　建设 / 307

第一章
宁夏传统农耕文化遗产的概念、价值及保护意义

第一节 传统农耕文化遗产概念及相关研究综述

传统农耕文化遗产是人类在各个历史时期从事农耕活动,以农业生产实践和农业生活体验为主体进行发明创造和传承积累,涵盖物质文化与非物质文化形态,具有历史、科学及人文价值的综合体系。重视在尊重自然规律的基础上,对自然界进行零排放以实现农业生产的可持续发展,对于构建现代农业产业体系、生产体系、经营体系具有很强的启迪和借鉴意义。

2002年联合国粮食及农业组织(FAO)启动"全球重要农业文化遗产"(GIAHS)保护项目,[1]引起了国际社会和业界对传统农耕文化遗产的广泛关注和高度重视。传统农耕文化遗产在涵养水源、保护耕地、维护生态、调节气候,以及优化耕作制度

---

[1] 联合国粮食及农业组织(FAO)在2002年启动"全球重要农业文化遗产"(GIAHS)保护项目。自此,在持续不断的研究工作及其成果的支撑下,农业文化遗产保护工作不断取得进步。

与乡村礼仪制度等方面具有独特功能和积极作用。在 GIAHS 保护项目启动的 20 余年时间里，业界聚焦农耕文化遗产的功能价值、开发路径、保护方法、运行机制等方面展开研究，为指导和帮助传统农耕文化遗产的保护与开发利用提供了较强的理论支撑。在国际上，各国学者以农业文化遗产的保护与发展（B. Seungseok）[1]、生物多样性与维护生态安全和人类健康以及传统种质资源保护（M. Pautasso，G. Aistara，A. Barnaud 等）[2]、食品安全与生计保障（P. Koohafkan & J. Furtado）[3]、美化人文生态景观（S. Herath，B. Mishra，P. Wong 等）[4]、乡村旅游开发（Y. Yotsumoto & K. Vafadari）[5]、提升重要农业文化遗产内生动力（K. G. Sreeja，C. G. Madhusoodhanan & T. I. Eldho）[6] 等为重点展开研究和探讨。

在国内，学者们以生态恢复与保护、生物多样性及生态功能与价值作用、具体遗产项目的旅游价值及其开发路径、遗产主体保护与维系乡土社会关系，以及农耕文化遗产的保护、监测与评

---

[1] B. Seungseok, "Conservation and Management of Agricultural and Fishery Heritage System in South Korea", *Journal of Resources & Ecology*, 2014 (4): 335-340.

[2] M. Pautasso, G. Aistara, A. Barnaud, et al., "Seed Exchangenetworks for Agrobiodiversity Conservation. A Review", *Agronomy for Sustainable Development*, 2017 (1): 151-175.

[3] P. Koohafkan, J. Furtado, "Traditional rice-fish systems as Globally Important Ingenious Agricultural Heritage Systems", *International Rice Commission Newsletter*, 2004 (53): 66-73.

[4] S. Herath, B. Mishra, P. Wong, S. B. Weerakoon, "Mosaic of Traditional and Modern Agriculture Systems for Enhancing Resilience", *Resilient Asia*, 2018: 151-187.

[5] Y. Yotsumoto, K. Vafadari, "Comparing Cultural World Heritage Sites and Globally Important Agricultural Heritage Systems and Their Potential for Tourism", *Journal of Heritage Tourism*, 2020, 16 (1): 43-61.

[6] K. G. Sreeja, C. G. Madhusoodhanan, T. I. Eldho, "Climate And Landuse Change Impacts On Sub-Sea Level Rice Farming In a Tropical Deltaic Wetland", *Proceedings of The 36th Iahr World Congress*, 2015: 6488-6495.

估机制等为重点进行研究。

围绕生态恢复与保护，马楠、闵庆文[1]从梯田生态的恢复与保护，刘某承、熊英、白艳莹等[2]从哈尼梯田生态补偿标准，崔峰、王思明、赵英[3]从新疆坎儿井地下水利灌溉系统，曹智、闵庆文、刘某承等[4]从生态系统承载力，焦雯珺、闵庆文、成升魁等[5]从生态农业可持续发展，陈彩霞、黄光庆、叶玉瑶等[6]从基塘系统演化及生态修复等方面进行了深入研究。

围绕生物多样性及生态功能与价值作用，杨伦、刘某承、闵庆文等[7]从粮食作物种植结构及驱动力分析，刘珊、闵庆文、徐远涛等[8]从森林资源保护，李静、闵庆文、杨伦等[9]从涵养水源，崔文超、焦雯珺、闵庆文等[10]从农业系统环境影响评价，张丹、

---

[1] 马楠、闵庆文：《伊富高浒都安梯田的恢复力与保护研究》，《世界农业》2018年第5期，第144~149、203页。

[2] 刘某承、熊英、白艳莹等：《生态功能改善目标导向的哈尼梯田生态补偿标准研究》，《生态学报》2017年第7期，第2447~2454页。

[3] 崔峰、王思明、赵英：《新疆坎儿井的农业文化遗产价值及其保护利用》，《干旱区资源与环境》2012年第2期，第47~55页。

[4] 曹智、闵庆文、刘某承等：《基于生态系统服务的生态承载力：概念、内涵与评估模型及应用》，《自然资源学报》2015年第1期，第1~11页。

[5] 焦雯珺、闵庆文、成升魁等：《基于生态足迹的传统农业地区可持续发展评价——以贵州省从江县为例》，《中国生态农业学报》2009年第2期，第354~358页。

[6] 陈彩霞、黄光庆、叶玉瑶等：《珠江三角洲基塘系统演化及生态修复策略——以佛山4村为例》，《资源科学》2021年第2期，第328~340页。

[7] 杨伦、刘某承、闵庆文等：《哈尼梯田地区农户粮食作物种植结构及驱动力分析》，《自然资源学报》2017年第1期，第26~39页。

[8] 刘珊、闵庆文、徐远涛等：《传统知识在民族地区森林资源保护中的作用——以贵州省从江县小黄村为例》，《资源科学》2011年第6期，第1046~1052页。

[9] 李静、闵庆文、杨伦等：《哈尼稻作梯田系统森林雨季水源涵养能力研究——以勐龙河流域为例》，《中央民族大学学报》（自然科学版）2015年第4期，第48~57页。

[10] 崔文超、焦雯珺、闵庆文等：《基于碳足迹的传统农业系统环境影响评价——以青田稻鱼共生系统为例》，《生态学报》2020年第13期，第4362~4370页。

刘某承、闵庆文等[1]从生态服务功能价值，张丹、成升魁、杨海龙等[2]从物种多样性和减少农业病虫害，顾兴国、楼黎静、刘某承等[3]从促进养分循环等方面进行了深入研究。

围绕具体遗产项目的旅游价值及其开发路径，贺献林[4]从具体遗产的起源、类型与特点，苏莹莹、孙业红、闵庆文等[5]从旅游经营模式，时少华、孙业红[6]从旅游发展利益相关者的网络指标体系，武文杰、孙业红、王英等[7]从社区角色认同对旅游参与的影响，唐晓云、闵庆文、吴忠军[8]从旅游地居民感知，苏莹莹、王英、孙业红等[9]从游客环境责任行为与饮食旅游偏好关系，张凯、闵庆文、

---

[1] 张丹、刘某承、闵庆文等：《稻鱼共生系统生态服务功能价值比较——以浙江省青田县和贵州省从江县为例》，《中国人口·资源与环境》2009年第6期，第30~36页。

[2] 张丹、成升魁、杨海龙等：《传统农业区稻田多个物种共存对病虫草害的生态控制效应——以贵州省从江县为例》，《资源科学》2011年第6期，第1032~1037页。

[3] 顾兴国、楼黎静、刘某承等：《基塘系统：研究回顾与展望》，《自然资源学报》2018年第4期，第709~720页。

[4] 贺献林：《河北涉县旱作梯田的起源、类型与特点》，《中国农业大学学报》（社会科学版）2017年第6期，第84~94页。

[5] 苏莹莹、孙业红、闵庆文等：《中国农业文化遗产地村落旅游经营模式探析》，《中国农业资源与区划》2019年第5期，第195~201页。

[6] 时少华、孙业红：《社会网络分析视角下世界文化遗产地旅游发展中的利益协调研究——以云南元阳哈尼梯田为例》，《旅游学刊》2016年第7期，第52~64页。

[7] 武文杰、孙业红、王英等：《农业文化遗产社区角色认同对旅游参与的影响研究——以浙江省青田县龙现村为例》，《地域研究与开发》2021年第1期，第138~143页。

[8] 唐晓云、闵庆文、吴忠军：《社区型农业文化遗产旅游地居民感知及其影响——以广西桂林龙脊平安寨为例》，《资源科学》2010年第6期，第1035~1041页。

[9] 苏莹莹、王英、孙业红等：《农业文化遗产地游客环境责任行为与饮食旅游偏好关系研究——以浙江青田稻鱼共生系统为例》，《中国生态农业学报》（中英文）2020年第9期，第1414~1424页。

许新亚[1]从村落布局、保护与发展旅游，唐晓云、闵庆文[2]从旅游地的文化保护与传承，孙业红、闵庆文、成升魁等[3]从旅游资源开发与区域社会经济关系，角媛梅、程国栋、肖笃宁[4]从哈尼梯田文化景观，程佳欣、杨海龙、孙业红、闵庆文[5]从红色旅游，胡最、闵庆文、刘沛林[6]从文化景观特征，张灿强、闵庆文、张红榛等[7]从增加农民收入等方面进行了深入研究。

围绕遗产主体保护与维系乡土社会关系，袁正、闵庆文、成升魁[8]从家庭经济模式，张灿强、闵庆文、田密[9]从农户对遗产保护感知、生态问题感知和旅游发展感知，张永勋、闵庆文、王维奇等[10]从福州茉莉种植的社会经济特征与农户种植意愿，张永

---

[1] 张凯、闵庆文、许新亚：《传统侗族村落的农业文化涵义与保护策略——以贵州省从江县小黄村为例》，《资源科学》2011年第6期，第1038~1045页。

[2] 唐晓云、闵庆文：《农业遗产旅游地的文化保护与传承——以广西龙胜龙脊平安寨梯田为例》，《广西师范大学学报》（哲学社会科学版）2010年第4期，第121~124页。

[3] 孙业红、闵庆文、成升魁等：《农业文化遗产旅游资源开发与区域社会经济关系研究——以浙江青田"稻鱼共生"全球重要农业文化遗产为例》，《资源科学》2006年第4期，第138~144页。

[4] 角媛梅、程国栋、肖笃宁：《哈尼梯田文化景观及其保护研究》，《地理研究》2002年第6期，第733~741页。

[5] 程佳欣、杨海龙、孙业红、闵庆文：《中国重要农业文化遗产地红色旅游发展探析》，《湖南师范大学自然科学学报》2023年第2期，第15~23页。

[6] 胡最、闵庆文、刘沛林：《农业文化遗产的文化景观特征识别探索——以紫鹊界、上堡和联合梯田系统为例》，《经济地理》2018年第2期，第180~187页。

[7] 张灿强、闵庆文、张红榛等：《农业文化遗产保护目标下农户生计状况分析》，《中国人口·资源与环境》2017年第1期，第169~176页。

[8] 袁正、闵庆文、成升魁：《支持哈尼梯田存续千年的家庭经济模式》，《中国农业大学学报》（社会科学版）2013年第4期，第133~140页。

[9] 张灿强、闵庆文、田密：《农户对农业文化遗产保护与发展的感知分析——来自云南哈尼梯田的调查》，《南京农业大学学报》（社会科学版）2017年第1期，第128~135、148页。

[10] 张永勋、闵庆文、王维奇等：《农户社会经济特征对农业种植意愿的影响——基于农业文化遗产保护目的福州茉莉种植户研究》，《中国生态农业学报》2016年第12期，第1714~1721页。

勋、闵庆文、徐明等[1]从推动"三产"融合发展，何思源、李禾尧、闵庆文[2]从保护主体及保护途径等方面进行了深入研究。

围绕农耕文化遗产的保护、监测与评估机制，杨波、何露、闵庆文[3]从监测评估框架体系和保障机制构建，李禾尧、何思源、闵庆文等[4]从价值体系构建及评估，张永勋、刘某承、闵庆文等[5]从农产品价格补偿测算，焦雯珺、赵贵根、闵庆文等[6]从三级监测网络和两级巡视制度等方面进行了深入研究。

与此同时，王思明、李明等[7]将全国重要农业文化遗产类别细化为遗址类、物种类、工程类、技术类、工具类、文献类、特产类、景观类、聚落类和民俗类等，赵佩霞、唐志强等[8]从农业起源、精耕细作、传统农具、古代水利、渔猎畜牧、园林景观、产品加工、茶酒文化、农学思想等方面入手总结归纳传统农耕文

---

[1] 张永勋、闵庆文、徐明等：《农业文化遗产地"三产"融合度评价——以云南红河哈尼稻作梯田系统为例》，《自然资源学报》2019年第1期，第116~127页。

[2] 何思源、李禾尧、闵庆文：《农户视角下的重要农业文化遗产价值与保护主体》，《资源科学》2020年第5期，第870~880页。

[3] 杨波、何露、闵庆文：《基于国际经验的农业文化遗产监测和评估框架设计》，《中国农业大学学报》（社会科学版）2014年第3期，第127~132页。

[4] 李禾尧、何思源、闵庆文等：《重要农业文化遗产价值体系构建及评估（Ⅱ）：江苏兴化垛田传统农业系统价值评估》，《中国生态农业学报》（中英文）2020年第9期，第1370~1381页。

[5] 张永勋、刘某承、闵庆文等：《农业文化遗产地有机生产转换期农产品价格补偿测算——以云南省红河县哈尼梯田稻作系统为例》，《自然资源学报》2015年第3期，第374~383页。

[6] 焦雯珺、赵贵根、闵庆文等：《基于世界遗产监测经验的全球重要农业文化遗产监测体系构建》，《中国生态农业学报》（中英文）2020年第9期，第1350~1360页。

[7] 王思明、李明主编《中国农业文化遗产名录》（全2册），中国农业科学技术出版社，2016。

[8] 赵佩霞、唐志强主编《中国农业文化精粹》，中国农业科学技术出版社，2015。

化精粹，为农业文化遗产的保护、传承和开发利用提供了文献参考依据。

其实，传统农耕文化遗产是一个多维概念，涵盖耕作技术、农业物种、农业景观、传统民俗等多种文化生态形式，强调人与自然和谐共处，要求在保证经济持续健康发展的基础上有效利用土地自然资源，其复杂而完善的动态循环适应系统，对乡土社会数千年的发展起到了无可替代的作用。梳理相关文献不难发现，学界对传统农耕文化遗产进行了全面深入的分析和研究，这对解读农耕文化遗产的适应性、活态性和连续性具有重要学术参考价值。然而，却鲜见对某一地域农耕文化遗产及项目与项目之间的关系给予讨论和关注。本专著以宁夏为例，尝试对其中所涵盖的循环经济思想、珍惜保护适应生态环境的传统理念和崇尚以乡规民约为约束的乡村礼仪进行综合研究，试图将其有效融入现代农业生态体系，为构建现代农业产业体系、生产体系、经营体系与建设宜居宜业和美乡村提供经验支持和理论支撑。

宁夏自古以来是一个以农为主、农牧结合的地区，农耕文化底蕴深厚。早在西周时期宁南山区的先民就已经掌握了旱作农业种植技术，北部灌区至迟在秦汉时期便开始了移民屯垦和引黄灌溉。历经数千年的传承和发展，为我们今天留下了包括育种、耕作、栽培、蓄水防洪、减蚀固沟、集流抗旱、保温增墒、拦截泥沙、培肥土壤、盐碱地改良、病虫害防治，以及维护农村社会秩序等在内的农业生产制度和乡村礼仪制度。传承千百年的农耕实践和农耕民俗在让农业生态系统得以持久平稳运行的同时，也较好地践行了对农业生态资源的循环利用和永续发展、对耕地资源的珍惜保护和节约使用、对生物多样性的优化组合和协调选择，以及帮助人们选择最佳的生产、生态关系和优化土地耕作制度与乡民艺术等。随着乡村振兴战略的深入推进，将祖祖辈辈传承下来的农耕智慧引入现代农业生产和现代生活方式之中，使其成为助推现代农业绿色发展的磅礴力量和慰藉人们心灵的精神源泉，是破解农村发展困境、促进城乡共同繁荣、推动区域协调发展、加快建设乡村全面振兴样板区的有效路径。

第二节 传统农耕文化遗产的循环经济思想、生态价值及保护意义

传统农耕文化遗产根植乡土社会，开创性地传承和发展了包括育种、耕作、栽培、蓄水防洪、减蚀固沟、集流抗旱、保温增墒、拦截泥沙、培肥土壤、盐碱地改良、病虫害防治，以及维护农村社会秩序等在内的生产实践经验和乡村礼仪制度，在强调尊重自然规律的基础上，对自然界进行零排放以实现农业生产的可持续发展，为传统农业社会的绵延发展发挥了重要作用。本节结合宁夏加快建设乡村全面振兴样板区的时代背景，分析和发掘传统农耕文化遗产所蕴含的循环经济思想及其生态价值，为宁夏构建现代农业生态体系和建设宜居宜业和美乡村探索有效实践路径。

一 永续发展的循环经济思想

（一）农业生态资源的循环利用和可持续发展

在传统农业生态体系中，人们特别注重将农业融入"天时、地利、人和"相统一的低碳循环体系，进行生态化的生产实践。《淮南子·地形训》云："禾，春生秋死；菽，夏生冬死；麦，秋生夏死；荠，冬生中夏死。"[①] 不同的作物具有不同的生长周

[①] 杨有礼注说《淮南子》，河南大学出版社，2010，第230页。

期，传统农业强调将农业生产规律和自然生态规律结合起来，进行有规律的循环实践。譬如，西瓜春种夏收，瓜熟蒂落后，再种一茬萝卜或白菜，可以获取"一亩双收"的农业产出。在千百年的农业生产实践中，宁夏各族群众在努力寻求农作物合理轮作的基础上，采取了不同的土壤耕作制度。无论是在卫宁灌区流行的"两年旱作，一年稻作，三年为一轮作周期"的"稻旱三段轮作制"，还是在南部山区施行的撂荒轮作制，都是在对土地进行有效"改土培肥"的基础上，追求农业生产的高产、稳产。无论是为引黄灌区农业发展而修建的农田渠系灌溉工程，还是为防止南部山区水土流失而修建的旱地节水保墒工程，均有效地保护和践行了农业生态资源的循环利用和可持续发展。

　　人们在积极推行农业生态系统循环运作的同时，也很注重对自然生态资源再生能力的保护与开发利用。汪一鸣指出："在宁夏，古代许多动物被作为'神兽''神鸟'保护，对保护牦牛等有过失者还规定重罚。即使捕猎，也注意顺天应时，避开怀孕或哺育幼仔的季节。捕雀则仅限于农历七、八月鸟雀危害谷物的时节。"[1]当政者采用"以时禁发"的政策和制度对自然生态资源进行有序开采和适度猎取，使古代宁夏森林茂密、植被丰富、资源丰富，到处呈现一片停僮葱翠之象。"北宋初年，六盘山山脉的原始森林由隆德、泾源、固原向东延展至彭阳。当时彭阳至瓦亭的道路两侧古木参天。"[2]五代十国时期，灵州通往古丝绸之路上的河西走廊的通道被疏通，"宁夏当地的土特产药材、宝玉、驼、马、牛、羊以万计流入西域各国"[3]。自然生态资源是

---

[1] 汪一鸣：《宁夏人地关系演化研究》，宁夏人民出版社，2005，第48页。
[2] 宁夏通志编纂委员会编《宁夏通志·建设环保卷》，方志出版社，2010，第533页。
[3] 宁夏通志编纂委员会编《宁夏通志·地理环境卷》，方志出版社，2008，第8页。

人类赖以生存的物质基础，必须加以保护且适度索取，才能达到对其永续利用和实现动态平衡的目的。

习近平总书记在党的二十大报告中指出："必须牢固树立和践行绿水青山就是金山银山的理念，站在人与自然和谐共生的高度谋划发展。"① 以绿水青山为基础，实现农业生态价值转换，大力发展循环农业、清洁能源、生态服务等经济形态，是当前宁夏正在积极探索的有益实践路径。随着宁夏加快建设乡村全面振兴样板区的不断推进，为提升农业产业竞争力、实施农业供给侧结构改革、壮大特色优势产业结构调整、增加农民收入、保障粮食安全，自治区推进特色产业提质增效，大力发展葡萄酒、枸杞、牛奶、肉牛、滩羊、冷凉蔬菜等"六特"产业，通过技术攻关和优质高产品种的培育和推广，赋能"六特"变"六优"，进而打造"枸杞之乡""滩羊之乡""高端奶之乡"等品牌，使"贺兰山东麓葡萄酒""中宁枸杞""盐池滩羊"等品牌价值分别达到301.07亿元、191.88亿元和88.17亿元。

（二）秸秆还田与培肥土壤

在传统农业生产过程中，人们将种植业和养殖业结合起来，把作物秸秆、人畜粪便、有机垃圾等经堆积腐熟后返还田地，通过弥补农田因收割庄稼而失去的养分，使农业内部形成低碳且严密的循环体系。这种粪污还田的方式能够有效保持和维护耕地质量和土壤肥力。德国农业化学创始人李比希（Justus von Liebig）说："要维持地力就必须全部归还从土壤中拿走的东西。如果拿

---

① 习近平：《高举中国特色社会主义伟大旗帜 为全面建设社会主义现代化国家而团结奋斗——在中国共产党第二十次全国代表大会上的报告》，人民出版社，2022，第50页。

走的东西不全部归还的话,那么不可能指望再收到那么高的产量。"①

为改善耕地质量、增加土壤肥力,传统农业曾以农家肥和稻田绿肥等方式为农田壮肥。其中,沤肥和堆肥是制作农家肥的主要方法。资料显示,直到20世纪中下叶,银川平原还普遍利用夏秋季节的野草、树叶挖坑沤肥,利用麦草、粪便制造高温堆肥。其实,沤制农家肥的过程,也是杀死病菌的过程。曹隆恭说:"人畜粪便经产生高温的自然发酵,或'腐熟'过程处理过后,病菌多被杀死,所以在科学上是相当卫生的。"② 种植绿肥是宁夏"以田养田"、培肥土壤的一个特色,就是将"苜蓿或草木樨混种在小麦或糜、谷等农田中,当主作物收割后,让绿肥继续生长,9月底或10月上旬割草留茬过冬,翌年待返青后,利用种水稻播前一段空隙让绿肥继续生长,种稻时再翻压作肥"③。以绿肥壮田,对农业增产具有明显效果。清乾隆《中卫县志》有以苜蓿作稻田绿肥的记载。宁夏南部山区的部分川塬地带,还将绿肥与养殖结合,以绿肥作饲料,通过过腹还田,解决部分羊只越冬饲料不足的问题。据统计,旱作绿肥的播量,"一般可亩产鲜草1000~1500公斤,部分可达2000~2500公斤"④。

除此之外,还有部分地区将炕土、墙土、湖草、泥炭、涝池淤泥等作为肥料为农田上肥。其中,泥炭也称草炭,是沼泽低洼

---

① 〔德〕尤·李比希:《化学在农业和生理学上的应用》,刘更另译,农业出版社,1983,第6页。
② 郭文韬、曹隆恭、宋湛庆、马孝劬:《中国传统农业与现代农业》,中国农业科技出版社,1986,第151页。
③ 宁夏农业志编纂委员会编《宁夏农业志》,宁夏人民出版社,1999,第182页。
④ 宁夏农业志编纂委员会编《宁夏农业志》,宁夏人民出版社,1999,第182页。

湖地的地下植物残体形成的有机质堆积层，当地农户在缺肥、缺燃料时会将其就地挖出晒干以用作肥料或燃料。宁夏南部山区固原市原州区、隆德县、泾源县和中卫市海原县沿六盘山两侧和宁夏北部平原灌区的湖泊均有蕴藏。传统培肥与"粪污还田"相结合，把一切能够充作肥料的废弃物都放进土壤，使它们"变废为宝""变无用为有用"，这一过程不仅有效地清除了生活余秽，而且充分实现了农业生态资源的循环再利用。

为不断维持"地力常新壮"，宁夏各地还总结和研究出了富有地方特色的培肥轮作制度。稻旱轮作是北部灌区经过长期生产实践形成的一种培肥方式，其主要优越性是能够清洗农田因灌溉而沉积的盐渍，水旱作物交替种植也较有利于消灭庄稼地里的杂草和清除各种农业病虫害。稻旱轮作主要分布在银川市以南地区，依据旱段年限不同，可分为三段轮作与二段轮作。三段轮作即一年稻两年旱，二段轮作即一年稻一年旱。前者主要分布在卫宁灌区，后者主要分布在青铜峡灌区和石嘴山市的部分地区。中南部山区则依据各地降水量的不同实行不同的轮作方式。固原市泾源县、隆德县等阴湿地区因潮湿多雨，一般不休闲；固原市原州区、彭阳县、西吉县等半干旱区，在川塬平地以连种三年小麦轮作一年豌豆或豇豆的方式进行土地半休闲，山旱地则施行扁豆、歇地与粮食作物轮作；地处中部干旱带上的中卫市海原县、吴忠市同心县、吴忠市盐池县因地广人稀、降水奇缺，多以歇地为主。

（三）蓄水保墒与"打干田"

宁夏中南部山区干旱缺水，种植业以旱作农业为主，"抗旱耕作、蓄水保墒"是其基础。在长期的农业生产实践中，当地群众创造性地传承和积累了包括耕翻纳雨蓄水和耙耱镇压保墒等在内的多种抗旱耕作经验。耕翻纳雨蓄水，指通过伏天、秋天的早耕、深耕、多耕，接纳雨水，实现秋雨春用；耙耱镇压保墒，指在秋季收墒时，耕后耙地，通过随耙随耱，保住墒气。20世纪90年代，当地还曾采取早耕深耕多蓄墒、冬春打碾防跑墒、雨后耙耱即收墒、过伏合口保底墒和顶凌播种用冻墒等"五墒"耕作法抗旱耕作。

在保墒蓄水的基础上，当地农民还总结了"抗旱播种"的实践经验。"抗旱播种"包括抢墒播种、提墒播种、找墒播种和造墒播种等四种方法。所谓抢墒播种，就是在雨水入渗已和底墒相接（当地称为"透雨"）时，立即抢种；若雨水较小，未能与底墒相接，便耱地或待雨水下渗接上底墒后播种。抢墒播种法适合当地任何作物种植。提墒播种，通过镇压打碾提引底墒，具体做法：一是先打碾，后播种；二是先播种，后镇压。找墒播种：一是探墒深播，二是豁干种湿。造墒播种，利用窖窖、塘坝、涝池蓄水，采用坐水点种、限量补灌、膜下微灌等措施，为作物播种创造必要的墒情条件。①

与中南部山区不同，在北部灌区的石嘴山市惠农区、平罗县等县（区）有一部分"夜潮地"，因地下水位较高，农民一般采用"打干田"法，不灌冬水，冬春勤耖勤耙，石磙镇压，方法是在"土壤冻化10厘米时，交叉耖地，深度不超过10厘米，随后交叉耱地，有坷垃时，用石磙碾压，使地表形成疏松细土层"②。

随着化肥、农药等的介入，传统的粪壤技术逐渐被摒弃。20世纪90年代，有学者就化肥、农药在农业中的不合理投入作了结果分析："农田养分流失及土壤流失沉积物已成为河流和湖泊

---

① 宁夏通志编纂委员会编《宁夏通志·农业卷》，方志出版社，2009，第332页。
② 宁夏通志编纂委员会编《宁夏通志·农业卷》，方志出版社，2009，第253页。

最主要的污染源。"① 在短短的三十多年中，很多耕地出现板结、硬化、地力下降、酸碱度失衡、有毒物质超标等一系列问题，严重威胁到耕地质量和粮食安全。如何加强资源节约和农业废弃物的资源化、能源化利用，加强食物安全，提高农产品品质，提高农业创新力、竞争力，加快实现农业由大向强转变，是当前业界应积极关注和深入研究的问题。

（四）生物多样性与农业病虫害防治

农业生物多样性是有机农业的重要组成部分，它是人们在农业生产过程中，通过物种资源与生态环境相互作用和协调而形成的，包括农作物、果蔬、药用植物，以及畜禽、微生物等在内的农业生物链系统。古人很早就认识到生物多样性对于维持农业生态动态平衡的重要作用，提出"万物并育而不相害"②"和实生物，同则不继"③"种谷必杂五种"④等观点，较为注重通过培育新品种以获得农业生产的高产和稳产。《氾胜之书·收种》中说："取麦种，候熟可获，择穗大强者……顺时种之，则收常倍。"⑤ 在地方品种选育方面，宁夏素有"家家种地，户户留种"的传统。在千百年的选育过程中，北部灌区以穗系选育法、株丛优选法、杂交种选育法、杂交种制种法等常见方法，优化出了杨和白皮大稻⑥、白芒稻、小白板稻等地方优良品种。

---

① 程序、曾晓光、王尔大：《可持续农业导论》，中国农业出版社，1997，第190页。
② （汉）戴圣编著、张博编译《礼记》，万卷出版社，2019，第311页。
③ 张永祥译注《国语》，上海三联书店，2014，第322页。
④ （汉）班固撰、（清）王先谦补注《汉书补注》，上海古籍出版社，2008，第1567页。
⑤ 石声汉：《氾胜之书今释》，科学出版社，1956，第34页。
⑥ 杨和白皮大稻是宁夏20世纪50年代主要栽培的地方优良品种，粳稻，早熟，生育期110~115天，颖秆、颖尖黄色，无芒，米白。耐寒，幼苗生长旺盛，较耐涝，耐盐性强，易落粒，不耐肥。

迥异的地理、气候条件，使各地都总结有极富地域特色的种植方式和育种经验。资料显示，民国时期在宁夏征集的糜子品种有大黄糜子、小黄糜子、紫盖糜子、小黑糜子、小褐糜子、小红糜子等。① 全区盐碱地分布广泛，春季还不时出现冷冻等极端天气，为克服高寒气候以及盐碱地对作物生长发育的影响，宁夏各地培育出了很多抗旱、耐寒、耐淹、耐瘠薄、耐盐碱和早熟的作物品种，如冬小麦河南红、马铃薯沙杂 15 号、糜子紫秆红、大黄圆眼豆、谷子竹叶青等。这种独特的育种方法和育种经验为相同作物不同品种的多样性实践贡献了种内多样性遗传基因，对于提高农业产量具有明显效果。达尔文（Charles Darwin）就曾说过："小麦（Triticum aestivum）品种混种的土地比单一小麦品种种植的土地产量更高。"② 其实，作物品种多样性对于病虫害的防控也具有实践意义。研究表明："抗虫和感虫水稻品种混播在有效控制靶标害虫褐飞虱（Nilaparvata lugens）和白背飞虱（Sogatella furcifera）种群发生的同时，也能有效降低非靶标害虫大螟（Sesamia inferens）、二化螟（Chilo suppressalis）和稻纵卷叶螟（Cnaphalocrocis medinalis）的种群发生量，并对提高水稻产量有利。"③

农业生物多样性以及物种之间相生相克的现象，时常被运用于农业生态系统进行有效的生产实践。在中宁枸杞种植系统中，当地农民利用人工饲养瓢虫和寄生蜂的方法来防治蚜虫对枸杞的侵害。其实，鸟类对农业病虫害的防控也不可小觑。有学者表

---

① 宁夏通志编纂委员会编《宁夏通志·农业卷》，方志出版社，2009，第 259 页。
② 初炳瑶、陈法军、马占鸿：《农业生物多样性控制作物病虫害的方法与原理》，《应用昆虫学报》2020 年第 1 期，第 29 页。
③ 初炳瑶、陈法军、马占鸿：《农业生物多样性控制作物病虫害的方法与原理》，《应用昆虫学报》2020 年第 1 期，第 30 页。

示:"90%以上的鸟类以昆虫为食,对抑制农业害虫的繁衍、保护农业生产和维持生态平衡有着重要作用。"① 然而,随着育种技术的发展和农业机械化的普及,人们逐渐舍弃了传统的育苗栽培、留种选育等种植方法,传统农业的多熟种植、倒茬种植、间作套种、混合种植等耕作方式,逐渐被单一种植的产业化和规模化取代。这种违背自然生态规律的农业模式,给有害昆虫的大量繁殖带来了便利,因为"显然,一种只吃麦子的昆虫在专门种植麦子的田地里繁殖的速度肯定会比在其他不适应的谷物掺杂的土地里繁殖的速度要快很多"②。当前,农作物品种的单一化,不但使病虫害快速传播,而且限制了人们对农产品口味的多重选择,更为重要的是这种单一化会影响到全球物种的多样性,有可能给人类带来灾难。

二 珍惜、保护和适应生态环境的传统理念

(一)对耕地资源的珍惜和保护

宁夏地处我国西北干旱地带,受地貌及生物气候与人为活动影响,自南向北依次呈地带性分布着黑垆土、灰钙土、新积土、黄绵土、风沙土、灌淤土、灰褐土和灰漠土等17个土类、37个亚类。其中,灰钙土面积最大,有1977.2万亩,占全区土地总面积的25.37%,主要分布在宁夏中北部的缓坡丘陵、山麓洪积扇、高阶地、香山和小罗山等缓冲地区,突出特点是肥力低、土质沙、渗漏性大、持水力差,不灌溉就不能保收,引黄灌区高阶地的淡灰钙土被开垦后,因地下水位逐渐升高,受盐碱化威胁日益严重,

---

① 惠富平:《中国传统农业生态文化》,中国农业科学技术出版社,2013,第311页。
② 〔美〕蕾切尔·卡森:《寂静的春天》,刘洁译,北京教育出版社,2017,第7~8页。

但所处地形较陡、透水较好，只要解决排水出路，防治盐碱化较易。相对肥沃的灌淤土则主要分布在北部灌区的平原地带，有418.3万亩，仅占全区土地总面积的5.37%，农作物产出却达60%以上，在引黄灌区各个县市呈灌淤土（亚类）、潮灌淤土、表锈灌淤土和盐化灌淤土等不同类型交错分布特点。当地群众根据长期的实践总结得出，灌淤土（亚类）宜种枸杞及苹果，但不宜种稻；潮灌淤土因地下水位较高，栽培枸杞和苹果略次于灌淤土（亚类），若种植水稻则应具备相应的排水措施；表锈灌淤土以稻旱轮作为主，旱作时可种植多种粮食作物和经济作物；盐化灌淤土宜种植向日葵、甜菜等耐盐作物有利于冲洗土壤中的盐分。

随着人地矛盾的日益凸显，人们不断探寻从有限的土地资源中寻求更多生产力。譬如，在银川、陶乐和平罗的部分地区曾广泛分布着一种名为"龟裂碱土"的白僵土，这种在干旱少雨、地接沙漠的环境气候条件下所形成的地带性碱化土壤，由于表层含盐量低、有机质含量低、通透性差，较难适合植被生长，当地群众和农业科技人员通过挖池养鱼或经过不断尝试和反复实践，采用耕翻、施有机肥和石膏等措施，通过种植水稻、枸杞等耐盐碱作物，使数十万亩的白僵土得以改良。在以银川平原为核心的引黄灌区，"乃其地土大半尽数沙碱"[①]，盐碱地面积曾高达200余万亩，人们通过"必得河水乃润，必得浊泥乃沃"[②]的灌溉、放淤、洗盐的改良方法，归纳出"否则霖雨虽多，而潮碱易起"[③]的水盐运动规律，使大片盐碱地变为良田。

---

① （民国）马福祥、陈必淮、马鸿宾修，（民国）王之臣纂，胡玉冰校注《〔民国〕朔方道志》，上海古籍出版社，2018，第191页。
② （民国）马福祥、陈必淮、马鸿宾修，（民国）王之臣纂，胡玉冰校注《〔民国〕朔方道志》，上海古籍出版社，2018，第191页。
③ （民国）马福祥、陈必淮、马鸿宾修，（民国）王之臣纂，胡玉冰校注《〔民国〕朔方道志》，上海古籍出版社，2018，第191页。

在数千年与荒山争田、与洪水要田的历史进程中，人们还发明了很多诸如挖涝池、培地埂、修简易梯田和引洪漫地等工程措施与生物措施相结合的治理措施。譬如，引洪漫地曾是干旱缺水地区集流抗旱、改良土壤、控制水土流失的一项创举。暴雨过后，人们将村道、河沟和山坡冲积下来的肥沃洪水，淤漫在荒地、农田和盐碱地里，借以增加土壤肥力。资料显示："清代同治年间，宁夏就开始修建了大片引洪漫地。"[1] 为了更好地实现土地有效利用，人们还创制实施了轮作复种、间作套种，以及多熟种植等耕作技术，"宁南山区由秋作物为主的一年一熟制演变为以夏粮小麦为主的一年两熟制，即冬、春麦或夏杂粮收后，复种小糜子、白菜、萝卜等作物"[2]。尽可能使原来一年只种一茬庄稼的土地，种上两至三茬庄稼。

耕地是人类赖以生存的重要资源，也是发展农业不可或缺的基础条件。从古到今、从粗放农业到现代农业，人们均无法脱离对耕地资源的依赖。习近平总书记强调："耕地是粮食生产的命根子，是中华民族永续发展的根基。……农田就是农田，农田必须是良田。"[3] 为严格落实中共中央、国务院关于加强保护耕地资源的决策部署，国家出台并多次修订《中华人民共和国土地管理法》，为耕地质量保护、耕地保护补偿等制度和政策的建立筑牢了法律防线。宁夏积极响应中央号召并严格落实国家土地政策，2021年出台《防止耕地"非粮化"稳定粮食生产工作方案》，为落实国家新一轮千亿斤粮食产能提升行动，加强耕地保

---

[1] 宁夏通志编纂委员会编《宁夏通志·科学技术卷（上）》，方志出版社，2008，第391页。

[2] 宁夏通志编纂委员会编《宁夏通志·农业卷》，方志出版社，2009，第252页。

[3] 杜尚泽：《微镜头·习近平总书记两会"下团组"（两会现场观察）》，《人民日报》2022年3月7日，第1版。

护和高标准农田建设,将粮食生产任务分解下达到县(区)、乡镇、村组和田块,切实防止耕地"非农化""非粮化",确保粮食种植面积不减少、产量不下降,促使粮食综合生产能力稳步提升。

(二)黄河水利与集雨窖灌

水是生命之源,万物之母。宁夏深居内陆、远离海洋,是全国水资源最为贫乏的省份之一。无论是大气降水、地表水,还是地下水都十分匮乏。黄河过境水是宁夏最可依赖的水源,其在宁夏境内流程397公里,多年平均过境流量325亿立方米,国家调配可利用水资源40亿立方米(实际利用仅为33.0亿立方米,且逐年减少),全区人均水资源占有量仅为黄河流域的1/3、全国的1/12。① 宁夏水利资源在地区分布上也很不平衡,绝大部分在北部引黄灌区,而中部干旱高原丘陵区最为缺水,不仅地表水量小,且水质含盐量高,多属苦水,或因地下水埋藏较深,灌溉利用价值较低。

在水资源极为紧缺的情况下,各地群众依然在千百年的农业生产实践中创制了各种用水节水的有效经验和措施。北部灌区自秦汉创修引黄灌溉渠道以来,两千多年经久不衰。据《汉书·匈奴传》《魏书·刁雍传》《水经注》等文献记载,自秦代开始,经两汉、北魏、隋、唐、西夏、元、明、清等朝代,在历代统治者的主导下,曾大规模开凿河渠、兴修水利,发明激河浚渠、卷埽、控水闸堰、石闸水则、封表轮灌等技术,修建了至今仍发挥着滋润沃土作用的秦渠、汉渠、唐徕渠等渠系灌溉工程。"如今,宁夏平原引黄古渠纵横交错,渠道总长1284公里,引黄灌

---

① 《中国农业可持续发展研究》项目组:《中国农业可持续发展研究(下册)》,中国农业科学技术出版社,2017,第1019页。

溉面积约551万亩。"①

宁夏中部干旱高原丘陵区的群众为减缓耕地的缺水"窘境"，先后创制了集雨窖灌、涝池、沟坝地、引洪漫地、压砂地、坡改梯田等节水灌溉措施。其中，集雨窖灌是干旱半干旱地区拦蓄地表径流，充分利用自然降水以满足人畜生活用水和生产用水的传统微集水灌溉工程。盐池、同心、彭阳、海原等地的群众将集雨窖灌所形成的饮水设施称为"水窖"。一直以来，集雨窖灌都是宁夏干旱缺水地区解决人畜饮水的有效措施。据《平远县志》记载，同心预旺地区早在元代以前就有水窖。在解决人畜饮水的同时，宁夏中南部干旱山区，尤其是海原和同心两县的农民，还曾将旱地水窖作为提高农业抗旱能力的主要保障。

习近平总书记指出："黄河水资源量就这么多，搞生态建设要用水，发展经济、吃饭过日子也离不开水，不能把水当作无限供给的资源。"② 党的十八大以来，国家坚持推进社会主义生态文明建设，实施河长制、湖长制，不仅全面推动了人人关爱河流、保护河流的行动，也为各级政府走可持续发展之路提供了有力保障。宁夏积极出台并多次修订《宁夏回族自治区节约用水条例》，坚决打好"四水四定"主动战，加强引、扬黄灌区续建配套与现代化改造，号召全区各级政府根据当地的自然条件和经济发展水平，采用工程节水与农艺节水相结合的方法，推广渠道防渗、管道输水、小畦灌溉、沟灌、喷灌、滴灌、渗灌和地膜覆盖、耙耱保墒等节水灌溉方式和技术，遵循统一规划、统筹兼顾、合理调配、高效利用的原则，积极施

---

① 闵庆文、刘某承、杨伦：《黄河流域农业文化遗产的类型、价值与保护》，《民主与科学》2018年第6期，第26~28页。
② 《习近平在河南主持召开黄河流域生态保护和高质量发展座谈会》，学习强国，2019年9月19日。

行总量控制和定额管理相结合的节约用水制度。

（三）种源安全与科技创新

习近平总书记强调："种源安全关系到国家安全，必须下决心把我国种业搞上去，实现种业科技自立自强、种源自主可控。"[①] 保护种源建设，加快种业产业振兴，不仅是深化"藏粮于地，藏粮于技"的主要举措，也是实施国家食物安全战略的重要保障。宁夏畜牧业发达，在长期畜养驯化过程中形成了以中卫山羊、盐池滩羊和泾源黄牛等为代表的富有地方特色的家养动物品种。2003年5月1日起，面对持续恶化的生态环境，宁夏以省域为单位实施禁牧封育，通过圈舍饲养发展养殖业。经过20年的不懈努力，在使以贺兰山、六盘山、罗山和黄河等"三山一河"为主线条的山川生态得到根本性逆转的同时，实现了养殖业的飞速发展，畜牧业总产值比禁牧前增长了7.67倍，肉牛、滩羊、奶牛等产业高歌猛进，品牌影响力和养殖规模得到持续提升。

在实施封山禁牧、发展圈舍饲养过程中，宁夏坚持"越是欠发达地区，越需要实施创新驱动发展战略"的理念，高度重视种业"芯片"在畜牧业发展中的核心与引领作用，通过科技攻关，有效解决了滩羊养殖等畜牧业由放牧改舍饲之后成本高、肉质下降等一系列问题。一方面，通过"保种"行动，保护当地传统的优质种质资源，在政府主导、多方参与下，聚焦"盐池滩羊"提纯复壮、品质提升，致力于双羔品系选育、营养需要等关键技术攻关，使规模养殖场的"母羊两年三产"比例达到80%，繁殖成活率达到120%，优质滩羊肉生产"6月龄出

---

① 常钦：《把"藏粮于地、藏粮于技"真正落实到位（我和总书记面对面）》，《人民日报》2022年3月7日，第2版。

栏"比例达到70%以上。另一方面，积极引进全球最优质的安格斯、西门塔尔等肉牛品种，改进和淘汰当地长期以来养殖的畜力型黄牛，并高水平建设中国（宁夏）良种牛繁育中心，持续培育和改良肉牛品种，提高养殖效益。同时，加强与西北农林科技大学等高校联合开展良种奶牛快速繁育技术研发，在国内首次采用体细胞克隆技术实现超高产长寿奶牛高效繁育。上述举措，使得宁夏的奶牛、肉牛和滩羊良种化率分别达到100%、89%和90%。[①]

随着国家对种源安全生态体系的重视，中宁枸杞种植系统、灵武长枣种植系统、盐池滩羊养殖系统先后入选"中国重要农业文化遗产名录"，盐池黄花菜、同心银柴胡先后被农业农村部认定为"农产品地理标志保护产品"，并入选"全国名特优新农产品名录"。此外，宁夏还有中药材资源1104种，是枸杞、甘草、麻黄、银柴胡、黄芪、柴胡、肉苁蓉、大黄等地道药材的重要生产基地。如何借助现代生物技术、数字智能技术实施农业生物良种的精准育种、智能育种，强化现代种业提升工程，构建好种源搜集、保护、鉴定和高效利用机制，加强制种基地和良种繁育体系建设，扎实推进育种联合攻关和畜禽遗传改良计划，是当前宁夏深入实施种业振兴行动的有效实践路径，对于构建现代农业绿色生态循环体系也具有重要意义。

（四）选择最佳的生态关系和优化耕作制度

传统农业十分注重对农作物与外界非生物环境、生物内部环境之间关系的选择和协调。郭文韬指出："从生态学的角度来说，就是要寻求最佳的生态关系；从耕作学的角度来说，就是优

---

① 张治东：《全域封山禁牧后 如何让"风景"变"丰景"》，《光明日报》2023年5月6日，第9版。

化耕作制度。"① 众所周知，农业生产是以自然再生产为基础的经济再生产，与气候、水源、土壤、光热等外界条件关系紧密，并深受其影响。李文华说："农业主要是在开放的自然环境下进行的，存在着对气候、土壤、水源等的巨大依赖。"② 宁夏南部山区沟壑纵横、丘陵密布，水土流失给当地农业生产造成巨大威胁。为缓解水土流失现象的不断扩大和蔓延，广大农民群众在长期的耕作实践中创制了"山坡地水平沟种植法"，即在垄沟内播种两行作物，收获后将原来的沟变为垄、垄变为沟，通过减轻雨水对山坡土壤的冲刷，达到蓄水保墒的效果。

　　人们在选择和总结适合当地耕作实践的同时，也很注重对种植结构和种植区划的适应和调整。有学者表示："农业生产就是选择最优的生态因子组合搭配，得到优质高产持续的农业产品。"③ 实现生态因子的优化组合，其实就是通过外界的非生物环境和内部的生物环境构成的综合因子的优化组合，在让农业生态系统得以持久平稳运行的过程中，提高农业产出。在种植过程中，宁夏各族群众对作物资源进行不断选择和协调，通过人工劳作形成适合当地特点的种植结构和种植区划。④ 譬如，青铜峡灌区盛产稻谷、玉米和小麦，已发展成为全国主要商品粮基地，这主要是由其便捷的灌溉条件和合适的种植结构及种植区划决定的。选择最佳的生态关系和优化土地耕作制度，不仅是农业生产

---

① 郭文韬：《中国传统农业思想研究》，中国农业科技出版社，2001，第172页。
② 李文华主编《中国重要农业文化遗产保护与发展战略研究》，科学出版社，2016，第31页。
③ 胡火金：《协和的农业：中国传统农业生态思想》，苏州大学出版社，2011，第132页。
④ 种植结构指的是一个地区或国家农作物种类种植比例，一般以粮食作物为主，其他经济类作物为辅。种植区划则是以作物为对象进行的单项农业区划，其任务是根据作物的生态要求和地区生态环境条件，因地制宜地划分种植业适宜种植区。

持续稳定发展的根本要求，也是农业生态系统平衡、持续及良性循环的重要保证。长期以来，宁夏中南部山区深受干旱之苦，为实现旱地增收，当地群众曾采用早耕、深耕、多耕等办法进行抗旱保墒。当地农谚曰："伏天犁地一碗水，秋天犁地半碗水，春天犁地没有水。"统计资料显示，"小麦伏耕比秋耕增产15%~39.7%，头伏耕比二伏耕增产14.4%，其他作物秋耕比春耕增产48%~71.2%"[①]。

农业生产在平衡农作物与外界环境关系的同时，也很注重农作物种群之间关系的协调与平衡。中南部山区曾经流行的立体复合种植模式就充分利用植物层片结构的生态规律，采取高棵作物对矮棵作物、尖叶作物对圆叶作物、深根作物对浅根作物的办法，巧妙根据农作物的互利关系，施行小麦套种马铃薯、马铃薯间作蚕豆、豌豆套种马铃薯、小麦套种玉米、玉米间套杂豆等间作套种模式，充分利用农作物生长发育的"空间差"和"时间差"，凭借不同作物的不同特征和特性，通过提高作物对水、肥、气、热及光能的利用率，形成多物种、多层次的立体种植结构。这种间作套种的耕作方式不仅能够有效降低作物单一品种的倒伏性，还能利用作物品种的多样性对农业病虫害进行有效防控。

三 崇尚以乡规民约为约束的乡村礼仪

（一）传统聚落与乡民艺术

传统聚落是农耕文化遗产的主要载体，集农业生产、宗教信仰、宗祠文化、家庭教育、生态空间、民俗风情、易学风水、地

---

① 宁夏农业志编纂委员会编《宁夏农业志》，宁夏人民出版社，1999，第219页。

域差异于一体,对人们生产实践、生活习惯、乡土情感的养成具有不可或缺的作用。宁夏地处西北边塞,由于屯垦,自古以来,居住便多以城、堡、屯的形式出现。有资料显示:"明代宁夏为九边重镇之一,境内设屯堡90个,烽堠(墩)485个。"① 以卫、所、营、堡等命名并保留至今的地名有中卫、平罗、三营、黄铎堡等。譬如,平罗即得名于平虏守御千户所。目前,一些曾地处战略要冲的传统聚落,还留有诸如长城、堡寨、关隘、烽燧、古道、石窟、烽火台等遗址、遗存。中宁县余丁乡黄羊村,南临黄河,北靠山地丘陵,西与宁夏"四大关隘"之一的胜金关隔岸相望,东与石空寺石窟毗邻。缠绕于半山腰的明长城,气势宏伟,数里之外仍清晰可辨,现尚存大型烽火台1座、小型烽火台9座。从地形布局看,山脊高处哨卡林立,一派肃穆景象,而山下平原则河水潺潺、庭院格致、曲径通幽,古枣青梨穿插其间,极富生活情调。入选国家级"非遗"代表性项目名录、在村内已传承数百年的"黄羊钱鞭",是从以前的边塞小舞演化成如今人们健身娱乐、增进情感的大众化民俗体育文化娱乐活动,村里上至八十岁老人、下至四五岁孩童都会即兴跳上一段"黄羊钱鞭"舞。

随着乡村旅游的深入发展,如何依托传统聚落中的生态、人文优势,将沉积其间绵亘千百年的乡民艺术和"非遗"特质重新激活,融入现代生活,实现经济优势转化,成了当前热门议题。类似黄羊村这种村堡一体的传统民居,应该是发展乡村民宿的最好样板。"耕读传家远,诗书继世长",绵延于传统聚落里的民间传说、戏楼、寺庙、古塔、水泉、古钱币、特色小吃,以及民间传统手工艺等都是撬动旅游经济的重要元素。在数千年的

---

① 汪一鸣:《宁夏人地关系演化研究》,宁夏人民出版社,2005,第180页。

历史演进中，传统聚落历经游牧生活、边塞文化、农耕活动等多种文化肌理的相互摩擦，形成了当前宁夏发展"乡愁"旅游的独特优势。

（二）村规民约与礼仪制度

在传统农耕文化遗产保留相对完整的村落，有着很多或用文字记载或口头传承的村规民约或家规家训，这对维护村落秩序和规范村民言行具有一定的约束和强制作用。譬如，保存并传承于固原市隆德县奠安乡梁堡村已达七代之久的"董氏族谱"，对规范族属行为具有明显的教导和约束意义。该族谱封面题签"皇清董氏历代家谱编纂"，卷首有清代庄浪"五进士"之一赵贡玉所撰的《十则例》，详细列举了董氏族谱的修谱规定。族谱核心内容涵盖"行孝""尽悌""尽忠""守信""守礼""尚义""养廉""知耻"等十个方面。其中，"行孝"云："劝后人快行孝。孝为百行原，人人当知晓。《蓼莪》雅章应勤读，《孝经》古训须遵照。黄香能温席，闵子全孝道；曾参养志真绝妙，舜耕历山仰天号。此等人都当效。"[①] 无论是有文字记载的家规族谱，还是口头传承的村规民约，对村民立身处世、持家治业都具有明显的教诲意义。据《纳家户村志》记载，该村"偷盗、赌博、吸毒、性乱以及经营中的坑蒙拐骗等丑恶行为为人们所不容；勤劳节俭、吃苦耐劳、诚实善良、济贫扶困、尊老爱幼的优良品德则为人们所崇尚"。[②]

宁夏自古以来便是一个移民屯垦、五方错杂的地方，风俗并非十分淳厚和统一，"今之居此土，有仕宦者、征戍者，有谪戍

[①] 宁夏回族自治区隆德县奠安乡梁堡村志编纂委员会编《梁堡村志》，方志出版社，2017，第189页。

[②] 永宁县党史县志办公室编《纳家户村志》，宁夏人民出版社，2011，第78页。

者，齐、楚、吴、越、秦、晋之人皆有之"①。尽管汇聚了来自五湖四海的不同风尚和习惯，但在千百年的相互影响和融合过程中，人们形成了相对固定的礼俗制度和仪程规范。譬如，在农村流传有很多富含人生哲理的民谚俗语，诸如"褒贬是买主，夸奖是闲人""久住令人贱，频事亲也疏""在家不理人，出门没人理""宁伸扶人的手，不张陷人的口"等。这些以民谚俗语为代表的村规民约，蕴含着祖祖辈辈传承已久的知识、道德、习俗等，它们自成体系，维持着乡土社会的有序运行。尤其在一些偏远农村，虽然经济落后、思想封闭，但是人们一直遵守着祖祖辈辈传承下来的礼仪规范和法天敬人、崇尚耕读的治家传统。

（三）民间观念与信仰

在中国历史上，宁夏是开发较早的地区，姚河源古村落遗址和水洞沟早期人类聚落遗址，均再现了人类聚落早期的发展历史。然而，唐代以前宁夏居民的生产、生活习俗已无可考，只能根据《宋史》、《金史》、《正统宁夏志》、《弘治宁夏新志》、民国《朔方道志》等史料的零星记载推测，当地群众在以农为主、兼营畜牧的过程中，十分推崇"耕读传家"的风尚和习俗。清道光《续修中卫县志》载："今考中俗，朴厚强力，士业诗书，能取科第，有衣冠文物之气。贫则躬自耕凿，逐末者少。儒童肄业，惟春冬居馆，夏秋大半从父兄治田，皆耕读相兼云。"②

至迟在北宋时期，宁夏的先民就有了崇文重教的传统。同时，还很信奉超自然的力量，并讲究"风水"。明弘治《宁夏新志》载："笃信機鬼，尚诅咒《宋史·夏国传》。强梗尚气，重然诺，敢

---

① 胡玉冰、孙瑜校注《（正统）宁夏志》，中国社会科学出版社，2015，第4页。
② 負有强、李习文主编《宁夏旧方志集成⑮（道光续修中卫县志）》，学苑出版社，2015，第127页。

战斗《金史·夏国赞》。杂五方，尚诗书，攻词翰旧志；重耕牧，闲礼仪新志。"①直到解放前，很多人还很崇仰"迷信"，"汉族建房要请阴阳看'风水'，选择宅基地讲究'向口''座向'，故房屋坐落无序，户不相连，多呈单门独户"②。在这里，牵涉到了一个"风水"问题。其实，在一定意义上，"风水"也凝聚了古人有关人与自然和谐相处的生态美学智慧。张义宾表示："这种建立在气论观念基础之上的天人合一的风水文化是中国文化对人类文明的独特贡献……以天人合一为基础，择居文化处处显示着人与自然相互交融、物我一体的生态之美。"③笔者认为，只有敬畏自然，才能更好地与自然和谐相处。

从"笃信禨鬼"到讲究"风水"的过程中，各地还产生和发展了与当地生态、生产和生活密切相关的民间观念与信仰。有学者还专门就此下了定义，所谓"民间观念与信仰"，是指民众自发地对具有超自然力的精神体的信奉与尊重。它包括原始宗教在民间的传承、人为宗教在民间的渗透、民间普遍的俗信等。④ 在宁夏，民间观念与信仰主要集中在与农业生产与日常生活紧密相关的主题方面。如在黄灌区传承数千年的祭河神、在中部干旱带上盛行不衰的青苗水会，以及在南部山区流行的民间祭山，都是人们对水的认知、感受与信仰。在祭祀过程中，人们怀着敬畏的心情有序参与每一项既定程序，反映了乡土社会人们法天敬人的思想，充分

---

① 贠有强、李习文主编《宁夏旧方志集成①（弘治宁夏新志）》，学苑出版社，2015，第42页。

② 宁夏通志编纂委员会编《宁夏通志·社会卷》，方志出版社，2010，第243页。

③ 张义宾：《风水文化中气论观念的生态美学意义》，《民俗研究》2012年第5期，第91页。

④ 王思明、李明主编《中国农业文化遗产名录》，中国农业科学技术出版社，2016，第46页。

表达了人们对"风调雨顺、五谷丰登"和"驱灾避祸、祈求平安"的情感诉求。在乡土社会,这些民间观念与信仰在某种程度上已经成为人们心理认同的一种载体,从而衍生出"敬畏感恩"、"劝人为善"、讲求和合等诸多美德,对于人们世界观的塑造、乡村社会秩序建设的再构具有重要作用。从这个角度讲,蕴含在其中的乡村礼仪与村民的价值观念有着极大的契合度,以德服人和以和为贵的处世之风,对于维持乡村有序发展发挥着重要作用。

第三节　对构建现代农业产业体系、生产体系、经营体系的经验启示

一　将农业融入自然生态系统,进行有序合理地开发和利用

传统农耕以"天人合一"为最高架构,注重将农业融入自然生态系统进行有序合理地开发和利用。其中,"以时禁发"的生态保护思想和适度取物的循环利用思想,对于制衡农业生态平衡和实现农业永续发展具有重要意义。当前,随着人们生态理念和环保意识的不断觉醒,传统农业的循环经济思想重新回归农业生产。习近平总书记在党的二十大报告指出:"人与自然是生命共同体,无止境地向自然索取甚至破坏自然必然会遭到大自然的报复。我们坚持可持续发展,坚持节约优先、保护优先、自然恢复为主的方针,像保护眼睛一样保护自然和生态环境,坚定不移走生产发展、生活富裕、生态良好的文明发展道路,实现中华民族永续发展。"[①] 为了减少

---

① 习近平:《高举中国特色社会主义伟大旗帜　为全面建设社会主义现代化国家而团结奋斗——在中国共产党第二十次全国代表大会上的报告》,人民出版社,2022,第23页。

农药、化肥等化工材料对农业生态环境的破坏，人们逐渐将目光转向绿色、安全、无污染的微生物肥料的研发。实验表明："生物肥能够为作物提供营养，促进作物生长；提高氮磷肥料利用率；活化被固定的土壤养分，修复改良土壤；抗病虫害，抗连作障碍；减少肥料流失，保护环境。"① 此外，微生物肥料与化肥配合使用，对修复土壤金属污染具有独特功效。

现代研究还发现，有些花草能够分泌天然杀菌素，对空气中的细菌或农田中的病虫害具有较大杀伤力。譬如，金盏菊能够分泌一种杀死土壤线虫的物质。"与除草剂和杀菌剂相比，有更多的天然产物已经是杀虫剂的重要资源，它们有些可以直接作为杀虫剂，有些作为半合成先导化合物，有些则作为研究新杀虫剂的模板或为其研发提供思路。"② 在现代农业生态体系中，如何利用天然杀菌素高效低毒、杀虫谱广及环境友好等优点，通过现代生物转基因技术将花草能够分泌天然杀菌素这一遗传信息导入玉米、棉花、大豆等农作物的基因，以改良农作物的品种或品质的方式驱走、杀死害虫或病菌，减少病虫害对农业生产的损害和杜绝人工化学合成剂对环境的污染，应是当前农业科技工作者积极关注和研究的课题。

习近平总书记强调："大自然是人类赖以生存发展的基本条件。尊重自然、顺应自然、保护自然，是全面建设社会主义现代化国家的内在要求。"③ 加强生态保护、实施高质量发展、实现

---

① 邹锦丰、周传志：《微生物肥料研究进展及发展前景》，《资源与环境科学》2021年第22期，第142页。
② 付骋宇、张波编译，祁志军校《天然产物杀虫剂的作用、价值和未来》，《世界农药》2015年第3期，第19页。
③ 习近平：《高举中国特色社会主义伟大旗帜 为全面建设社会主义现代化国家而团结奋斗——在中国共产党第二十次全国代表大会上的报告》，人民出版社，2022，第49~50页。

人与自然和谐共生，是当前国家实施强农战略、绿色发展等一系列战略决策的重要部署。董恺忱、范楚玉认为："一切保护环境的主张，浅层的依据是保护人类这个物种的生存与延续，维护人类社会可持续发展，深层的依据则来自对存在的、本质生命的意义和科学价值的理解。"① 对农业耕地、生态资源的保护不仅事关粮食安全和社会稳定，也是国家实现农业强国战略不可或缺的有机组成和强力支撑。

二 优化低碳循环利用体系，推动农业持续健康发展

传统农业之所以绵亘千年而不衰，主要原因是其能够重复利用自身资源和周围环境，以最低的环境代价和最小的生产成本实现物质交换和能量转换。随着现代化工技术在农业生产中的不断介入，化肥、农药等石油化工材料大量涌入农田，生态系统遭到严重破坏，传统农业中的循环体系被打破。运用现代高新技术，依托现代"种植—养殖—生活"循环链，将高效农业水循环技术、可再生资源还田技术、农业热资源循环技术、垃圾渗滤液处理技术、沼气厌氧发酵技术、测土配方精准施肥技术等高新工艺运用于现代农业生态循环系统，不断促进现代农业物能循环层级提升，有效控制农业污染源，对农业废弃物进行有效处理和资源化利用，最大化减少废弃物排放和物质能量浪费，实现能源资源化与资源有效利用，应是现代生态农业发展的重点和方向。

随着生态环境对现代农业循环体系标准要求的不断提高，如何在低碳视角下充分利用有限的土地资源和生物资源，将种植业、养殖业、水产业、农产品加工业有机结合，按照"低排放、

---

① 董恺忱、范楚玉主编《中国科学技术史：农学卷》，科学出版社，2000，第124页。

资源化、再利用"的原则,进行高质量的物能循环利用,将上一环节的农业废弃物作为下一环节的原材料,进行规模化生产和机械化操作,是现代生态农业低碳循环体系的理想运营模式。譬如,将畜禽排泄物、农作物秸秆、生活污水等农业废弃物作为原料投入发酵设备,产生的沼气作为燃料或用于发电,剩余的半固体废渣进行固液分离,固态成分堆肥后还田再利用,液态成分处理后进行资源化利用或低碳无害排放。在这一低碳生态循环模式里尽量将农业废弃物"吃干榨净",这样不仅可以实现废物资源化的有效利用,还能大大减少废弃物对生态环境的污染和破坏。

构建现代农业低碳循环生态体系,需要现代科学技术的强力支撑。对农业科学技术经验的总结和传承,是实现传统农业生态体系持续平稳运转的一个重要因素。两千多年来,中国农业科学技术经验积累丰富,并且形成了庞杂而齐全的知识体系。"现在农村中主要的耕作制度、耕作方法、栽种技术、农业工具以及主要农作物种类和布局,有很多早在一二千年前,或至少是在几百年前就已经形成,后人只是加以继承发展,逐渐成熟完善而已。"① 当前,我们要构建低碳循环生态体系构架下的现代农业产业体系、生产体系、经营体系,就要在传承传统农耕循环经济思想的基础上,依靠精尖端的现代农业科学技术,完善并衔接好农业生态循环链中的每一个细微环节,通过环环相扣的运营模式,实现农业生态的低碳、循环、再利用。

三 深入挖掘传统农耕文化义理,推动宜居宜业和美乡村建设

传统农耕文化遗产基于古代哲学原理和传统农耕实践经

---

① 董恺忱、范楚玉主编《中国科学技术史:农学卷》,科学出版社,2000,第7页。

验，蕴含着丰富的循环经济思想和人与自然和谐统一的生态文化理念，其为维护农业生产秩序而延续下来的礼仪规范、伦理价值和相应的民间禁忌，对维护乡土社会的赓续发展发挥了十分重要的作用。譬如，流传于宁夏各地的农谚"不育五月苗，不插六月秧，不追七月肥""深谷子，浅糜子，胡麻种在浮皮子""清明前后，种瓜点豆""谷子稀糜子稠，玉米地里窝老牛""种地不倒茬，十有九回瞎"等，都是人们在长期的农业生产实践中总结的技术经验和耕作智慧。实践证明，只有农业生产技术，而没有完备的农业生产生态理念，农业生产是不可能获得持续发展的。随着现代农业产业体系、生产体系、经营体系的深入推进，传统农耕实践中的一些有效经验值得借鉴。

深入实施乡村振兴战略离不开对传统农耕文化遗产的继承和弘扬，宁夏要建设产业兴旺、生态宜居、乡风文明、治理有效、生活富裕的和美乡村，就要将传统农耕文化遗产的义理内涵贯彻进去，大力推进村镇建设和农村人居环境整治。横亘于广袤大地上的传统农耕文化遗产，涵盖遗址类、物种类、工程类、技术类、工具类、文献类、特产类、景观类、聚落类等众多形态，其有利于新时代农村建设的成分对宁夏加快建设乡村全面振兴样板区具有十分重要的启迪作用。其中，传统农耕蕴含的资源保护与循环利用、生物间相生相克、人与自然和谐相处的朴素生态观和价值观，不仅有利于传承农耕文明，而且有利于拓展农业功能。

民间观念与信仰是原始艺术的重要组成部分，其以特定的审美情趣和价值观念，潜移默化影响和约束着人们的道德意识和行为准则。"它不仅是一个地区在历史积淀中形成的农业文化，而且是一种约定俗成并世代传承的农业生产制度和乡村行为规则。"① 随着城镇化和工业化的不断发展,以民间观念与信仰为代表的民俗文化在现代城市文化的强劲态势下式微。在半熟悉、半陌生的乡土社会里,传统伦理道德和行为处事方式被逐渐淡化。如何深挖其中所涵盖的讲规矩、重礼仪、守诚信、尚和合等义理,并将其融入新时代宜居宜业和美乡村建设,使村民在文化和思想上更好地与社会主义核心价值观相契合,是业界需要关注和研究的课题之一。

---

① 王思明、李明主编《中国农业文化遗产名录》,中国农业科学技术出版社,2016,第45页。

第二章
宁夏传统农耕文化遗产及其项目类别[*]

第一节　工程类农耕文化遗产

工程类农耕文化遗产，主要指为提高农业生产力和改善农村生活环境而修建的农业设施。宁夏的工程类农耕文化遗产，包括为引黄灌区农业发展而修建的农田灌溉工程和为防止南部山区水土流失而修建的旱地节水保墒工程等。

一　农田灌溉工程

农田灌溉工程，指从水源向农田引水、输水、配水、蓄水、

---

[*] 本研究关于宁夏传统农耕文化遗产项目及其类别的划分，主要参考了《中国农业文化遗产名录》的分类方法，并根据宁夏的实际情况对其中的一些项目类别作了略微改动。在工程类农业文化遗产项目中，增加了开发时间不长但能反映宁夏南部山区旱作农业特色的坡改梯田工程；在聚落类农业文化遗产中，突出了宁夏传统村落及跟居住有密切关系的生活、生产设施，比如窑洞、寨子等；对《中国农业文化遗产名录》中一些较大项目类别的划分，比如景观类农业文化遗产，由于宁夏较有代表型的景观类农业文化遗产很少，只有零星几处，且在其他项目已有体现，于是就不再单列出给予专门介绍；关于工具类农业文化遗产，由于宁夏的很多传统农耕工具都是从周边省份引进而来的，而且很多与全国相同或相似，就未在书中体现。

灌水以及排水等各级渠沟或管道及相应建筑物和设施的总称。宁夏农田灌溉工程包括渠系灌溉工程、青铜峡枢纽工程，以及水库、井灌和集雨窖灌等工程。

（一）渠系灌溉工程

黄河自黑山峡入宁夏境，至石嘴山出境，流长397公里，其间冲淤形成灌溉面积约6600平方公里的宁夏平原，具有得天独厚、无坝就可引水灌溉的优越条件[①]，是全国最古老的大型灌区之一。宁夏水利沿袭2000多年，除有黄河自身的便利条件外，也靠历代劳动人民兴修水利的实践创举。汉代的激河浚渠、北魏的灌溉制度、西夏的卷埽技术、元代的控水闸堰、明代的石闸水则、清代的封表轮灌等技术均在宁夏水利史上留下了浓墨重彩的一笔。宁夏引黄古灌区作为我国黄河流域主干道上产生的第一处世界灌溉工程，因其在特定的自然条件下创造和发展了一套独特且完整的水利技术，于2017年10月被选入"世界灌溉工程遗产名录"。宁夏引黄灌区位于北部平原，引黄灌溉始于秦代，盛于汉代。汉武帝元狩年间（公元前122年~前117年），由西汉政府从匈奴的统治下夺回这一地区后开始实行大规模的屯田而创建。[②] 据《汉书·匈奴传》《魏书·刁雍传》《水经注》等文献记载，自秦代开始，历经两汉、北魏、隋、唐、西夏、元、明、

[①] 宁夏青铜峡灌区河东的秦渠、汉渠，河西的唐徕、汉延、大清、惠农等渠，卫宁灌区的美利、七星等渠，都是黄河无坝自流引水。在黄河无坝引水入渠过程中，为保证引进灌溉所需水量，古人用块石、椿柴镶砌，在河中修筑傍河长堤，称为"迎水珣"。为有效地调节干渠水量，在进水闸前引水段临河一面渠堤上修建溢流侧堰（俗称跳水）和退水闸（又称减水闸）。在退水闸以下渠道上修筑进水闸（俗称正闸）。各大干渠每年春季岁修清淤要堵口断流，创造了卷埽施工法，即现今的"草土围堰"。在无坝引水工程里，人们大多以分劈河面约1/4的垒石长（坝）来引导河水入渠。

[②] 王思明、李明主编《中国农业文化遗产名录》，中国农业科学技术出版社，2016，第472页。

清等各个朝代，宁夏平原在历代统治者的主导下，曾大规模开凿河渠、兴修水利。今天人们熟悉的秦渠、汉渠、马莲渠、艾山渠、唐徕渠、汉延渠、昊王渠、美利渠、七星渠、惠农渠、大清渠、泰民渠等渠系灌溉工程，都是宁夏历代发展农业、兴修水利的历史见证。其中，"秦渠、汉渠等12条引黄古灌渠系历经2000多年，仍发挥着滋润沃土的作用"[①]。宁夏引黄灌区自秦汉创修引黄灌溉渠道以来，历经千年不衰。秦代蒙恬开疆，汉代已有秦渠、唐徕渠的雏形；南北朝有艾山渠和薄骨律渠；唐代有御史、尚书等渠；西夏时期有昊王渠；元代有蜘蛛渠；明代有羚羊渠；清代有大清、惠农等渠；民国时期有湛恩、云亭等渠。治水人物刁雍、郭守敬、通智等彪炳史册，他们所创制的激河浚渠、卷埽技术、封表轮灌等技术沿用至今。新中国成立后，对古灌区进行扩建改造，裁并旧渠、开发新渠、除险加固，实施续建配套和节水改造。截至2023年11月，灌区共有干渠17条，长1292公里，灌溉面积543万亩。宁夏平原由于河水与泥沙的淤灌，使得渠水所到之处，阡陌纵横，土质肥沃，加上便利的渠系灌溉，使其在南北朝时期就已获冠"塞上江南"的美名。

（二）青铜峡水利枢纽工程

青铜峡枢纽工程位于黄河上游青铜峡市青铜峡镇的黄河青铜峡出口处，是在宁夏兴建的以灌溉为主，结合发电、防凌等综合利用的大型水利枢纽工程设施，也是黄河梯级开发工程之一，由混凝土重力坝、河床式电站、溢流坝、泄洪坝、东端土副坝组成。设计水位1156米，总库容7.35亿立方米，装机容量30.2

---

① 闵庆文、刘某承、杨伦：《黄河流域农业文化遗产的类型、价值与保护》，《民主与科学》2018年第6期，第26~27页。

万千瓦，保证出力9.3万千瓦，年发电量11.26亿千瓦·时。据资料统计："1958年8月26日，由水电部青铜峡水利工程局承建的青铜峡水利枢纽工程开工，1960年2月24日截流，1967年12月28日第一台机组发电。"[①] 作为引黄渠系灌溉系统，青铜峡水利枢纽工程实际上是宁夏引黄灌区水利工程的延续，是对旧有的干、支渠进行裁弯取直和扩建，并相应增建了渠系建筑物的水利工程。青铜峡水利枢纽工程建成后，结束了宁夏长期无坝引水的历史，使宁夏引黄灌区形成了统一的渠系灌溉系统。20世纪六七十年代，宁夏建成青铜峡水利枢纽工程和东西干渠，极大地促进了宁夏工农业生产和发展。该工程建成后，农业灌溉面积由最初的192万亩扩大到了2023年的543万亩。在青铜峡水库上游有3万多亩次生林和4万多亩草滩、沼泽和湿地，是鱼虾和野鸡自然繁衍栖息的乐园，还有珍贵的白天鹅、黑鹳、鹭鸶等几十种鸟类在库区水面和草滩沼泽地带进行觅食活动。随着生态环境的不断改善，黑鹳、金雕、中华秋沙鸭、金雕、玉带海鵰、白尾海鵰、大鸨、小鸨等也不时显现，无论是种类还是数量，都呈不断增长态势。宁夏出现的280种飞禽，有180多种都能在此找到踪影。青铜峡水库里还有20多种天然鱼类在邻近水域游弋繁殖。作为宁夏最大的库区滩涂湿地，该区域不仅是鸟类、鱼类生息繁衍的天堂，连同水库大坝附近的108座古塔与峡口的牛首山寺庙群等名胜古迹，[②] 更是每年吸引数十万国内外游客前来观赏游览的好去处。

（三）水库

在河流的有利地点如峡口或山沟出口处，可通过修建水库存

[①] 宁夏通志编纂委员会编《宁夏通志·科学技术卷（上）》，方志出版社，2008，第400~401页。

[②] 宁夏通志编纂委员会编《宁夏通志·农业卷（下）》，方志出版社，2009，第770页。

蓄洪水、调节径流，用来防洪、灌溉、发电、供水以及水产养殖等。自1958年开始，宁夏先后在黄河、清水河、葫芦河、泾河、山水河等河流的干、支流上，修建大、中、小型水库318座，其中大型水库1座、中型水库39座、小型水库278座。水库的建成，使大片没有水或仅有少量水浇地的方成为灌区，如在固原市原州区三营川，彭阳县红河川、茹河川，西吉县葫芦河川，隆德县沙塘川，海原县园河流域等处，建成了数十处万亩以上灌区。限于当时条件，水库建设标准低，加上运行时间长、管理不到位等原因，致使部分水库报废或降级为塘坝，但大部分水库仍在正常使用中。近年来，为落实建设黄河流域生态保护和高质量发展先行区决策部署，宁夏建管并重，按照轻重缓急，对病险程度较高、防洪任务较重的水库，实施除险加固，对小型水库探索实行专业化管护运行模式，确保其在供水保障、农业灌溉、防汛减灾和拦沙减淤等方面长效安全运行。

（四）井灌

在水资源较为匮乏的地区，机井是人们生活生产不可或缺的水源工程。20世纪50年代，宁夏各地均有打井提取浅层地下水进行灌溉的历史，70年代各县相继成立机械打井队，累计钻井2307眼，灌溉农田近30万亩，井灌亩产小麦500~600斤。[①] 宁夏井灌多分布在中南部山区，比较有名的机井灌区有固原彭堡灌区、固原头营灌区、海原西安灌区、海原树台灌区、海原黑城灌区、西吉城郊灌区、西古兴隆灌区、西吉将台灌区、同心红城水灌区和盐池城郊灌区等，各井灌灌区有数十眼到二百多眼不等的机井，其中盐池城郊灌区的机井数量最多，达323眼。然而，随

---

① 宁夏通志编纂委员会编《宁夏通志·科学技术卷（上）》，方志出版社，2008，第407~408页。

着地下水水位逐年下降，井灌用水不仅不能满足当地居民的灌溉需求，甚至还因超采引起地面沉陷和生态持续恶化。为有效遏制地下水乱开乱采，逐步恢复超采区地下水位，自治区政府2021年开始着力实施地下水超采综合治理，实行"北部地区适度开采浅层地下水，合理控制地下水位；中部地区在有条件的区域合理开采利用地下水；南部地区严控地下水位显著下降区域地下水开采利用，全区地下水取水总量控制在6.27亿立方米（不包括微咸水）以内"[①]的地下水开采管控措施，这对复苏河湖生态环境具有重要意义。

（五）集雨窖灌

集雨窖灌是干旱半干旱地区拦蓄地表径流，充分利用自然降水以满足人畜生活用水和生产用水的传统微集水灌溉工程，俗称"旱地水窖"或"旱井"。旱地水窖主要包括窖台、窖井和进水暗管三个部分。其中，窖台的作用是保护取水口不致坍塌损坏，同时防止污物入窖。窖台一般都会高出地面0.4~0.6米，尺寸以1.2~1.5米见方为宜，取水口0.4~0.5米见方即可，取水口设置木质或石质盖板，平时落锁。进水暗管是将沉砂池和水窖体连通，使沉淀后的径流水能够畅通无阻地进入水窖中。有些村落，进水暗管也可用衬砌暗渠代替。为了防止窖口堵塞，农户一般都会在进水暗管下方窖底上布置消力设施，主要目的是减轻水流入窖时对窖底的冲刷力度。消力设施通常有消力池和消力筐两种。根据用途和对水质的要求，集雨窖灌可分为生活用水窖和灌溉用水窖。水质过滤较为洁净的水窖主要用作人畜饮用，水质过滤较差的水窖则为洗衣或作物"滴水"浇灌之用。根据建造水

[①] 《自治区人民政府办公厅关于印发宁夏"十四五"用水权管控指标方案的通知》（宁政办发〔2021〕76号），https://www.nx.gov.cn/zwgk/qzfwj/202111/t20211103_3114354.html，最后检索时间：2023年8月7日。

窖所用材料又可将其分为土水窖和砖石水泥窖两种。土水窖造价低、施工方便，但容量小，通常口小肚大，深度5米左右，直径3~5米，为防渗水仅简单在内壁与底部抹有2~3层胶泥即可；砖石水泥窑虽坚固耐用、容量大，但造价高、施工复杂。《宁夏通志》等资料显示，1972年同心县水电科试用水泥砂浆涂抹窖壁防渗，或采用钢筋混凝土浇筑窖壁防渗，效果很好。推广后在同心、海原、彭阳和盐池等县建成了一些水泥砂浆窖和钢筋混凝土窖。[①] 在水窖的普及过程中，"母亲水窖"工程对解决宁夏中南部山区群众人畜饮水困难起到了巨大的推进作用，该工程以至少资助农民群众户均建造一口水窖的力度，重点帮助西部地区老百姓特别是妇女摆脱因严重缺水带来的贫困和落后，是中南部山区在普及自来水之前最不可或缺的储水、饮水设施。据统计，到2000年，宁夏南部山区的集雨水窖已达到近40万眼，节水灌溉面积60万亩[②]。近年来，在习近平总书记的亲切关怀和中央政府的支持帮助下，自治区围绕"宜居、宜业、宜养、宜游"目标，积极探索生态宜居乡村建设模式，全面推广"互联网+城乡供水"，强化农村供水配水管网改造工程，使农村自来水普及率达到96%，在努力加强农村供水保障能力的同时，提升饮水安全标准，将"千吨万人"农村集中式饮用水水源地纳入日常环境质量监测，确保了饮用水水源水质的安全。

二 旱地节水保墒工程

宁夏南部山区的旱作基本农田，主要有旱作梯田、砂田、引

---

① 宁夏通志编纂委员会编《宁夏通志·科学技术卷（上）》，方志出版社，2008，第397~398页。
② 马文林：《宁夏南部山区集雨节水灌溉工程》，《水资源保护》2002年第1期，第41页。

洪漫地和沟坝地等4种。① 南部山区多沟壑、丘陵，遇到强降雨等恶劣天气，容易出现崩塌、湿陷、滑坡等地质灾害，水土流失较为严重。面对恶劣的自然条件，当地群众曾采用一些简单方法，如通过挖涝池、培地埂等措施来保持水土，但最为有效的办法还是修建梯田和铺垫砂田。在南部山区修建的旱作梯田系统和在宁夏中部干旱带上铺垫的砂田生产系统，对农业节水保墒更为有效。

（一）旱作梯田系统

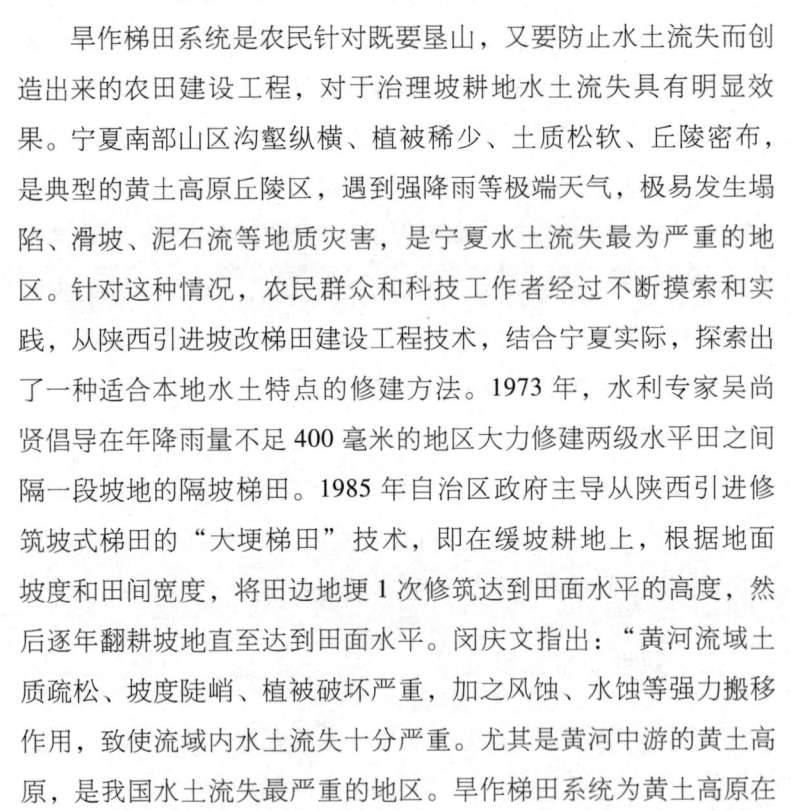

旱作梯田系统是农民针对既要垦山，又要防止水土流失而创造出来的农田建设工程，对于治理坡耕地水土流失具有明显效果。宁夏南部山区沟壑纵横、植被稀少、土质松软、丘陵密布，是典型的黄土高原丘陵区，遇到强降雨等极端天气，极易发生塌陷、滑坡、泥石流等地质灾害，是宁夏水土流失最为严重的地区。针对这种情况，农民群众和科技工作者经过不断摸索和实践，从陕西引进坡改梯田建设工程技术，结合宁夏实际，探索出了一种适合本地水土特点的修建方法。1973年，水利专家吴尚贤倡导在年降雨量不足400毫米的地区大力修建两级水平田之间隔一段坡地的隔坡梯田。1985年自治区政府主导从陕西引进修筑坡式梯田的"大埂梯田"技术，即在缓坡耕地上，根据地面坡度和田间宽度，将田边地埂1次修筑达到田面水平的高度，然后逐年翻耕坡地直至达到田面水平。闵庆文指出："黄河流域土质疏松、坡度陡峭、植被破坏严重，加之风蚀、水蚀等强力搬移作用，致使流域内水土流失十分严重。尤其是黄河中游的黄土高原，是我国水土流失最严重的地区。旱作梯田系统为黄土高原在

---

① 宁夏通志编纂委员会编《宁夏通志·科学技术卷（上）》，方志出版社，2008，第391页。

开展农业生产的同时，解决水土流失问题提供了借鉴。"① 梯田的修建经过了人工修筑、人机结合和以机修为主的三个发展阶段。将坡耕地改造成水平梯田，能够有效接纳和蓄存天然降水。据专家观测，坡改梯田可以拦蓄"山地径流92.4%以上，控制泥流87.6%以上"的水土流失，基本上可以做到"水不出田、泥不下坡"。② 实践证明，坡改梯田具有明显的蓄水、保墒作用。因其通风透光条件好，有利于作物生长，可较大提高土地的增产增收效果。

（二）砂田生产系统

砂田生产系统是我国西北干旱地区经过长期生产实践形成的一种世界独有的旱地节水保墒技术体系。③ 砂田又叫"压砂地"，是利用河洪沉积或冲积作用产生的卵石、沙砾、粗砂和细砂的混合体或单体作为土壤表面的覆盖物，根据自然环境和种植目的的不同要求，在地面上铺设厚度为5~16厘米不等的覆盖层，并应用一整套特制的农具和特殊的耕作技术进行整地种植的农田。④ 压砂地具有"蓄水保墒、防风固沙、抑制蒸发、隔热保暖"等特点，能在一定时限有效协调和改善土壤水、温、湿、肥等状况，达到土壤和作物之间的生理协调，为作物生长创造良好的环境。然而，若长期连续使用而不作休耕，则会使地力减弱甚至出现土壤退化现象，并严重影响到农业生态平衡。2022年起，为

---

① 闵庆文、刘某承、杨伦：《黄河流域农业文化遗产的类型、价值与保护》，《民主与科学》2018年第6期，第26页。
② 李禄胜：《中国"三农"问题研究——以宁夏为例》，经济科学出版社，2015，第80页。
③ 闵庆文、刘某承、杨伦：《黄河流域农业文化遗产的类型、价值与保护》，《民主与科学》2018年第6期，第27页。
④ 许强、康建宏主编《压砂地可持续利用的理论与实践》，阳光出版社，2011，第1页。

防止当地生态环境持续恶化，宁夏叫停了长期以来利用砂田生产系统种植硒砂瓜的历史，并引导农民通过发展生态高效农业，重点发展覆膜西甜瓜、设施温棚、露地蔬菜等环保、质优产业。

（三）引洪漫地

所谓引洪漫地，就是暴雨过后，把村道、河里、沟里和山坡等流失下来的肥沃洪水，淤漫在农田、沙石河滩和盐碱地里，借以增加土壤肥力、水分，改良土壤，扩大耕地，实现农业用田稳产高产。引洪漫地是旱作基本农田中的一种重要类型，是干旱缺水地区集流抗旱、改良土壤、控制水土流失行之有效的一项工程措施。引洪漫地在宁夏分布十分广泛，历史悠久。资料显示，清代同治年间，宁夏就修建了大片引洪漫地工程。[1] 引洪漫地形式多种多样，有引村路洪漫地、引坡洪漫地和引河（沟）洪漫地等。其中，引用村庄道路洪水漫灌的土地称为引村路洪漫地；引用荒坡和荒沟等近山洪水漫灌的土地为引坡洪漫地；引用河、沟等远山洪水漫灌的土地为引河（沟）洪漫地。引洪漫地主要分布在海原县、同心县、盐池县，以及中卫市沙坡头区、中宁县、灵武市的山区。解放前，各地以修建引村路洪水和引坡洪漫地居多。新中国成立后，引洪漫地规模逐步扩大，各地多是集体修建引洪漫地工程，并在政府的主导下修建了一些较大的引河（沟）洪漫工程。目前，宁夏的引洪漫地，主要分布在吴忠市同心县的河西镇桃山村，上、下长流水，纪家乡李沿子村，韦州镇下马关镇，固原市原州区三营镇，中卫市沿香山地区的三眼井村、新水沙河、兴仁镇，中宁县徐套乡，以及海原县的西安、七营等乡镇的沿山一带。有的引洪漫地可达万亩以上。引洪漫地，在当地有

---

[1] 宁夏通志编纂委员会编《宁夏通志·科学技术卷（上）》，方志出版社，2008，第391页。

"漫一年，吃三年"的说法。据统计，"引洪漫地比坡耕地种植作物产量高两倍左右，亩产可达 150 公斤以上"[①]。群众自发修建的引洪漫地属简易进水形式，引水难以控制且利用率低，21世纪初政府主导在较大流域的主河道上修建了一批引洪漫地枢纽工程，可以做到有计划地引水和漫地，如同心县长沙河上的下流水工程和金鸡儿沟上的套套门工程等。引洪漫地工程的渠首建筑物原为无坝引水[②]，只在引水码头上用片石压些芨芨草、白茨及树条，以防洪水冲刷，以后陆续将堆石引水码头改为浆砌石，有的建成以浆砌石为基础用混凝土封顶的滚水坝，提高和改进了工程质量。

（四）沟坝地

有学者指出："黄河中游地区，为拦截泥沙、保持水土，劳动人民创造了淤地坝灌溉系统。淤地坝水利灌溉系统已有几百年的发展历史，在黄河流域的山西、陕西、内蒙古、甘肃等省（区）分布最多，是在水土流失地区的各级沟道中，以拦泥淤地为目的而修建的坝工建筑物，其拦泥淤成的地叫坝地。在流域沟道中，用于淤地生产的坝叫淤地坝或生产坝。"[③]"淤地坝"多建在容易积洪的山区，就是利用当地的川、壕、掌、淌等有利地形，分段筑坝，拦蓄两山夹坡雨雪过后流下来的泥水，通过拦泥淤地，形成"沟坝地"。南部山区干旱缺水和水土流失并存，农民群众在沟滩、河床修建淤地坝来拦泥淤地由来已久。据了解，中卫市沙坡头区蒿川乡周套村 300 多年前就出现了沟坝地。俗话

---

① 宁夏通志编纂委员会编《宁夏通志·科学技术卷（上）》，方志出版社，2008，第 391~392 页。
② 宁夏通志编纂委员会编《宁夏通志·科学技术卷（上）》，方志出版社，2008，第 392 页。
③ 闵庆文、刘某承、杨伦：《黄河流域农业文化遗产的类型、价值与保护》，《民主与科学》2018 年第 6 期，第 27 页。

说："沟里筑道墙，拦泥又收粮。"淤地坝在拦截泥沙、蓄洪滞洪、减蚀固沟、增地增收、促进农村生产条件和生态环境等方面具有显著的生态、社会和经济效益。目前，沟坝地多集中在固原市原州区，吴忠市盐池县、同心县，中卫市海原县等干旱地区的黄土丘陵地带。

第二节 特产类农耕文化遗产

特产类农耕文化遗产，指历史上某地区形成的特有的或特别著名的植物、动物、微生物及其加工产品。① 特产类农耕文化遗产具有三个明显特点：具有较长的生产历史；生长环境特殊，具有独特的品质优势和地域性特点；品质优于其他产地的同类产品。特产类农耕文化遗产，对生物多样性的保护具有重要作用。在较长的适应性生产过程中，特产类农耕文化遗产对于培育新的抗病品种、为人类提供食物源、为医疗卫生保健提供药用生物及生物生存环境资源、为工业提供原料等方面，都有不可估量的作用。②

一 中宁枸杞

枸杞属于宁夏特产类（中药材类）农耕文化遗产，为宁夏"五宝"之首，明代已作为贡品在宁夏大规模种植。目前，宁夏枸杞种植规模次于新疆、甘肃和青海，位居全国第4。2015年10月，宁夏中宁枸杞种植系统入选第三批中国重要农业文化遗

---

① 王思明、李明主编《中国农业文化遗产名录》，中国农业科学技术出版社，2016，第37页。
② 闵庆文、刘某承、杨伦：《黄河流域农业文化遗产的类型、价值与保护》，《民主与科学》2018年第6期，第28页。

产名录。枸杞是著名的中药材和保健食品，无论是《神农本草经》，还是《本草纲目》等古代医药名著都将宁夏枸杞视为上品珍贵药材。[①] 中宁枸杞是唯一被载入《中国药典》的枸杞品种，享有"天下枸杞出宁夏，中宁枸杞甲天下"的美誉。2004年，宁夏枸杞经国家质量监督检验检疫总局批准成为地理标志保护产品，种植范围涵盖银川平原、卫宁灌区和清水河流域，形成了以中宁县为主体、以贺兰山东麓和清水河流域为两翼的"一体两翼"产业带。

二　灵武长枣

灵武长枣别名马牙枣，是宁夏独有的枣类品种，为地方名贵主栽品种。2014年6月，宁夏灵武长枣种植系统入选第二批中国重要农业文化遗产名录。灵武长枣是在灵武特定的地理环境及优越的光热水土资源条件下，经长期自然选择和人工筛选培育形成的地方优良品种。1968年，在灵武东山坡下发掘了一座明万历年间的砖室墓葬，墓葬内的青花瓷盘里存放着数十枚长枣遗核，这为研究灵武长枣栽培历史提供了实物佐证。无独有偶，2006年文物工作者又在水洞沟遗址清理明代红山堡藏兵洞时发现了大量长枣遗核。由这些发掘可以推测，灵武长枣大面积栽培至迟应该始于明初。灵武长枣栽培技术复杂，对气候和土壤要求严格，一般宜在春秋两季进行栽培移植。2006年，灵武市被国家林业局命名为"中国灵武长枣之乡"。

三　盐池甘草

甘草，又名甜草、蜜草、甜根、美草、国老等，是宁夏

---

① 赖咏主编《本草纲目（第1册）》，中国书店，2013，第126页。

"五宝"之一。甘草是宁夏传统的中药材类特产。作为中国著名的传统中药材,甘草以根味甘甜而得名,具有补脾益气、清热解毒、祛痰止咳、缓急止痛、调和诸药的功效。《神农本草经》将其列为上品,言其"主五脏六腑寒热邪气,坚筋骨,长肌肉,倍力,金疮肿,解毒"[①]。现代中医处方大多都离不开甘草,素有"十方九草""无草不成方"的说法。仅以《伤寒论》为例,书中约74%的处方使用了甘草。甘草不仅在医药方面用药量大,在食品、饮料、烟草和日用化工等领域也都被广泛应用。宁夏在历史上是传统的乌拉尔甘草的道地产区,其中吴忠市红寺堡区、盐池县和银川市辖灵武市等区域系乌拉尔甘草核心分布区域,所产甘草以色红皮细、质重粉足、条干顺直、口面新鲜而著称。尽管野生甘草经济价值高,但其作为固沙植物对维护生态环境具有重要作用。20世纪七八十年代以来,人们对甘草的乱采滥挖,造成宁夏甘草产区土地沙漠化加剧。为扭转这种局面,1980年代末,农业科技工作者以野生甘草为母本进行人工栽培试验,至1995年,全区人工种植甘草近千亩,2000年留床面积近2万亩。[②] 2002~2005年,宁夏农林科学院、宁夏药品检验所对人工甘草进行的联合检测显示,3年生以上的栽培甘草能够达到野生药材质量标准,完全符合《中国药典》要求。盐池甘草有着得天独厚的区位优势和深厚的历史积淀,2013年被原农业部批准为农产品地理标志保护产品。目前,甘草种植已成为盐池县农业经济发展新的增长点。

除此之外,宁夏特产类农耕文化遗产还有盐池黄花菜(2013年被农业部批准为农产品地理标志保护产品,2019年入

[①] 王德群点评《神农本草经》,中国医药科技出版社,2018,第29页。
[②] 宁夏通志编纂委员会编《宁夏通志·农业卷(上)》,方志出版社,2009,第195页。

选全国名特优新农产品名录）、同心银柴胡（2019年被农业农村部认定为农产品地理标志保护产品）等。

第三节 物种类农耕文化遗产

物种类农耕文化遗产，指人类在长期的农业生产实践中驯化和培育的动物和植物（作物）种类，主要以地方品种的形式存在。[①] 天然资源（野生动植物资源）一般不属于农耕文化遗产。宁夏物种类农耕文化遗产主要包括畜禽类农耕文化遗产和作物类农耕文化遗产。

一 畜禽类农耕文化遗产

宁夏较有代表性的畜禽类农耕文化遗产有盐池滩羊和中卫山羊，以二者毛皮为原料的二毛皮制作技艺被列入宁夏回族自治区级非物质文化遗产项目名录。[②]

（一）盐池滩羊

滩羊是宁夏各族群众以蒙古羊为基础，在黄河两岸长期选育形成的地方优良品种，属国家二级家畜品种，主要分布在宁夏中北部的银川市兴庆区、西夏区、贺兰县、灵武市，石嘴山市惠农区、平罗县，吴忠市红寺堡区、盐池县、同心县等10多个县区，尤以盐池滩羊最为出名。2017年6月，盐池滩羊养殖系统入选第四批中国重要农业文化遗产名录。滩羊外形与蒙古羊较为相似，但体格略长，且头短、额宽，公羊有大而螺旋形的角，角尖

---

① 王思明、李明主编《中国农业文化遗产名录》，中国农业科学技术出版社，2016，第16~17页。
② 季妍、张洁主编《银川市非物质文化遗产项目名录汇编》，宁夏人民教育出版社，2012，第100~102页。

向外伸展，母羊一般无角。羊毛细致均匀，以白色居多，多呈 S 形弯曲，形成一定花穗状。1 月龄左右的羔羊皮是制作"二毛皮"的最佳原料，制成的裘皮花穗美观，保温性能佳，是裘皮中的佳品。由滩羊毛制作的仿古地毯、羊毛制品深受消费者青睐。黄河两岸独特的牧草资源和苦水条件，使滩羊肉质鲜嫩，口味极佳。2003 年起，面对持续恶化的生态环境，宁夏开始全域禁牧封育，实施圈舍饲养。滩羊养殖由放牧改舍饲之后出现成本升高、肉质下降等一系列问题，在政府主导、多方参与下，宁夏聚焦盐池滩羊提纯复壮、品质提升，致力于双羔品系选育、营养需要等关键技术攻关，使规模养殖场的母羊两年三产比例达到 80%、繁殖成活率达到 120%、优质滩羊肉生产 6 月龄出栏比例达到 70%，实现了滩羊羊种 90% 的良化率。①

（二）中卫山羊

中卫山羊又称"沙毛山羊"，是我国独特而珍贵的裘皮山羊品种，属国家二级家畜品种，主要产于宁夏的中卫市沙坡头区、中宁、同心、海原等县区。清乾隆《宁夏府志》云："宁夏五邑皆同。中卫、灵州、平罗，地近边，畜牧之利尤广。其物产最著者：夏朔之稻、灵之盐、宁安之枸杞、香山之羊皮，中卫近又以酒称。"② 中卫山羊不仅是我国珍贵羊种，也是世界上最优秀的裘皮品种之一，羔羊皮可制"轻裘"。其生态适应范围较滩羊更为广阔，可在荒漠草原、干草原、草原化荒漠甚至半湿润地区生活。该羊种体质结实、体格中等，成年中卫山羊面部平直、额部有髯。公、母羊都有角，向后上方并呈半螺旋状向外延伸。被毛

---

① 张治东：《全域封山禁牧后 如何让"风景"变"丰景"》，《光明日报》2023 年 5 月 6 日，第 9 版。

② （清）张金城修、（清）杨浣雨纂、陈明猷点校《乾隆宁夏府志》，宁夏人民出版社，1992，第 114 页。

以白色为主,光泽悦目,多由粗毛和绒毛组成。粗毛属"马海毛"类型,适宜生产高中档呢绒和毛毯;绒毛可制高级纺织品。成年公羊抓绒量为164~240克,母羊140~190克。2000年8月,中卫山羊入选农业部颁布的国家级畜禽品种资源保护名录;2006年6月,入选农业部颁布的国家级畜禽遗传资源保护名录。[①]

（三）彭阳土鸡

彭阳土鸡——朝那鸡,属固原市彭阳县特产,是宁夏珍贵的地方畜禽品种,已被列入国家级畜禽遗传资源保护名录,并获国家地理标志保护产品认证。彭阳古属秦肇置县朝那,故将当地鸡种取名"朝那鸡"。朝那鸡体躯高大健硕、骨骼粗大、背宽而平直,由于长期生长在气候凉爽区域,具有抗寒、耐冻等品质,是肉蛋兼用型优良地方品种。由于当地群众常年采取林间野外散养和自然孵化繁育的方式,其主要以野外昆虫、嫩草、野菜及草木籽实为食,夜间栖息于矮树、草垛之上,生长周期长,属高蛋白低脂肪产品。鸡肉饱和脂肪酸含量低,不饱和脂肪酸含量高,富含人体8种必需氨基酸和10种非必需氨基酸。肉质细嫩、汤味鲜美,长期食用可增强体质、调节人体免疫力,适合不同年龄人群食用,蒸煮烤炸均可,尤其是体质虚弱的中老年人群和孕妇产后,配以适量中草药清炖烹食营养更佳。据统计,彭阳朝那鸡的养殖规模常年稳定在150万只以上,年出栏约120万只,产值在7500万元以上。

（四）泾源黄牛

泾源黄牛是一种畜力型牛种,其体质坚实、役用能力强,适

[①] 王思明、李明主编《中国农业文化遗产名录》,中国农业科学技术出版社,2016,第281页。

宜于在山高坡陡地区役使。从外形看，该牛种体型中等偏小，鼻径较宽，四肢短而健壮；角长而细，向两侧或向上伸展，角质致密，多呈蜡黄色；被毛多呈黄色、棕色或红色，也有少量黑色。泾源黄牛是在清代后期当地群众从陕西、甘肃等地引进的秦川牛与从蒙古引进的蒙古牛基础上，经过杂交选育，逐渐形成的适合当地自然气候条件的品种。泾源黄牛以肉质鲜美、营养丰富而享誉全国并获得国家地理标志保护产品认证。当然，虽然该牛种是宁夏较好的地方品种，但由于长期施行粗放式饲养管理，农牧民大多采用近亲繁殖方式，以及20余年来宁夏全域实施禁牧封育和圈舍饲养等原因，泾源黄牛有明显退化迹象。因此，自治区政府主导并积极引进全球最优质的安格斯、西门塔尔等肉牛品种，改进和逐渐淘汰当地长期养殖的畜力型黄牛，推进肉牛增量提质，支持海原县、西吉县、彭阳县3个县扩大母牛养殖规模，发展自繁自育生产模式，并高水平建设中国（宁夏）良种牛繁育中心，持续培育和改良肉牛品种，使宁夏的肉牛品种得到改良。

此外，宁夏还引进并培育了具有地方特色的狐狸、乌鸡、鹌鹑、肉鸽、马鹿、蓝马鸡等特色经济动物品种。

二 作物类农耕文化遗产

宁夏作物类农耕文化遗产涵盖粮食作物、经济作物和园艺作物，其中粮食作物有水稻、小麦、糜子、荞麦、马铃薯等，经济作物有玉米、胡麻、蚕豆、硒砂瓜、大麻、草莓、芹菜、辣椒、茴香和葵花等，园艺作物有葡萄、红梅杏等。

（一）水稻

水稻①是高产优质粮食作物，在宁夏灌区种植历史悠久。资

---

① 水稻有粳稻和籼稻两种类型，在宁夏仅种粳稻。

料显示:"早在公元6世纪后半叶,宁夏平原灌区即开始种稻。"[1]种植区域主要集中于引黄灌区的银川市兴庆区、西夏区、贺兰县、永宁县、灵武市,石嘴山市平罗县,吴忠市利通区、青铜峡市、中卫市沙坡头区、中宁县等县区,尤以青铜峡市和永宁县的种植面积最大。20世纪90年代,宁夏实施了优质米一期工程,使水稻"秋光""秀优57""宁粳7号"等品种在加工、外观、食味等方面达到国家优质米一级标准。研究表明:"宁夏日照充足,气候干燥,昼夜温差大,污染源少,病虫害轻,生产的大米口感极佳,是全国少有的高产优质生产区。"[2]水稻对洗盐改土具有明显作用,"碱地生效,开沟种稻"是宁夏灌区群众在长期生产实践中总结的宝贵经验。按轮作方式不同,宁夏可划分为三个稻作区:卫宁灌区位于灌区南端,包括中卫市沙坡头区、中宁县,实行两年旱作、一年稻作的"稻旱三段轮作制";灌区中部的银川市灵武市、永宁县,吴忠市利通区、青铜峡市为灌区水稻的主产区,实行一年旱作、一年稻作的"稻旱二段轮作制";银川市以北灌区,包括银川市西夏区、贺兰县,石嘴山市惠农区、平罗县等县区及银川市永宁县北部4个乡镇,低洼田实行连种制,其他田块种稻2~3年后再改旱作或发展一年稻一年旱的稻旱轮作制。稻旱轮作区以渠、沟或路为界划分,一经成俗沿袭多年,群众自觉遵守。轮作稻田的旱作多为小麦套大豆及苜蓿绿肥,一部分为杂粮或经济作物,这类田在种稻当年要采用稻田绿肥或犁翻晒地的方式让土地保墒增肥。

---

[1] 宁夏百科全书编纂委员会编《宁夏百科全书》,宁夏人民出版社,1998,第386页。
[2] 王庆:《宁夏种植结构演变对农业需水量的影响及种植结构优化调整》,宁夏大学硕士学位论文,2022,第20页。

(二) 小麦

小麦在宁夏种植历史悠久，早在西夏（1038~1227年）时期，小麦已是当地主要粮食作物。[①] 明清时宁夏州县志中均有种植小麦的记载。其中，清康熙三年《隆德县志》中就有关于种植冬麦的记述。按种植方式，小麦可分春小麦与冬小麦，春小麦分布普遍，山区、灌区均有种植；冬小麦主要分布在南部山区彭阳、隆德、泾源等三县的低平向阳山区，吴忠市同心县、盐池县，固原市原州区、西吉县也有少量种植。资料显示，"宁夏小麦地方品种有18个，具有抗旱、耐瘠、适应性广等特点。"[②] 南部山区相对北部川区冬季气温较高，风沙较少，历来有种植冬小麦的习惯。北部川区种植小麦多用秋茬田，山区种植小麦前茬多为歇地、麦茬（春麦重茬不超过3年，冬麦不超过5年）、豆茬、马铃薯茬及胡麻茬等。南部山区重视适时多犁、多耱、蓄墒，白露前后用无壁犁耕后细耱收墒及冬季镇压碎土保墒的系列旱农耕作措施。[③] 宁夏提倡小麦与其他作物立体复合种植，如小麦套种玉米，小麦套种玉米间作大豆，小麦套种玉米间作苏子，小麦套种马铃薯，小麦套种葵花，小麦间作甜菜，小麦套种玉米间种蔬菜，小麦套种玉米混种胡萝卜，小麦套种甘蓝、辣椒、芹菜，麦田混种芹菜，麦后复种胡萝卜、移栽大蒜，小麦套种地膜辣椒，麦后移栽甘蓝等。

(三) 玉米

玉米是宁夏四大传统粮食作物之一，在《平罗记略·谷属》

[①] 宁夏通志编纂委员会编《宁夏通志·农业卷（上）》，方志出版社，2009，第162页。

[②] 宁夏百科全书编纂委员会编《宁夏百科全书》，宁夏人民出版社，1998，第388页。

[③] 宁夏通志编纂委员会编《宁夏通志·农业卷（上）》，方志出版社，2009，第164页。

（清·道光）中，可首见宁夏对玉米种植的记载："黍，《古今注》：'禾之黏者为黍'，也谓之'稷'。"[①] 20世纪50年代初，宁夏仅零星种植，俗称"玉蜀黍"。在宁夏征集的玉米地方品种有中卫玉米、火玉米、白玉米、盐池玉米等。[②] 20世纪五六十年代，种植面积在20万亩以下，亩产不到200公斤。20世纪80年代后，灌区平原推广小麦套种玉米栽培技术，南部山区推广地膜覆盖玉米栽培技术，种植面积迅速扩大。21世纪以来，玉米种植不断增加，从2000年的193.46万亩增至2020年的463.4万亩，已发展成为宁夏当前最主要的农业经济作物。玉米全身都是宝，用途非常广泛，素有"饲料之王"之称。玉米籽粒是重要的工业原料，玉米秸秆可制成青贮饲料。利用玉米还可生产出纯度超过99.5%的无水乙醇，将它与汽油以恰当的比例混合，能使汽油燃烧更加充分。以玉米淀粉为原料进行深加工，生产的工业制品可达2000余种。除此之外，玉米还是新兴的药源、植物油油源和糖源。目前，玉米深加工领域已经涉及食品、酿造、发酵、医药、造纸等产业。因此，玉米也是加工链条最为重要的大宗植物性农产品之一。

（四）糜子

糜子俗称"黄米"，禾本科黍属，是春天种植、夏秋采收一年生草本植物，主要分布在干旱、降水量少、土壤肥力低的地区，曾在宁夏广泛种植，尤以吴忠市同心县、盐池县、中卫市海原县、固原市原州区、彭阳县等县（区）种植面积最为集中。南部山区以单种为主；20世纪70年代以前，灌区平原有夏粮收

---

① 王亚勇校注《平罗记略·续增平罗记略》，宁夏人民教育出版社，2003，第74页。

② 宁夏通志编纂委员会编《宁夏通志·农业卷（上）》，方志出版社，2009，第170页。

割后复种糜子的习惯。据统计，20世纪80年代，全区糜子栽培品种有53个，总面积137.6万亩，除盐池县有5个黏糜子品种外，其余全为非糯性糜子品种。① 宁夏糜子品种多以粒色命名，有红、黄、青、黑、栗、白等，主栽地方品种有紫秆红糜子、大黄糜子、小黑糜子、大红糜子、二黄糜子、小黄糜子和小红糜子。在中南部山区，紫秆红糜子多分布在干旱区，大黄糜子多在半干旱区，小黄糜子多分布在阴湿区或水利灌溉条件较好的地区；引黄灌区种植面积较大的品种有小黄糜子、宁糜4号、5号（复种品种）和二黄糜子等。

（五）荞麦

荞麦是宁夏传统作物，种植历史悠久，早在宋代西夏割据时期就已经有种植荞麦的历史了。荞麦属晚秋作物，利于倒茬歇地。目前，荞麦种植主要分布在吴忠市盐池县、同心县，固原市原州区、彭阳县、西吉县，以及中卫市海原县等县（区），其中固原市原州区、彭阳县及吴忠市盐池县种植较为集中。20世纪50年代以前，荞麦在宁夏平原各县市也有小面积种植，多分布于中卫、灵武、贺兰和平罗等灌水不便的地区与旱地。② 在宁夏栽培的荞麦主要有甜荞（普通荞麦）和苦荞（鞑靼荞麦）两个品种，其中甜荞作食粮，苦荞作饲料（近年来苦荞可加工成营养保健食品），宁夏的荞麦特色食品有荞面搅团、荞面糅糅、荞面凉粉等。

（六）胡麻

胡麻是宁夏油料传统作物，早在2000多年前就已传入宁

---

① 宁夏通志编纂委员会编《宁夏通志·农业卷（上）》，方志出版社，2009，第172页。
② 宁夏通志编纂委员会编《宁夏通志·农业卷（上）》，方志出版社，2009，第182页。

夏。[①] 以胡麻籽为原料压榨的植物油，被公认为是含 w-3 脂肪酸最高的天然食物之一。胡麻不宜重茬或迎茬，一般 4~6 年须轮作一次。2016 年固原市被国家质检总局批准为胡麻保护产区，保护范围为固原市原州区、彭阳县、隆德县、泾源县和西吉县。经晒、炒、磨、压、榨等工序生产出的胡麻油，色泽清亮，味道香醇。近年来，固原市胡麻种植面积达 3.33 万公顷，胡麻油产业总值达 10 亿元。

（七）蚕豆

蚕豆在明、清宁夏各地志书中均有记载，现主要分布在固原市原州区、泾源县和隆德县的阴湿地区。六盘山区四季分明、雨热同季、光照充足，属于大陆性和海洋性季风边缘气候，土壤富含钾、钙及微量元素，适宜种植蚕豆。蚕豆皮呈黄绿色，有光泽、脐黑色，籽粒呈卵圆形，豆粒饱满，营养丰富，备受消费者青睐。除蚕豆外，宁夏各地还种植豌豆、扁豆、绿豆、红豆、小豆和豇豆等，灌区平原和南部山区均有种植。大多随谷子、玉米、小麦等作物混种或套种。

（八）茴香

俗名"茴香子"，是一种重要的多用途芳香草本植物，其叶可作为蔬菜食用，种子因温肾暖肝的功效而被作为调味品、香料和药用的主要材料。茴香具有喜凉爽、耐干旱、耐瘠薄、耐盐碱等特性，对减少土地荒漠化、提高土地利用率具有明显作用。中卫市海原县是宁夏茴香的传统产区，当地农民曾将茴香当作轮作倒茬作物零星种植。近年来，因其产量高、品质好而逐渐发展成为连片种植的经济作物。

---

① 宁夏通志编纂委员会编《宁夏通志·农业卷（上）》，方志出版社，2009，第 184 页。

（九）葵花

耐盐碱、耐贫瘠、耐干旱，产量和经济效益高，是宁夏重要的油料作物之一。葵花按用途可分为食用型、油用型和兼用型三种类型，葵花籽含油量高，食用、兼用型葵花既可榨油，亦可炒食。油用葵花主要分布在自治区属国营农场和灌区平原，食用葵花主要分布在南部山区。葵花在南部山区种植历史悠久，大面积种植从 20 世纪 70 年代初开始，当地独特的地理环境和气候造就了当地葵花成熟早、颗粒饱满、皮薄、味香的特性。2008 年，中华人民共和国原农业部批准对"固原葵花"实施农产品地理标志登记保护。

（十）葡萄

元代时灵武市一带已有葡萄栽培，栽培最多的是大青葡萄（圆葡萄），其次是牛奶葡萄（长葡萄）和无核白。[①] 目前，宁夏的葡萄产业主要集中在贺兰山东麓地区。贺兰山东麓西有贺兰山作天然生态屏障，东有黄河自流灌溉，具有积温高、降水少、温差大、光照强、可控水、无污染等优势条件，被誉为"中国酿酒葡萄种植最佳生态区"和"世界上能酿造出最好葡萄酒的地方"。2011 年国家质检总局批准对"贺兰山东麓葡萄酒"实施地理标志产品保护；2013 年《宁夏贺兰山东麓葡萄酒产区保护条例》施行，这是我国第一个以地方立法的形式对产区进行保护的个案。目前，宁夏大力发展以葡萄酒为首的"六特"产业，坚持葡萄酒产业"大产区、大产业、酒庄酒"发展思路，初步形成了贺兰县金山、西夏区镇北堡、永宁县玉泉营、青铜峡市甘城子及鸽子山、红寺堡区肖家窑等酒庄集群，成为全国最大的集

[①] 宁夏通志编纂委员会编《宁夏通志·农业卷（上）》，方志出版社，2009，第 233 页。

中连片酿酒葡萄产区。据统计，截至2023年9月，宁夏酿酒葡萄种植面积已超过50万亩，占全国酿酒葡萄种植面积近1/3，年产葡萄酒1.38亿瓶，综合产值达342.7亿元。

（十一）硒砂瓜

硒砂瓜是一种适宜干旱地区气候、地理、土壤条件的专有产物，曾是宁夏中部干旱带农业发展的支柱产业。因其种植地带多处于中卫环香山荒漠化地区，又被称为"戈壁西瓜"。硒砂瓜富含硒、锌等多种微量元素和维生素，被誉为"中部干旱带的精华，石头缝长出的西瓜珍品"，其因良好的品质，还曾获得"首届中国农产品区域公用品牌50强"称号。然而，由于硒砂瓜在种植过程中耗水量大，容易改变土壤结构加剧土地沙化趋势，再加上当地农民为铺砂石要到附近矿山滥采乱挖，严重破坏了当地的自然生态环境。2022年起宁夏从可持续发展角度考虑，实施"压砂退耕，生态修复"举措，积极引导农民通过发展生态高效农业推广种植适应性强、耐旱、耐寒、耐瘠薄的金银花，[①] 重点发展覆膜西甜瓜、露地蔬菜等环保、质优产业。这样，既可以改善生态环境，还能转变种植结构，为农民增收找出路。

（十二）马铃薯

马铃薯既是粮食作物，也是重要的蔬菜、饲料和工业原料，在清光绪年间（1875～1908年）已是宁夏五种主要作物之一，被广泛种植。[②] 南部山区属于我国马铃薯北方一季作区，是全国

[①] 金银花为多年生灌木，生长周期可达40年，枝多、叶密，适应性强，属于大宗中药材之一，具有清热解毒、疏散风热的功效，常用于治疗温病发热、风热感冒、咽喉肿痛等症，具有较高的经济与医药价值。目前，宁夏种植面积达2000余亩，品种以"北花一号"为主，种植区域主要在中卫市沙坡头区永康镇，中宁县和海原县部分地区有零星种植。

[②] 宁夏通志编纂委员会编《宁夏通志·农业卷（上）》，方志出版社，2009，第174页。

马铃薯优势产区。"固原马铃薯"被国家原质检总局审定批准为"中国地理标志保护产品","西吉马铃薯"被国家工商总局商标局认定为"中国驰名商标",固原市原州区被农业农村部命名为"中国马铃薯种薯之乡"。截至 2023 年 9 月,固原市拥有马铃薯播种面积约 125 万亩,种薯繁育基地约 15 万亩;有马铃薯产业示范基地 16 个①,马铃薯新品种、新技术示范园 3 个。近年来,固原市大力发展马铃薯深加工业,引进马铃薯主食馒头、方便粉丝等主食化加工设备,开发"薯邦"系列休闲食品 30 余种,并在全区形成了以南部山区淀粉生产区、鲜食马铃薯生产区和中部干旱带鲜食生产区为主的马铃薯产业带。

(十三)芹菜

据文献记载:"芹菜在西夏(宋朝割据政权)时已有种植。"② 宁夏各地均有栽培,尤以固原市为盛,而固原市则以西吉县为最。西吉芹菜质地脆嫩,粗纤维极少,有芳香气味,营养丰富,具有生长速度快、产量高、抗病性强、抽薹晚、分枝少等特点。2010 年,农业农村部批准对西吉芹菜实施农产品地理标志登记保护,保护范围为西吉县葫芦河、清水河、烂泥河流域的吉强镇等 14 个乡(镇)130 个行政村,保护面积达 3000 公顷,总产量 40 万吨。

(十四)辣椒

辣椒是茄科植物,果实甘辣,富含维生素 C 和辣椒碱等成分,是一种常用的调味品和食材,可以在温暖的气候和肥沃的土

---

① 马铃薯产业示范基地 16 个,包含原种繁育基地 3 个、主食化推广示范基地 2 个、种薯繁育基地 4 个、马铃薯标准化抗旱增产示范基地 3 个、马铃薯机械化生产示范点 4 个。
② 宁夏通志编纂委员会编《宁夏通志·农业卷(上)》,方志出版社,2009,第 201 页。

壤中生长。据资料显示，民国时期宁夏已有羊角椒、朝天椒等辣椒品种。[①] 依其辣味强弱可分为辣椒和甜辣椒（灯笼椒），可加工成辣面、脱水辣椒、辣糊、辣豆酱、五香辣糊，也可腌制或作成酱青辣椒。来自"六盘山区"冷凉蔬菜生产基地、"中国辣椒之乡"的"彭阳辣椒"，依托"六盘山"独特的高原地域环境和"生态彭阳"的绿色资源优势，已通过全国无公害农产品一体化认证和"彭阳辣椒"地理标志登记认定，并以果肉厚、味感好、辣度适中、营养价值高享誉全国市场。近年来，固原市彭阳县大力推广辣椒绿色标准化生产技术，建立"辣椒—叶菜一年两茬""甘蓝（菠菜）—辣椒—菠菜一年三茬""辣椒—绿肥"三大模式，并配套集成了优良品种与土壤有机化处理、集约化辣椒育苗、定植期促根保苗、水肥一体化、秸秆生物反应堆、蚯蚓套种套养、植株优化调控、病虫害绿色防控等绿色先进实用技术，形成了年种植面积3万亩、产量50万吨、价值10亿元的规模化种植、标准化生产、商品化处理、品牌化处理的辣椒产业生产格局，成为带动当地1.8万名农户增收致富的支柱产业，彭阳县也因此被评为"中国辣椒之乡"和"全国辣椒标准化生产示范基地"。

（十五）红梅杏

红梅杏是西伯利亚杏和东北杏杂交的品种，于20世纪80年代由西北林学院（1999年9月并入西北农林科技大学）作为试验引种项目开始在六盘山地区种植，彭阳县光照、土壤、降雨、昼夜温差等自然环境使其有了红黄相间的靓丽颜值、口味甘甜的独特风味，逐渐成为当地园艺作物的品牌和名片。截至2023年

[①] 宁夏通志编纂委员会编《宁夏通志·农业卷（上）》，方志出版社，2009，第205页。

9月，彭阳红梅杏种植总面积达到8.2万亩、挂果面积2.2万亩，正常年份产量约5000吨，实现年产值近5000万元，带动下游产业（采摘、分拣、包装、物流、加工）增值1500万元。2016年，"彭阳红梅杏"通过国家农产品地理标识认证，同年"彭阳杏子"被第十四届中国国际农产品组委会评为全国名优果品区域公用品牌，并在"2019年中国北京世界园艺博览会"优质果品大赛中荣获银奖。2022年12月，彭阳县出台《红梅杏高质量发展产业规划（2023~2027）》，在良种选育、标准化栽培、防霜避害、高接换优、节水抗旱、病虫害防治及产销一体化体系建设等方面对今后5年彭阳红梅杏产业发展给予政策性指导和扶持。

（十六）大麻

大麻是纤维作物之一，可制作绳索挽套。在汉代和宋代（西夏割据时期），宁夏都有种麻的记载并遗留有麻籽实物，民国时期北部灌区平原各市县和南部山区泾源县大面积种植大麻。20世纪五六十年代由于麻纤维需求量大，宁夏从山区到川区大面积推广种植大麻。20世纪70年代后，随着化纤工业发展，种麻经济效益不高，种植地区和面积逐年缩减，目前只有泾源等少数几个县还在种植大麻。地方品种有泾源麻①，引进品种有清水麻、固始魁麻、安徽六安麻等②。大麻栽培忌重茬，密度每亩8万~10万株，主要灾害为晚霜冻、地下害虫和后期倒伏。收割和沤制要求极为严格。处暑后，雄麻花粉大部分散落，麻株下部2/3以上的麻叶会脱落，麻茎下部转黄，此时可收割麻纤维。大麻要随割随沤，不宜曝晒。清水沤麻色泽会更加洁白光亮。割后

---

① 植株矮小，生育期135天，出麻率为18.3%，亩产皮麻80~100公斤。
② 植株高大，亩产皮麻160~180公斤，当地不能留种。

抖去脚麻，捆成直径17厘米左右的圆捆，掌握"细麻株在下"的原则，放入沤麻坑或湖水中，结成麻排，上压柴草及重物（泥土或石头等），不使麻捆露出水面。要特别掌握好沤麻时间，民谚有"麻熟一根烟，过时乱成团""喝了一杯茶，误了一池麻"等说法。水温23℃~24℃、沤2~3天后，随时注意从麻排上、中、下捆中抽出麻株检查。当地群众的经验是："池水变浑为黄褐色，有臭味，水面产生气泡，手摸麻茎有黏滑感，表皮及胶质可以洗落，摸之不拉手即可出麻。麻出坑后，将麻捆直立靠架将水分控净。运至空旷场地，摊开晒干，即可剥麻。"[1]

第四节　聚落类农耕文化遗产

聚落类农耕文化遗产，泛指人类各种形式有重要价值的农业聚居地，包括房屋建筑的集合体及与居住直接有关的其他生活、生产设施和特定环境等。在漫长的农业历史进程中，宁夏形成了包括堡子、寨子、窑洞和传统村落在内的众多聚落类农耕文化遗产。

一　堡子

宁夏地处西北边塞，由于屯垦，自古以来，居住便多以城、堡、屯的形式出现。在绵延数百公里的边塞沿途，不时可以看见遗落在各地类似于城堡型制的堡子，它们不仅与沿边军事防御体系互为表里，同时还兼具行政与军事双重管理性质。从很多已被废弃的堡子可以看出，其墙基多用黄土筑成，大型堡子的城墙上

---

[1]　宁夏通志编纂委员会编《宁夏通志·科学技术卷（上）》，方志出版社，2008，第191~192页。

有女墙、垛口等军事设施，城墙内有街道、巷子的遗址、遗迹或遗存，据说里边曾设有公署、仓廪、商号、作坊、住宅等公共设施；中型堡子多为村堡一体的防御建筑，隆德县奠安乡梁堡村[①]就是其中代表；小型堡子多为防御性质的民居院落，譬如祈家堡子[②]。宁夏至今有些地名仍留有当时的名称，如洪广营、镇北堡、张亮堡、黄铎堡、九彩坪堡子等。在城堡建筑方面，比较有代表性的是平罗县，平罗历史上属于一个屯军之地。明代时，军屯士兵和军属集中居住于城、堡、屯内。平罗县较大的城堡有平虏城、洪广营堡、镇北堡、李纲堡、镇朔堡、高荣堡、姚福堡、崇口堡、五香堡、金贵堡、威镇堡、徐合堡、桂文堡、张亮堡、丁义堡等24座。[③] 新中国成立后，堡子逐渐被废弃，成为宁夏屯军史上的主要遗存。

二　寨子

旧时寨子多为富裕人家所筑，规模大的要占地10多亩。寨子里面建有一个或两个四合院供主人使用，寨子的四周筑有院墙，院墙用黄土夯成，约1.5米宽、3.5米高，俗称"老墙"，

[①] 梁堡村一组位于梁堡村古堡周围及村东面，居民主体建筑坐落于二级台阶地，避风向阳，靠近水源，汲水方便。村落布局依山就势，远看半山腰屹立一座古堡。古堡依山而建，地势险要，易守难攻，历经千年而保存完好。站在北山上看，古堡居平川；站在平川看，古堡在山上；而站在堡子附近看，它居山中间。居民三合院建筑古老，青瓦木窗，雕梁画栋，黄土巷道。堡里堡外均住有人家。古堡里住宅整齐排列，分布在南北两侧，中间留有通道，形成街道布局。
[②] 祈家堡子地处固原市原州区三营镇至中卫市海原县七营镇之间的公路西侧，西距黑城镇2.5公里。原为一地主庄院，1936年红军西征时，曾为红军驻扎地。庄院南北长200米，东西宽150米，高10米。20世纪60年代，院里大部分建筑被拆除，唯东北角一小四合院仍保存完好。小院建筑系砖木结构。在小院正房的后墙仍保留有当年红军留下的"停止内战，一致抗日""只有苏维埃才能救中国"等多幅标语。标语均以浓墨写在白灰墙上，大者每字0.5米见方。
[③] 宁夏通志编纂委员会编《宁夏通志·社会卷》，方志出版社，2010，第244~245页。

之后再用土坯砌起1~4米高的围墙。寨墙有大门、二门，大门上有谯楼（以前更夫巡夜放哨用），寨墙的四角筑有垛口，垛口里备有盛满水的大缸数口，沙子几十袋，并备有石头、木棒枪支，以防匪盗与火攻。寨内分前院、中院、后院。寨子的大门称为"车门"，其大小可供旧式马车出入。在大门以内院门以外的地方建有伙计房、库房、碾磨房、车棚、畜圈等。吴忠市利通区的马月坡寨子[1]是目前宁夏遗存时间最长、建筑规模最大、装饰工艺最为华丽、保存最为完整的寨子的典型代表。

三　董府

董府是清末著名将领甘肃提督董福祥的府邸，又被称为"宫保府"，始建于1902年，历时三年建成。占地百余亩，外府呈城堡式，内府呈"三路六院"宫廷式结构。[2]由护府河、外府廓城、内府内城、府内四合院四部分组成，现仅存内府内城和府内四合院。外寨因战祸和自然侵蚀早已不复存在，内寨建筑布局为"三路六院"，是北京宫廷建筑与宁夏地方民族特色的结合体，体现了我国唐代以来传统的以中院为中轴线的左右对称布

---

[1] 吴忠市利通区马月坡寨子，是民国到新中国成立初期吴忠回族工商实业家马月坡（1900~1969年）修建的私宅，始建于20世纪20年代初期，完工于30年代，是目前保留最为完整的早期民居建筑装饰艺术的代表。寨子原占地10.88亩，东西宽约78米，南北长约93米，寨墙宽约3.6米，用土夯成，墙高约7.5米。寨内分前院、里院，里院又分正、偏两院，共有房屋100多间。前院是棚、圈、仓库、磨坊和佣仆的住房，偏院是灶房和家人住房，正院是主人卧室和客厅。总体由护寨壕沟、寨墙、货场和三个土木框架结构的三合院构成。现仅存三合院和一段寨墙。三合院主体呈长方形，面积610平米，有上房7间，东西厢房8间，房屋内有精美的砖雕和木雕装饰，是宁夏目前幸存的为数不多的传统回族民居建筑。

[2] 董府曾征调十余个省的能工巧匠集中建造而成，广泛运用彩、绘、雕、刻、塑等传统艺术手法，集南北之大成，留下了许多艺术精品，艺术观赏价值极高。

局。董府现存建筑占地 11025 平方米，由院落、府墙、排水沟组成，共有 116 间房屋，为三路两进大四合院，形成以中路为中轴线、南北对称的"三路六院"式大四合院。内寨大门外有下马石和石狮各两座（已残）。通过大门进入中院，右拐为北院，左拐为南院。南、中、北三院又都采用二进门庭，分别构成前后四合院，各自独立又可连成一体。这些各自独立的单体，通过走廊和通道，可串连为一体，构成董府内寨的建筑群。其中，以中院最为气派宏伟，做工精湛，正中的二层楼建筑采用平座斗拱的砖木结构，楼顶覆盖琉璃瓦，墙壁为雕砖，磨砖对缝，雕梁画栋，显得格外庄严、肃穆。1988 年董府被宁夏回族自治区人民政府列为自治区重点文物保护单位，2006 年被国务院列为全国重点文物保护单位。

四　窑洞

窑洞是分布在黄土高原及其边缘地区的一道独特民居景观。宁夏的窑洞主要有崖窑、箍窑和地坑窑 3 种类型。无论是崖窑、地坑窑，还是箍窑，都有冬暖夏凉的特点。在当地的自然条件下，窑洞可以住上十几年甚至上百年都不会倒塌。宁夏中南部山区的吴忠市盐池县、同心县、固原市原州区、彭阳县、中卫市海原县等县（区）均分布有不同类型的窑洞，百年以上的窑洞主要集中分布在彭阳和盐池两县。

（一）崖窑

是利用自然形成的山体，依山靠崖在山体斜坡处垂直平挖掏进的一种窑洞形式。崖窑的孔数根据山体断面的宽度而定，大则五六孔，小则二三孔。窑洞的深浅视土质硬软而定，土质坚硬则挖大挖深，土质松软则挖小挖浅。一般小窑开间 2 米，顶高 3

米，大窑开间5米，顶高7米。窑洞深度主要根据土质及其功用而定，一般深12米左右，亦有进深二三十米者。在普通的窑洞院落中，正中一孔较大窑洞为主窑或客窑，两边有伙窑和贮藏窑（多为两孔）等。其中，用于做饭的窑洞是伙窑，伙窑一般进后门，在左侧或右侧有炕并连着锅台，中间有梯形高低矮墙，墙上可放置碗筷和炊具等，炕和锅台共用一个烟囱。需要说明的是，过去有些人家出于防盗患或存储粮食等需要，还在主窑下面再垂直下挖一孔与主窑平行的窑洞，被称为"高窑"。目前，在彭阳县王洼镇的一些偏远山村，还保留有"高窑"的民居形式。窑门多用土坯、石头砌成，镶一门两窗。20世纪90年代以来，随着生态移民或农村居民不断往外搬迁，大部分窑洞被弃置不用，部分已经倒塌。目前，盐池、彭阳的一些乡镇还有漂亮窑洞供村民使用。

（二）箍窑

是一种在平地上用土坯和黄泥垒起来的仿窑洞式拱形建筑。箍窑多分布在气候较为干燥的宁夏中部干旱带地区，目前在海原、同心等偏远山村还遗存有一些被废弃的箍窑。与崖窑相比，箍窑的技术要求更高，首先，就地打出高1.4米、宽0.7米、长5米左右的两道撑托窑顶拱形部分的墙体，俗称"窑腿子"。"窑腿子"的多少根据窑洞的孔数而定，一般并排修两孔窑洞需要三个"窑腿子"，三孔窑洞需要修四个"窑腿子"，依此类推。其次，在窑顶拱形部分，请掌楦子的师傅把拱形窑楦子架在"窑腿子"上，然后一层一层边抹草芥泥边往上箍土坯，俗称"胡墼"。箍完土坯后，窑洞的雏形就出来了。最后，再用黄土和麸皮混合的细泥浆将窑洞内外抹一遍，使其光滑美观。20世纪六七十年代，箍窑在同心、海原等地广泛分布。随着农村居住条件的改善和砖瓦房的兴起，这一古老的民居形式逐渐被遗弃，箍窑技艺濒临失传。2007年，箍窑入选"宁夏回族自治区第一批非物质文化遗产名录"。①

（三）地坑窑

也称地坑院，就是先从平地上四方四正开挖下去一个院落，然后在这个正方形的院落四周墙面上再挖出若干个窑洞。素有"窑洞土中生，院落地下藏。平地起炊烟，忽闻鸡犬声"的说法。② 在宁夏中南部山区盐池、彭阳等县的一些乡村，如盐池县王乐井乡、彭阳县城阳乡等还有一些被废弃的地坑窑遗址。地坑窑是物资极度匮乏时代的产物，由于经济条件不好，木料和盖房材料极为紧缺，人们只好就地取材，在平地上开挖一个院落进行居住生活。如果遇有强降雨等极端天气，地坑窑就会遭遇水灾。虽然居住者想出了一些办法，如在院落中挖出一个大坑作防水渗水处理，但院落的排水问题始终是困扰居住者的头等大事。随着经济条件的不断好转，地坑窑逐渐淡出了人们的视野。

五 传统村落

传统村落是指具有较高的历史、文化、科学、艺术、社会、经济等价值的村落，一般拥有物质形态和非物质形态两种文化遗产。截至2023年，宁夏已有26个村落入选"中国传统村落名录"，7个村落被评定为宁夏回族自治区级传统村落（见表2-1）。中卫市沙坡头区香山乡南长滩村、中卫市沙坡头区迎水桥镇北长滩村、固原市隆德县奠安乡梁堡村、固原市隆

---

① 宁夏非物质文化遗产保护中心编《宁夏非物质文化遗产项目名录：增补本》，宁夏人民教育出版社，2017，第5页。

② 薛正昌：《宁夏村落文化与保护研究》，《宁夏社会科学》2017年第4期，第209页。

德县城关镇红崖村等4个村落于2012年4月入选"首批中国传统村落名录";吴忠市利通区东塔寺乡石佛寺村于2016年12月入选"第四批中国传统村落名录";固原市彭阳县城阳乡长城村于2018年12月入选"第五批中国传统村落名录";吴忠市同心县张家塬乡折腰沟村等20个村落于2023年3月入选"第六批中国传统村落名录"。由于篇幅所限,下面仅对一些较具代表性的村落做简要介绍。

(一)南长滩村

南长滩村地处宁夏、甘肃两地三县交界处,位于中卫市沙坡头区迎水桥镇西南部,四面靠山,是黄河进入宁夏流经的第一个村落。该村因黄河在这里转了一个大弯,在黄河南岸形成了一个月牙形的长滩而得名,素有"宁夏黄河第一村、宁夏黄河第一渡、宁夏黄河第一漂"之称。祖祖辈辈在肥沃河滩上种下的梨树、枣树,是南长滩村历史发展的见证。这里有300年以上的梨树190多棵,200年以上的枣树1000多棵。由于山河的阻隔,出入南长滩村必须依靠摆渡。其中,羊皮筏子是古老的传统交通工具,村里至今依然保留着制作羊皮筏子的手工技艺。村落布局紧凑,中部留有较为开阔的公共区域,巷道狭窄错落,高低相连,四通八达,呈不规则向外疏通延伸之势。村内70%的建筑是"四梁八柱"式的传统土木结构,有十多间还是清代民居。2008年、2010年和2012年,南长滩村先后入选"第四批中国历史文化名村""首批中国传统村落"和"全区生态文明村"。

(二)北长滩村

北长滩村坐落于崇山峻岭中的黄河北岸,与黄河南岸的南长滩村遥遥相望,是一处极具自然风光和原生态魅力的传统村落。村落由上滩村和下滩村组成,上滩村位于西南部,平面呈团型布局；下滩村位于东北部，南北向带状布局。① 北长滩村保存有生长两三百年的古梨树50余棵和百年以上的枣树130余棵。沿河北岸为带状分布的农田和茂密繁盛的果木园林，较高台地上为村落居住带。村落依山而建，屋舍高低错落。院落格局多为四合院式，面南靠北，均为清代至民国初期传统的"四梁八柱"土木结构建筑风格。有学者指出："这里的传统民居建筑群，是目前宁夏境内具有地方特色、保存最为完整、数量最多也是最集中的。从明清到民国时期，从新中国成立初期到现在，一直没有改变，这在宁夏境内已经十分罕见。"② 墙体以土坯石料垒砌，内外用黄泥抹平。院内、屋内墙面涂抹白灰，干净美观，居住舒适。村内民俗文化丰富，有祭河神、放河灯、抬楼子等民俗活动。北长滩村，2010年入选"首批宁夏历史文化名村名录"，2012年入选"首批中国传统村落名录"。

（三）红崖村

红崖村在当地被称为"老巷子"，地属固原市隆德县城关镇，距县城1公里，东靠六盘山西麓，依山势而建，以每隔20米左右的错落台阶，由东至西整齐排列着5条长达数百米的新街旧巷，从山底向半山腰按扇形展开，还有一条南北贯通的巷子与之相呼应，别具风格的民居建筑镶嵌其中，家家朝外开的院门与巷道迎面而对，隐入巷道角落深处的古钟、古井、老磨坊、拴马槽、红军墙、老戏台、石砌巷道、砖雕照壁以及叠柳翠绿，构成了一幅"望得见山、看得见水、记得住乡愁"的优美乡野画卷。历史上的红崖村，曾数次成为争夺隆德县城的指挥中心，宋金争

---

① 王军、燕宁娜、刘伟编著《宁夏古建筑》，中国建筑工业出版社，2015，第40页。
② 王军、燕宁娜、刘伟编著《宁夏古建筑》，中国建筑工业出版社，2015，第39~40页。

夺德顺郡之战、成吉思汗拔德顺州、李自成攻占隆德城等，都曾在这里安营扎寨，指挥战事。1935年秋，红二十五军长征途经隆德，其先遣部队宿营红崖村，为该村留下了宝贵的红色革命文化。如今在巷子超市售卖的书画、剪纸、刺绣、宫灯等物件则又彰显了红崖村"中国民间文化之乡""中国书法之乡"的魅力。"老巷子"占地面积0.25平方公里，常住居民98户、410人。2010年，为加强对古村落的保护，隆德县依托原有老戏台、老磨坊、老水井等古乡村建筑，对老巷子进行了升级改造和修缮，重建了部分已倒塌的建筑，如烽火台、东西村门、堡墙等，尽最大可能保留了村落的原有建筑风貌，并引导外商和当地居民开展戏曲展演、农家餐饮、民宿客栈、茶馆、酒吧等经营活动。目前，老巷子有书画、餐饮、民宿、旅游商品等经营户45家，其中书画类7家、特色小吃14家、农家乐17家、民宿2家，以及文旅超市5家。

（四）梁堡村

梁堡村是隆德县奠安乡下辖的一个自然村落，地处六盘山东麓、隆德县西南，位于柴家沟和范家峡两道沟壑中间凸起的山梁平台上，历史上这里曾是西出通往陇右的主要通道。[①] 村落以防御性建筑——梁堡村古堡最有特色，当地人称之为"宋城堡"。"宋城堡"依山而建，地势险要，易守难攻，历经千年仍保存完好。去过梁堡村就会发现这座古堡在当地有着魔幻般的视觉效果，"站在北山上看，古堡居平川；站在平川看，古堡在山上；而站在堡子附近看，它居山中间"。[②] 堡内有刘氏家

[①] 郭勤华：《从宁夏隆德县梁堡村、红崖村看传统村落的功能及价值》，《宁夏社会科学》2017年第4期，第220页。
[②] 宁夏回族自治区隆德县奠安乡梁堡村志编纂委员会编《梁堡村志》，方志出版社，2017，第8页。

族传承数十代的"世德堂"①，主建筑坐北朝南，马头墙上有寓意吉祥富贵的"福""寿""鹿""鹤"等精美砖雕和墙面磨砖对缝镶砌的牡丹花盒，以及造型细腻的影壁等。堡里堡外均有村民居家，堡内民居整齐排列，分布在南北两侧，中间留有通道，形成街道布局。民居形式以传统三合院、四合院为主，庭院内飞檐反宇，青瓦木窗，砖雕照壁，总体布局疏密有度，主次分明，开合并举，极富传统农耕气息。民俗活动以被誉为民间文化"活化石"的高台马社火最为有名，地摊戏、秧歌、剪纸、刺绣在此显得稀松平常。此外，还有浆水面、荞面搅团、碗簸子、馂面②等特色美食，深深吸引着南来北往的游客们。

（五）石佛寺村

东塔寺乡石佛寺村隶属于吴忠市利通区，是国家级传统村落和中国美丽休闲乡村，村内有初心馆、中医药研创基地、镇海养

---

① 据文物专家考证，该民居建于明代，距今已400多年，建筑面积500多平方米，是一座典型的四合院，为村民刘昌珀世居住宅。南面门口进去有一座建造精美的影壁，主建筑坐南朝北，由门厅、左右厢廊、正房组成，门厅进深2.4米，宽2.2米。马头墙砌有"福""寿""白鹤""鹿"等砖雕，墙面磨砖对缝镶砌牡丹花盒。房顶覆以小青瓦、简瓦，瓦口是勾头滴水，清水脊上刻有镂空莲花。门额镶有"世德堂"匾额一幅，长1.65米，宽0.7米，右边落款"岁在乙卯浦月上浣之吉"，左边落款"表弟薛梦麟赠"。

② 浆水面，将煮熟的细长面、韭叶面、细宽面或宽面，捞至碗中浇上臊子汤，一般要汤多面少，汤讲究酸、辣、香，浆水掺汤叫"浆水面"，肉臊子做面叫"臊子面"，不掺汤叫"干拌面"；荞面搅团，将荞面拌匀倒入开水锅中，通过不断搅拌而做成的一种特色面食，与蒜泥、葱花、韭菜、咸菜等调味品及油泼辣子、炝醋汤等做成的蘸水混合在一起鲜香无比；碗簸子，将荞面、莜麦面或糜面用开水烫拌均匀后发酵，用碗簸成扁圆状置于锅中蒸熟，荞、莜麦面胀、软、香，糜面酥、酸、甜、香，是早餐最好的选择；馂面，用莜麦面或玉米面和水成散团状，或杂在洋芋块中搐严焗熟，拌葱花清油，搅拌成蚕豆大小颗粒，酥软可口。

老院、精品果蔬种植园、农机大院、传统小吃手工作坊①等多种文旅元素，目前已经形成宁夏特色民俗家访接待、医疗康养、研学旅行、党史学习教育、休闲观光采摘等多种业态，是一个集传统文化展示体验与现代科技研创游学于一体的文旅融合发展特色村庄。随着宁夏加快建设乡村全面振兴样板区的不断推进，该村积极推动乡村文旅产业融合发展，结合初心馆、健康产业园、光耀美食街等周边特色旅游资源和区位优势，以实施文旅融合项目为契机，着力推动村落基础设施改善、人居环境提升、农业产业致富增收。一是强基础，让村庄"美"起来。坚持把完善村庄基础设施、改善乡村人居环境作为推动乡村全面振兴的"牛鼻子"来抓，通过申请政府项目投资、撬动社会资本、村集体发展资金、群众主动融入等多种方式，不断完善村庄基础设施，2021年以来共争取各类项目资金达4500余万元，社会资本投入达500万元以上，实现村落自来水、天然气、污水管网、清洁取暖全覆盖，村庄巷道改造全覆盖，院落美化亮化全域推进，石佛寺村也因此被评为"全国生态文化村""中国美丽休闲乡村"。二是促整合，让土地"活"起来。充分利用石佛寺村八组临近初心馆、光耀美食街、健康产业园并紧挨市区的区位优势，以及完善的基础设施、独特的村落风貌资源优势，坚持在挖掘土地潜力、发挥资源优势上下功夫。通过政府征收、村集体流转、社会资本租赁、群众自行投入等多种方式，盘活利用闲置土地资源43.5亩，其中政府异地安置盘活14户19.8亩、社会投资改造

---

① 传统小吃手工作坊主要有：胡麻油加工、辣条、夹板、豆腐等。其中，夹板是宁夏特色小吃，夹板能做成素的，也能做成荤的，如果想吃荤的，就把肉洗净剁成肉泥，拌入淀粉、葱末、姜末等料制成肉馅，将制好的肉馅平抹在鸡蛋皮（也可以用面皮）上，上面再盖一张鸡蛋皮，压实后用刀切成菱形块，下入油锅炸成金黄色捞出（俗称夹板或夹沙）。夹板荤有荤的做法，素有素的做法，程序都一样，只是配料不同而已。

盘活4户9亩、村集体流转盘活2户7亩、群众投资改造盘活4户7.7亩，有效通过宅基地、村集体土地的整合利用，进一步激发村落发展活力。三是重经营，让农民"富"起来。利用盘活的宅基地建成特色民宿院落12户，打造中医康养、书画创作、非遗武术宣传、农耕文化博物馆各1户，建设占地9亩的民宿文化广场一座，利用公用土地建成4.5亩的早茶文化体验中心，引进大丰收、牧民鱼庄、一方心宿等餐饮民店入驻经营，全力打造集精品民宿、特色餐饮、文化创意、康养休闲于一体的乡村新业态，为农民增收致富开辟新渠道，为乡村全面振兴提供新动能。

（六）长城村

长城村位于彭阳县城阳乡以北5公里处，因战国秦长城穿境村域而得名。村内有白马庙、饮马潭等人文景观和公子扶苏墓、孟姜女哭长城等历史遗迹和传说，还有乔家渠红军长征毛泽东宿营地，是红色文化、历史文化、传统文化和现代产业交相辉映的特色村落。乔家渠红军长征毛泽东宿营地位于彭阳县城阳乡长城村乔家渠乔生魁旧宅，西距彭阳县城15公里。旧址坐西南面东北，占地面积3300平方米，院内南侧有7孔窑洞，每孔窑洞形制大小基本相同，面积均在20平方米左右，毛泽东长征时期曾在中间窑洞住宿一晚。2010年3月，彭阳县人民政府公布此处为县级文物保护单位；2012年7月，自治区国防教育委员会将此地命名为区级国防教育基地；2018年8月，自治区政府公布此处为区级文物保护单位。近年来，彭阳县结合国家长征文化公园实施方案，按照乔家渠总体规划，先后投资3550余万元对旧址进行了清理和修缮，重点对乔家渠红军长征毛泽东宿营地旧址进行加固、原貌复原及布展，新建诗词园、观瞻路、活动广场、红色廉政展厅，配套建设给排水、绿化等基础设施，建成了集红色旅游、田园休闲于一体的爱国主义教育基地和民俗风情园，并以乔家大院为中心，辐射发展精品民宿（红色大院）5家，有效提升了乔家渠红军长征毛泽东宿营地服务接待水平，使其成为广大群众了解革命历史的重要场所和红色旅游景点。长城村民俗文化丰富，有传承千年的民间根雕、刺绣和剪纸。其中，剪纸是长城村村民用来装点、记录生活的民间艺术。剪纸艺术自诞生以来，在长城村就没有中断过，有"活化石"之称。它充实于各种民俗活动中，是长城村民间历史文化内涵最为丰富的艺术形态之一。长城村地势平坦，自然资源丰富，目前在政府主导下建成了长城塬万亩苹果基地和彭阳县福泰菌业扶贫车间，通过发展特色产业，大大拓宽了村民增收致富的渠道。

表2-1 入选"中国传统村落名录"的宁夏村落

村落名称	入选名录及级别	入选时间	备注
固原市隆德县城关镇红崖村	首批中国传统村落名录	2012年4月	
固原市隆德县奠安乡梁堡村	首批中国传统村落名录	2012年4月	梁堡堡址，县保
中卫市沙坡头区迎水桥镇北长滩村	首批中国传统村落名录	2012年4月	
中卫市沙坡头区香山乡南长滩村	首批中国传统村落名录	2012年4月	
吴忠市利通区东塔寺乡石佛寺村	第四批中国传统村落名录	2016年12月	石佛寺，县保
彭阳县城阳乡长城村	第五批中国传统村落名录	2018年12月	乔家渠红军长征毛泽东宿营地，区保；乔渠烽火台、长城烽火台，县保
吴忠市同心县张家塬乡折腰沟村	第六批中国传统村落名录	2023年3月	

续表

村落名称	入选名录及级别	入选时间	备注
固原市隆德县凤岭乡于河村	第六批中国传统村落名录	2023年3月	
固原市西吉县兴隆镇单南村	第六批中国传统村落名录	2023年3月	单家集革命旧址(单南清真寺),区保
中卫市海原县西安镇菜园村	第六批中国传统村落名录	2023年3月	菜园遗址,国保
固原市泾源县六盘山镇和尚铺村	第六批中国传统村落名录	2023年3月	
固原市原州区头营镇杨郎村	第六批中国传统村落名录	2023年3月	
固原市隆德县城关镇杨店村	第六批中国传统村落名录	2023年3月	
固原市泾源县大湾乡瓦亭村	第六批中国传统村落名录	2023年3月	瓦亭遗址,区保
固原市隆德县陈靳乡新和村	第六批中国传统村落名录	2023年3月	
吴忠市同心县王团镇北村	第六批中国传统村落名录	2023年3月	王团北堡子,县保
固原市隆德县温堡乡杨坡村	第六批中国传统村落名录	2023年3月	
固原市泾源县新民乡张台村	第六批中国传统村落名录	2023年3月	石窑湾石窟,区保
吴忠市同心县张家塬乡汪家塬村	第六批中国传统村落名录	2023年3月	
固原市泾源县泾河源镇冶家村	第六批中国传统村落名录	2023年3月	
银川市金凤区良田镇园子村	第六批中国传统村落名录	2023年3月	
固原市隆德县凤岭乡齐岔村	第六批中国传统村落名录	2023年3月	

续表

村落名称	入选名录及级别	入选时间	备注
固原市泾源县香水镇园子村	第六批中国传统村落名录	2023年3月	
吴忠市盐池县麻黄山乡李塬畔村	第六批中国传统村落名录	2023年3月	李塬畔革命旧址,区保
固原市泾源县六盘山镇蒿店村	第六批中国传统村落名录	2023年3月	三关口摩崖石刻,区保;关帝庙、财神楼、杨六郎庙,县保
吴忠市同心县下马关镇下垣村	第六批中国传统村落名录	2023年3月	红城水古城址、红城水娘娘庙,区保

资料来源:宁夏回族自治区文化和旅游厅。

随着城镇化进程的加速推进,传统村落里的乡土文化空间受现代化的影响,也表现出"与时俱进"的态势,各种城市流行文化不断在这里汇聚、碰撞,以前所谓封闭保守的农村在当今社会基本难见踪迹。以城市流行文化为主导的大众文化,通过周边城镇和大中城市的强大辐射力不断漫入乡村,使人们的传统伦理道德和行为处世方式在半熟悉、半陌生的乡土社会里逐渐式微。传统村落作为活态的乡村文化遗产,拥有美丽的自然风光、独特的民俗风情和宝贵的历史文化资源,并通过民居建筑、乡村礼俗和传统技艺等载体予以表达呈现。如何让这些珍贵资源继续"留下来""活起来""用起来",吸引越来越多城市居民前来体验感受,是当前业界需要关注的重要课题。

第五节　民俗类农耕文化遗产

民俗类农耕文化遗产,指一个民族或区域在长期的农业发展中所创造、享用和传承的生产、生活习惯风俗,包括关于农业生产和生活的仪式、祭祀、表演、信仰和禁忌等。① 宁夏民俗类农业文化遗产主要包括农业生产民俗、农业生活民俗和民间观念与信仰等。

一　农业生产民俗

农业生产民俗,是在各种物质生产活动中产生和遵循的民俗,主要以农作物种植、动物养殖为核心展开,从具体民俗事项来看,包括生产工具民俗、技术过程习俗及相应的人文仪式等。宁夏有关农业生产的民俗有擀毡、二毛皮制作、手工地毯制作、贺兰砚制作、羊皮筏子制作、糖挂子制作、草编、柳编、麻编、吴忠老醋酿造等。由于它是从当地人民生产、生活中演变形成的,受地理环境、当地农业生产方式、历史传统的影响和制约,显示出了浓郁的地域特色(见表2-2)。

表2-2　入选国家级非物质文化遗产名录和自治区级
非物质文化遗产名录的农业生产民俗

项目名称	入选名录及级别	入选时间	申报地区
贺兰砚制作技艺	第三批国家级非遗代表性项目扩展项目	2011年	银川市
二毛皮制作技艺(滩羊皮鞣制工艺)	第四批国家级非物质文化遗产代表性项目	2014年	自治区
宁夏手工地毯织造技艺	第五批国家级非遗代表性项目扩展项目	2021年	自治区
擀毡技艺	首批自治区级非物质文化遗产代表性项目	2007年	红寺堡区

---

① 王思明、李明编《中国农业文化遗产名录》,中国农业科学技术出版社,2016,第45页。

续表

项目名称	入选名录及级别	入选时间	申报地区
宁夏毯制作技艺	第五批自治区级非物质文化遗产代表性项目	2019 年	大武口区
羊皮筏子制作技艺	第二批自治区级非物质文化遗产代表性项目	2009 年	中卫市
草编技艺	首批自治区级非物质文化遗产代表性项目	2007 年	彭阳县
麻编技艺	第四批自治区级非物质文化遗产代表性项目	2016 年	银川市
糖挂子制作技艺	第四批自治区级非物质文化遗产代表性项目	2016 年	同心县
吴忠老醋酿造技艺	第五批国家级非遗代表性项目扩展项目	2021 年	自治区
编结技艺	第五批自治区级非物质文化遗产代表性项目	2019 年	银川市

资料来源：宁夏回族自治区文化和旅游厅。

（一）二毛皮制作技艺（滩羊皮鞣制工艺）

二毛皮是宁夏"五宝"之一，清代乾隆年间就已闻名遐迩。《宁夏府志》有"布衣褐，冬羊裘"[1]的记载。二毛皮制作工艺十分考究，程序繁多。据资料显示："传统二毛皮手工制作工序有 50 多道。"[2] 以滩羊（或山羊）皮为主要原料，辅以纯碱、蓝矾、硫酸、元明粉、盐、脱脂剂、漂白粉等材料，经过选皮、打灰、抓毛、清皮、泡皮、洗皮、熟皮、干铲、晾干、定型、去潮、裁制、缝合等工艺流程，可制作出冬装、马甲、坎肩等 30

---

[1] （清）张金城修、（清）杨浣雨纂、陈明猷点校《乾隆宁夏府志》，宁夏人民出版社，1992，第 108 页。
[2] 宁夏非物质文化遗产保护中心编《宁夏非物质文化遗产项目名录：增补本》，宁夏人民教育出版社，2017，第 69 页。

余种裘皮服装。其中,"熟皮"是关键环节。在缸中倒入浆水、豆面和少量白酒,放入羊皮进行发酵。待羊皮发酵好后,放上支架进行铲皮,除尽残肉并用钩子将皮子钩顺,使其柔软以免折裂。制作好的二毛皮轻巧保暖、薄如宣纸、花穗美观,被业界冠以"轻裘"的美名。目前,传统的二毛皮制作技艺(滩羊皮鞣制工艺)和手工作坊主要分布于银川市永宁县、吴忠市青铜峡市(县级市)、盐池县、同心县和中卫市海原县等地。2014年,二毛皮制作技艺(滩羊皮鞣制工艺)入选第四批国家级非物质文化遗产代表性项目名录。[1]

(二)宁夏手工地毯织造技艺

地毯是宁夏传统手工技艺,以盐池手工地毯为佳。盐池是"中国滩羊之乡",所产羊毛弹性强、绒度高、纤维长、拉力大、有光泽,是制毯的理想用料。盐池手工地毯制作工艺细致、成品工整厚实,图案古朴美观,色彩以绿、蓝、红为主,有较强的实用性和装饰性。按照使用功能,可分为跪毯、壁毯和地毯等类别。制作流程复杂考究,有绘图、纺线、染色、挂经、编织、平剪等数道工序。

1. 绘图

手工地毯的图案主要分中式图案和波斯图案,中式图案多以梅兰竹菊、古代名画为题材。每种图案都有不同的寓意,如以石榴、佛手、仙桃三果组成的"福禄寿"图案,石榴象征多子,仙桃意为长寿,佛手表示佛祐得福,寓意多子多福多寿。

2. 纺线

清洗羊毛,去除羊毛中的杂质,再经纺机把羊毛织成毛线。

3. 染色

传统染色工艺,主要从天然植物、矿物中提取颜料,然后

---

[1] 宁夏非物质文化遗产保护中心编《宁夏非物质文化遗产项目名录:增补本》,宁夏人民教育出版社,2017,第69页。

采用传统工艺，使毛线在自然常温下长时间接受植物或矿物色素的附着而不易掉色。现已改用化学合成染料，色彩更为鲜艳立体。

4. 挂经

这道工序主要在一个长方形的框架机上进行，将经线一根一根按照固定的位置和方向，缠绕在上下水平的横梁上，经线的疏密决定着地毯的质地，经线越密图案越细致清晰。

5. 编织

地毯编织由点到线，由线到面，逐渐成形。开始编织一张新的地毯时，织工不会立即使用彩线打结，而是先用素线编织几公分类似帆布式样的平滑长条，然后再按照蓝图，用不同颜色的丝线在经线上打结。随后用特制的小刀切断绒线，形成绒头，通过拉经，使前后经线形成相互交叉的纹。

6. 平剪

编织完成后，就该平剪。按照织毯的图案，注意掌控位置、深浅、角度，在出现平滑效果的时候，沿各种花纹边缘剪出具有立体感的纹饰。最后经过水洗、挽穗，一张精美的手工地毯便呈现出来。

在织毯工艺长期的传承和发展过程中，每道工序都总结积累了独到的方法。宁夏手工地毯织造技艺于2021年入选第五批国家级非遗代表性项目扩展项目名录。

（三）擀毡

所谓"擀毡"，就是把选好的羊毛（通常为羊毛，偶尔也用牛毛）通过弹、铺、卷、擀、铺、洗、晒等10个环节[①]，做成

---

① 做好一张毛毡，需完整走完"弹毛""铺毛""喷水""卷毡帘""捆毡帘""擀帘子""解帘子压边""洗毡""整形"和"晒毡"十道工序，缺一不可。

人们日常生活用品。据学者考证，"旧时宁夏民间制毡业比较发达，尤以银川刘氏毡行较为出名，20世纪30年代宁夏所产毛毡曾畅销北京、天津等地"①。毡制品有粗毡和细毡之分。粗毡除了铺炕用的炕毡外，还有毡门帘、毡鞋、毡衣、毡帽等。为了增加羊毛的柔韧度，毡匠们在其中某些环节添加黑面和胡麻油，使擀出来的毡更加瓷实、光滑、耐用。简单来讲，就是先把羊毛洗净晒干，剔除杂物，剁成寸节，然后弹熟弹透，再把弹好的羊毛铺到竹帘子上，喷上凉水卷起来，用绳子捆紧后反复摔、滚，行话叫"跌帘子"，以形成毡胎，之后，将毡胎放置到一块斜立在水槽边的木板上，用开水边浇边用脚上下搓揉、滚动，并拉平四角，使其不断成形。最后，再用清水控白、晒干。细毡又叫绒毡，毡质细柔，弹性好，用料讲究，制作工艺更为复杂，能制作细毡的毡匠一直很少。② 宁夏农村有睡土炕的习惯，羊毛毡作为一种"土生土长"的本地货，因其保暖、隔潮、吸土、耐用等特点，深受人们喜爱。21世纪以来，随着物质文化生活的不断丰富，新的工业产品代替了传统手工艺制品，羊毛毡逐渐远离了人们的生活，擀毡生意日渐平淡萧条。目前，银川市西夏区镇北堡、吴忠市红寺堡区、青铜峡市曲靖镇、中卫市海原县九彩乡等地虽然还有人继续从事着这门古老的技艺，但基本已成为亟待挽救的非物质文化遗产。2007年，擀毡入选首批自治区级非物质文化遗产代表性项目名录。③

（四）羊皮筏子制作技艺

羊皮筏子又叫"排子"，曾经是黄河上用于摆渡的主要交通

---

① 杨继国、何克俭主编《宁夏民俗大观》，宁夏人民出版社，2008，第156页。
② 杨继国、何克俭主编《宁夏民俗大观》，宁夏人民出版社，2008，第156页。
③ 宁夏非物质文化遗产保护中心编《宁夏非物质文化遗产项目名录：增补本》，宁夏人民教育出版社，2017，第5页。

工具。羊皮筏子由浑脱①和木杆构成，以浑脱的多少分为大、中、小三种类型。有学者考证："大型羊皮筏子由41排460个浑脱组成，可载货15吨；中型羊皮筏子由27排330个浑脱组成，可载货5吨；最小的羊皮筏子由13个浑脱组成，可一个人扛在肩上搬走，可载货400～500斤。"② 中卫市是宁夏羊皮筏子的主要发祥地和聚集地，黄河弄筏曾是中卫古景之一。20世纪50年代以前，羊皮筏子是宁夏黄河各小型渡口的主要运输和渡河工具，黄河大桥建成以后，仍有数十架小型羊皮筏子在沿岸摆渡或运货。20世纪80年代，大中型羊皮筏子逐渐消失。目前，小型羊皮筏子成了当地重要的民俗旅游文化项目。2009年，羊皮筏子制作技艺入选第二批自治区级非物质文化遗产代表性项目名录。③

（五）编制

宁夏较有特色的编制有草编、柳编和麻编等，就是以麦秆、柳条或苎麻等植物纤维为原料，编制出菜篮、背篼、簸箕、麻鞋、麻袋、背包、帽子、拖鞋、枕席等日常生活用品和编制艺术品。

1. 草编

草编是民间广泛流行的一种手工技艺，固原市彭阳县较有代表性。据资料显示，"在彭阳县境内的古文化遗址中就发现有早

---

① 浑脱，即囫囵褪下的羊皮，将四周缝合经充气使之鼓起来，传统技艺制作使之不生虫、不腐烂，便于制成羊皮筏子，用浑脱拼接好的羊皮筏子，类似于南方的竹排，可用于水上载物、渡人。
② 杨继国、何克俭主编《宁夏民俗大观》，宁夏人民出版社，2008，第134～135页。
③ 陶雨芳主编《中卫非物质文化遗产名录》，宁夏人民教育出版社，2014，第66页。

期的草编。"① 草编取材当地所产的野草或庄稼的茎、叶、根，可编织成盆垫、坐垫、枕席、提篮、果盒、草帽、拖鞋、包筐等日常生活用品。可事先将野草或庄稼的茎、叶、根等植物纤维染上各种颜色，然后再根据纹路编织成各种图案。草编成品品质绵软柔韧、花纹清晰、工艺精美。2007 年，入选首批自治区级非物质文化遗产名录。②

2. 柳编

柳编是吴忠市下辖县级市青铜峡市的一项传统手工艺制作，其材质多以湖畔或河渠边生长的柳条为原料，将柔韧性强、无斑点、富光泽的柳条削去青皮，可编织成簸箕、背篼、菜篮、鱼篓、花篮、筷笼等日常生活用品。20 世纪 90 年代，青铜峡柳编制品远销美国、日本、法国、英国、德国等国，一度成为青铜峡市主要的支柱产业之一。③ 柳编需要裁折大量的柳树枝条，对生态破坏十分严重。随着人们环保意识的不断增强，这一传统技艺逐渐淡出。

3. 麻编

宁夏麻植物资源丰富，种麻历史悠久，汉代和西夏时期都有种麻的记载。据资料显示，"在隆德县沙塘镇新石器发掘中，就有纺织麻类纤维用的石制或陶制纺锤、纺轮、骨针、骨锥等"④。麻编技艺代代相传，是最为传统的一项手工技艺。苎麻的茎皮纤

---

① 周庆华主编《固原市非物质文化遗产名录（第 1 辑）》，宁夏人民教育出版社，2011，第 99 页。
② 宁夏非物质文化遗产保护中心编《宁夏非物质文化遗产项目名录：增补本》，宁夏人民教育出版社，2017，第 5 页。
③ 吴灵主编《吴忠市非物质文化遗产》，宁夏人民出版社，2013，第 144 ~ 145 页。
④ 张洁主编《银川市非物质文化遗产项目图典》，宁夏人民出版社，2017，第 27 页。

维经加工、漂洗后，可编织成麻袋、麻绳、麻鞋、背包等生产生活用品，或者纺成麻线，再编织成各种艺术品。麻纺制品天然质朴、结实耐用，是居家装饰和馈赠亲友的绝佳产品。2016年，麻编技艺入选第四批自治区级非物质文化遗产代表性项目名录。①

（六）糖挂子制作技艺

宁夏的特色手工业制糖主要为面糖和米糖，当地人称"糖挂子"。熬糖是一项技术性很强而且非常辛苦的工作，要经过选料、育芽、蒸煮、淋水、晾干、塑形等工序。简单来说，就是将浸泡好的黄米或小米置放在锅里先进行蒸煮，蒸煮须注意火候，待黄米或小米熟烂后与麦芽拌匀倒进特制的大缸里，保持温火，通过适当加水和淋水，将其熬制成乳白色的糖浆，然后晾干并通过"糖巴子"压制成长条状。这样，熬糖工序就算完成了。熬成的"糖挂子"有白糖挂子和焦糖挂子。"糖挂子"熬成后，可通过添加芝麻、麻子、豆子或花生等辅料，再制成芝麻糖、麻子糖、面糖或花生糖。同心、海原两县市场上销售的糖瓜子更为脆酥绵软，甜香可口，入口即化，深受消费者青睐。2016年，糖挂子制作技艺入选第四批自治区级非物质文化遗产代表性项目名录。②

（七）吴忠老醋酿造技艺

吴忠老醋在宁夏经过百年的传承与发展，形成了一套与现代科学相匹配的、以手工技艺为基础的传统老醋酿造技艺。吴忠老

---

① 宁夏非物质文化遗产保护中心编《宁夏非物质文化遗产项目名录：增补本》，宁夏人民教育出版社，2017，第218页。
② 宁夏非物质文化遗产保护中心编《宁夏非物质文化遗产项目名录：增补本》，宁夏人民教育出版社，2017，第218~219页。

醋酿造包括利通区金积镇徐家寨子金积大缸醋和红寺堡区的兆莲①酿醋，两者均为传统蒸法酿醋。即以高粱、麸皮和水为主要原料，以大麦、豌豆所制大曲为糖化剂，经酒精发酵，再经固态醋酸发酵、熏醅、陈酿等工序酿制而成。酿造前先精选上好的麦子、高粱、玉米、黄豆等谷物和优质水，以大曲或药曲为发酵剂，经过粉料、润渗、蒸煮、冷却、拌曲、发酵、熏醅、淋醋、陈晒、成醋等11个环节，采用边糖化边发酵的固态自然发酵工艺，经过"冬捞冰、夏伏晒"的发酵方式陈放至少1年以上。酿出的老醋"酸味浓厚、醇香鲜甘、色泽清亮"，具有断腥、去膻、杀菌等独特功效，是烹煮各种美味佳肴的精制调料。2021年，吴忠老醋酿造技艺入选第五批国家级非物质文化遗产代表性项目扩展项目名录。

（八）贺兰砚制作技艺

贺兰砚是宁夏传统手工艺品，取材于贺兰山上的一种材质细腻、颜色清亮的特色石头。贺兰石是宁夏"五宝"之一，因其产于银川市区以西40公里处的贺兰山滚钟口而得名。早在乾隆四十五年（1780年）编撰的《宁夏府志》"地理·山川"中就有记载："笔架山，在贺兰山小滚钟口。三峰矗立，宛如笔架。下出紫石，可为砚，俗呼贺兰端。"② 贺兰石质地细腻、清雅莹润、坚而可雕、刚柔相济，呈天然深紫色和豆绿两种色调，两色有时交相辉映，有时交错叠加，中间还嵌有玉带、云纹、眉子、银线、石眼、绿豆点等，自然纹理妙趣天成，通过雕刻者的巧妙

---

① 兆莲，即村民马兆莲，是从西海固迁移至吴忠市红寺堡区的搬迁移民，主要以酿醋为生，其酿制的陈醋"酸而不涩、香醇微甘、色浓味鲜"，深受当地群众青睐。
② （清）张金城修、（清）杨浣雨纂、陈明猷点校《乾隆宁夏府志》，宁夏人民出版社，1992，第87页。

构思，可制作成形象独具的砚台或摆件。用贺兰石刻制的贺兰砚，具有发墨快、墨汁细、不损笔毫等特点，受到文人墨客的青睐。带盖的贺兰砚如同密封器一般，有"存墨过三天"之誉。贺兰砚制作经过不断传承和发展，逐渐形成相石、修坯、清底、凿形、精雕、打磨、题刻、覆蜡等八道工序。在贺兰砚雕刻历史可考的300余年里，雕刻艺人人才辈出。清光绪年间，闫氏家族的砚台刻得最好，在银川市很有名气。近年来，贺兰砚制作技艺吸收端砚、歙砚，以及竹雕、牙雕等表现手法，经过镂空、浮雕、薄艺等雕法创新，技艺更加细致、精湛。2011年，贺兰砚制作技艺入选第三批国家级非物质文化遗产代表性项目扩展项目名录。①

  总体而言，农业生产民俗带给人们更多的还是经济价值的呈现，在自给自足的农业社会，传承已久的传统制作技艺，包括擀毡、手工地毯制作、麻编、柳编、草编、吴忠老醋酿造、贺兰砚制作等，都是为了满足自身生活的需要，在当下的商品社会，这些生产民俗必然要走向市场，接受市场经济的检验。当然，并不是每一项传统技艺制作都能带来丰厚的经济收入，在商品经济条件下，也有一些古老的传统制作技艺从人们的视线中逐渐消失了，譬如，擀毡。羊毛毡曾是人们用来铺炕的主要用品，在旧时宁夏民间制毡业非常发达，20世纪30年代宁夏所产毛毡畅销北京、天津等各大城市。②但随着人们物质生活水平的提高，新的工业产品代替了传统手工艺制品，土炕、羊毛毡逐渐远离了人们的生活，擀毡生意日渐平淡萧条。目前，擀毡已成为亟待挽救的非物质文化遗产。类似擀毡这样的传统农耕民俗文化遗产还有手

---

① 宁夏非物质文化遗产保护中心编《宁夏非物质文化遗产项目名录：增补本》，宁夏人民教育出版社，2017，第145页。
② 杨继国、何克俭主编《宁夏民俗大观》，宁夏人民出版社，2008，第156页。

工地毯制作技艺、宁夏毯制作技艺等，亟须文化工作者给予抢救性挖掘和保护。

二 农业生活民俗

农业生活民俗，包括居住、饮食、节庆、娱乐等，可直观地反映出某一地域多姿多彩的文化性格。宁夏传统的居住（包括建筑）民俗有杨氏泥彩塑、砖雕、木雕、石雕、箍窑、六盘山抟土瓦塑制作技艺、固原传统建筑营造技艺、中卫建筑彩绘技艺、赵氏木板雕花技艺等；饮食民俗有中宁蒿子面、黄渠桥羊羔肉、手抓羊肉、八宝茶、罐罐茶、手工酿皮等；节庆民俗有高台马社火、隆德民间社火脸谱、六盘山木版年画、剪纸、刺绣、六盘山区春官送福等；娱乐民俗有打梭、下方、打毛蛋、吃逐、宁夏小曲、盐池秧歌、口弦、泥哇呜、咪咪、山花儿等；谚语民俗有气象谚语和生活谚语等（见表2-3）。

表2-3 入选联合国教科文组织人类非物质文化遗产名录和国家级、自治区级非物质文化遗产名录的农业生活民俗

类型	项目名称	入选名录及级别	入选时间	申报地区
居住	杨氏泥彩塑	第二批国家级非物质文化遗产代表性项目	2008年	隆德县
居住	砖雕	第四批国家级非物质文化遗产代表性项目	2014年	固原市群众艺术馆
居住	民间绘画	首批自治区级非物质文化遗产代表性项目	2006年	平罗县、隆德县
居住	木雕	第二批自治区级非物质文化遗产代表性项目	2009年	西吉县
居住	六盘山抟土瓦塑制作技艺	第二批自治区级非物质文化遗产代表性项目	2009年	固原市

续表

类型	项目名称	入选名录及级别	入选时间	申报地区
居住	中卫建筑彩绘技艺	第五批国家级非物质文化遗产代表性项目扩展项目	2021年	自治区
居住	固原传统建筑营造技艺	第五批国家级非物质文化遗产代表性项目	2021年	自治区
居住	赵氏木板雕花技艺	第四批自治区级非物质文化遗产代表性项目	2016年	固原市
居住	陶器烧制技艺（泾源素陶烧制技艺）	第五批自治区级非物质文化遗产代表性项目	2019年	泾源县
饮食	中宁蒿子面	第五批国家级非遗代表性项目扩展项目	2021年	自治区
饮食	黄渠桥羊羔肉制作技艺	首批自治区级非物质文化遗产代表性项目	2007年	平罗县
饮食	宁夏手抓羊肉制作技艺	第五批国家级非遗代表性项目扩展项目	2021年	自治区
饮食	羊杂碎制作技艺（杜优素羊杂碎手工制作技艺）	第五批自治区级非物质文化遗产代表性项目	2019年	吴忠市
饮食	八宝茶	第五批自治区级非物质文化遗产代表性项目	2019年	利通区
饮食	手工酿皮制作技艺	第五批自治区级非物质文化遗产代表性项目	2019年	大武口区
节庆	高台马社火	首批国家级非遗代表性项目扩展项目	2008年	隆德县
节庆	隆德民间社火脸谱	第二批自治区级非物质文化遗产代表性项目	2009年	隆德县
节庆	六盘山木版年画	第三批自治区级非物质文化遗产代表性项目	2012年	自治区非物质文化遗产保护中心

续表

类型	项目名称	入选名录及级别	入选时间	申报地区
节庆	剪纸	第四批国家级非物质文化遗产代表性项目	2014年	宁夏回族自治区文化馆（宁夏回族自治区非物质文化遗产保护中心、宁夏回族自治区展览馆）
节庆	宁夏刺绣	第五批国家级非遗代表性项目扩展项目	2021年	自治区
节庆	六盘山区春官送福	第五批国家级非遗代表性项目扩展项目	2021年	西吉县
节庆	民族传统婚俗	第三批国家级非物质文化遗产代表性项目	2011年	自治区
娱乐	花儿	联合国教科文组织人类非物质文化遗产保护项目	2009年	宁夏、甘肃、青海
娱乐	花灯扎制技艺	第四批自治区级非物质文化遗产代表性项目	2016年	红寺堡区
娱乐	民间器乐（口弦、泥哇呜、咪咪）	首批国家级非物质文化遗产代表性项目	2006年	宁夏文化馆、同心县、西吉县
娱乐	民间烙刻画（葫芦刻画）	第五批自治区级非物质文化遗产代表性项目	2019年	石嘴山市
娱乐	舞狮	首批自治区非物质文化遗产代表性项目	2007年	海原县、中宁县
娱乐	舞龙	首批自治区非物质文化遗产代表性项目	2007年	中卫市
娱乐	隋唐秧歌	首批自治区级非物质文化遗产代表性项目	2007年	中宁县
娱乐	打梭	首批自治区级非物质文化遗产代表性项目	2007年	海原县
娱乐	方棋	首批自治区级非物质文化遗产代表性项目	2007年	同心县

续表

类型	项目名称	入选名录及级别	入选时间	申报地区
娱乐	打毛蛋	第四批自治区级非物质文化遗产代表性项目	2016年	泾源县
娱乐	踏脚	首批自治区级非物质文化遗产代表性项目	2007年	泾源县
娱乐	呹逐	第四批自治区级非物质文化遗产代表性项目	2016年	隆德县
娱乐	秦腔	第四批国家级非物质文化遗产代表性项目	2014年	自治区
娱乐	宁夏小曲	第四批国家级非物质文化遗产代表性项目	2014年	自治区
娱乐	民间故事	第四批国家级非物质文化遗产代表性项目	2014年	自治区
娱乐	皮影戏	首批自治区级非物质文化遗产代表性项目	2007年	贺兰县、盐池县
娱乐	盐池秧歌	第四批自治区级非物质文化遗产代表性项目	2016年	盐池县
娱乐	隆德许川地摊戏	第四批自治区级非物质文化遗产代表性项目	2016年	隆德县
娱乐	黄羊钱鞭	第五批国家级非物质文化遗产代表性项目	2021年	自治区

资料来源：宁夏回族自治区文化和旅游厅。

（一）泥彩塑

固原市隆德县温堡乡杨坡村杨栖鹤家族的泥彩塑艺术，融汇了泥塑、绘画、木刻、剪纸、烫画等各种民间艺术，是宁夏泥彩塑的杰出代表。《隆德县志》记载，杨氏泥彩塑起源于唐宋年间，成熟于明清。杨氏泥彩塑制作技艺程序复杂，要经过配料、酿泥、造像、敷彩等20多道工序。根据作品和创作要求可选用不同类型的胶土进行酿泥，红胶土、白胶土、纯黄土和黑黄土为主要原料。敷彩是其中点睛之笔，当完成姿态、神采各异的作品造型后，再进行泥塑的敷彩工序。行话说"三分塑，七分彩"，这是泥塑作品能否传神的关键环节。仅上彩这门技艺，从打底色到开描就有20多道工序。[①] 塑形时主要运用圆雕、浮雕和透雕等技艺手法。杨氏泥彩塑，既是建筑装饰不可多得的精美艺术品，也是研究古老民俗的实物材料。作品选题多为民俗风情、山水野趣、神话传说等，艺术风格独特、线条明朗、色泽鲜艳、造型独到，充满了浓郁的乡土气息，并将装饰性和实用性融为一体，深受人们的喜爱。代表作品有《鹿寿延年》《舞狮》《口弦女》《龙泉村的传说》等。2008年，杨氏泥彩塑入选第二批国家级非物质文化遗产代表性项目名录。

（二）民间绘画

平罗民间绘画和隆德民间绘画是宁夏民间绘画的突出代表，是农民群众创作的一种新型民间绘画形式。2007年，由平罗县和隆德县共同申报的民间绘画入选首批自治区级非物质文化遗产代表性项目名录。

1. 平罗民间绘画

平罗民间绘画主要是在庙宇彩绘的基础上衍生而出。据文献记载，在清代和民国时期，平罗画匠多以历史典故、传说故事、节令习俗为依托，在庙宇梁柱、楼阁墙壁作画谋生，有些还为民间丧事制作纸人、纸马及松、鹤等纸货，为他人在箱柜上画些风景、花卉、飞禽、走兽、花瓶等图案。新中国成立后，国家十分重视对农民画家的发掘和培养，很多农民加入绘画行列，以农村生产劳动和日常生活场景为题材，创作了许多带有泥土气息且极富时代感的绘画作品。在艺术上，立意新颖、构图饱满、线条简

---

① 周庆华主编《固原市非物质文化遗产名录（第1辑）》，宁夏人民教育出版社，2011，第42页。

练、造型夸张、色彩明朗、对比强烈，代表作品有《打麦场上》《秋实图》《集市》《赛牛会》《天下黄河富宁夏》《养鸡专业户》等。①

2. 隆德民间绘画

隆德民间绘画与农业生产习俗、节庆活动紧密相关，具有浓厚的乡土气息。最初形态为庙宇、道观中的壁画及民家箱柜衣饰图案等，20世纪50年代，农民画以墙报、壁画等形式出现。绘画体裁有门画、中堂、对联、贡笺、条屏、窗画、炕围画、灶画、斗方、灯方、扇面等，反映了宁夏南部山区农村的生产生活场景，对于了解当地农耕文明、研究农耕社会的生产发展及民俗风情具有重要价值。绘画作者多数为农家妇女，且是刺绣、剪纸、描花、扎花的能手，在绘画过程中把剪纸、刺绣、雕刻、泥塑、皮影、陶瓷花纹、炕头壁画、民间玩具等传统造型艺术的表现手法运用在表现现实生活的绘画上，创造出了独具特色的绘画风格。代表作品有《马社火》《心声》《瓜田》《庄户人家》《醋坊》等，其中，联财乡太联村妇女王玉秀的作品《马社火》1981年在"全国首届农民画展"中获得一等奖，并被中国美术馆收藏；农民画家靳守恭1991年被文化部授予"农民画开拓者"荣誉称号。隆德县先后于1990年、2000年被文化部命名为"中国现代民间绘画之乡"②。

---

① 王洪喜作品《天下黄河富宁夏》2002年入选《纪念讲话60周年》全国美术作品展；《秋实图》2002年入选由中国美协、书协举办的全国职工书画展；《赛牛会》《集市》《天下黄河富宁夏》《平罗古城图》《养鸡专业户》《和平盛世》等一百余幅作品在各大报刊媒体上发表。近年来还创作了百米长卷画《塞上古城盛世图》。

② 宁夏非物质文化遗产保护中心编《宁夏非物质文化遗产项目名录：增补本》，宁夏人民教育出版社，2017，第42页。

（三）雕刻

宁夏的雕刻工艺主要有木雕、砖雕、根雕和石雕等多种类型。

1. 木雕

木雕是依附于传统木结构的雕刻艺术，被广泛应用于建筑中的梁柱、斗拱、门窗、挂落、飞檐与香案、架子床等家具陈设物上。赵氏木板雕花技艺是流传在六盘山地区民间木雕技艺的一种。赵氏木板雕花技艺主要用刀、凿等工具在木板上雕刻出各种图案花纹，再镶嵌到木框内。工艺过程包括改板、抛光、画样、雕刻、打磨等。雕刻作品主要用于建筑装饰，如寺庙道观的正殿、偏房、大门楼和民间门楼的牌匾、民间生活用品及棺木等。2016年，赵氏木板雕花技艺入选第四批自治区级非物质文化遗产代表性项目名录。[①]

2. 砖雕

隆德魏氏砖雕在宁夏砖雕艺术中较有代表性，其技艺手法主要为"软雕"和"硬雕"。两者在工序上有明显差异，软雕包含选土、酿泥、制坯、捏制（软雕）、阴干、打磨和烧制等制作流程[②]，而

---

① 宁夏非物质文化遗产保护中心编《宁夏非物质文化遗产项目名录：增补本》，宁夏人民教育出版社，2017，第218页。
② 软雕的制作流程：①选土：选择质细无砂的优质土，按一定比例混合。②酿泥：将几种土壤混合后加水制成粗泥，按一定比例加入其他辅料，再用木棒、榔头反复敲砸，使泥质细腻、润滑。③制坯：按需求将酿好的泥制作成各种形状的坯模，例如长方形、正方形及盒状等。④捏制（软雕）：在坯模上手工捏成各种造型的粗样，再用竹刀、竹笔、竹锥、竹叉刻画纹饰。⑤阴干：将完成的软雕作品遮光阴干。⑥打磨：将阴干的作品进行细致的打磨，准备入窑烧制。⑦烧制：入窑，炭火连续烧数日后呛色，根据窑的大小，自然降温5天左右就可出窑，完成整个砖雕制作流程。

硬雕则打乱软雕制作顺序，① 在选土、酿泥和制坯的基础上，先将泥胎阴干，烧制，然后再进行雕刻（硬刻）和打磨。其实，就是传统意义上的"捏活"和"刻活"。"捏活"，即用手或模具将黏泥捏成各种图案；"刻活"，则是在已经烧制好的青砖上，用专用的刻刀雕刻成各种浮雕图案，再一块块对接镶嵌在建筑物上。代表作品有《狮子滚绣球》《二龙戏珠》等，技艺特点是构图严谨、造型生动、雕工精细、色泽古朴、质地细润。2014年，隆德魏氏砖雕入选第四批国家级非物质文化遗产代表性项目名录。②

3. 根雕

根雕是中国传统雕刻艺术之一，主要以树根的自生形态及畸变形态为艺术创作对象，通过构思立意、艺术加工及工艺处理，创作出人物、动物、器物等艺术形象。固原市彭阳县有不少根雕艺人，他们对树根进行雕刻创作时，十分注重对树根自身生长形态的顺应，通过树根的天然形态，辅助人工处理修饰，尽量做最小的改动来表现艺术形象，所谓"三分人工，七分天成"说的

---

① 硬雕的制作流程：①选土：选择质细无砂的优质土，按一定比例混合。②酿泥：将几种土壤混合后加水制成粗泥，按一定的比例加入其他辅料，再用木棒、梛头反复敲砸，使泥质细腻、润滑。③制坯：按需求将酿好的泥制作成各种形状及大小的青砖坯模。④阴干：将坯模遮光完全阴干后，准备装窑烧制。⑤烧制：入窑，炭火连续烧数日后呛色，自然降温5天左右就可出窑。⑥雕刻（硬刻）：在精选烧好的青砖上用各种刻刀刻制成各种图案，一个大的图案往往出几块甚至十几块青砖拼接在一起。雕刻工艺包括打磨、构图、雕刻、细磨、过水、编号、拼接、修饰等多道工序。制作工具有折尺、锯子、刨子、铲、錾、刻刀等，其中铲、錾、刻刀又随工艺要求分轻重、大小、长短、刃口宽窄薄厚数种。雕刻手法则以阴刻、阳刻、浅浮雕、高浮雕、透雕穿插进行，画面起伏变化极具立体感。⑦打磨：将雕刻完成的砖雕作品进行细致的打磨，过水去掉砖灰，最终完成作品。
② 宁夏非物质文化遗产保护中心编《宁夏非物质文化遗产项目名录：增补本》，宁夏人民教育出版社，2017，第126页。

就是这个道理。根雕不仅是一件艺术品，更象征着一种生活态度，心境恬适，手随心走，这样创作出的作品才会自然流畅，更富魅力。

4. 石雕

中卫石雕在宁夏较有特色，其历史可以追溯到旧石器时代，以中卫大麦地岩画为证。在当地遗留的明清时期的石雕作品有石碾、石磨、磨槽、柱顶石、台阶石、石狮、柱础、梁枋、石碑等。"在当地寺院建筑中，石雕广泛应用于建筑构件和装饰上。一是作为建筑构件的门框、栏板、抱鼓石、台阶、柱础、梁枋、井圈等，二是作为建筑物的附属品，如石狮、石碑、石羊、石猪等。"① 从其雕刻技法来看，包括圆雕、浮雕和平雕等。

（四）六盘山抟土瓦塑制作技艺

抟土瓦塑是中国史前文化起就已产生的生产、生活技艺。据资料显示："在旧石器时代，六盘山地区就有人类的繁衍和生息，他们辛勤劳动所遗留下来的抟土、削土瓦器，成为中国悠久历史文化的一个重要组成部分。在新石器时代，窑址遍布六盘山川，在固原的四县一区均有被遗弃的窑址。"② 雕土、削土成器后，用火烧制，再加工打磨，制造出屋瓦、罐、盆等一系列生活用品。由于跟生活关系密切，历代所创造的土瓦器很自然便留下了象征特定历史阶段社会文明的烙印。六盘山抟土瓦塑文化遗存积淀深厚，具有"古""贵""多"的特点。其制作难度大，主要靠师承传授和个人悟性。回族花式和汉族纹样的巧妙结合使六盘山抟土瓦塑线条粗犷、纹理清晰、造型简练、色泽厚重、民族

---

① 陶雨芳主编《中卫非物质文化遗产名录》，宁夏人民教育出版社，2014，第98~99页。

② 宁夏非物质文化遗产保护中心编《宁夏非物质文化遗产项目名录：增补本》，宁夏人民教育出版社，2017，第133页。

特色鲜明，构成了六盘山抟土瓦塑手工技艺的风格。[1] 六盘山地区土层干净，矿物质含量高，为瓦塑业的发展提供了质量上乘、充足的原料基础。六盘山抟土、削土瓦塑生产分为削土成器和抟土成器两种形式，整个生产过程有配土、制作、成型、坯体装饰、烧制和产品加工等20多道工序。其中，在成型工序中，捏泥成型是瓦塑的最基本方法，其主要特征是不借助任何工具，随意捏来，能充分体现瓦塑者的构思和造型观念。2009年，六盘山抟土瓦塑制作技艺入选第二批自治区级非物质文化遗产代表性项目名录。[2]

（五）古建筑营造技艺

宁夏较有特色的古建筑营造技艺包括固原传统建筑营造技艺和中卫建筑彩绘技艺，两者均于2016年入选第四批自治区级非物质文化遗产代表性项目名录。[3] 2021年，固原传统建筑营造技艺入选第五批国家级非物质文化遗产代表性项目名录，中卫建筑彩绘技艺入选第五批国家级非物质文化遗产代表性项目扩展项目名录。

1. 固原传统建筑营造技艺

固原市原州区的民间古建筑技艺以口传心授的传承方式延续至今，这门技艺包含石匠、木匠、泥瓦匠、油漆工、彩绘等多个工种和工序。从事这项工作除了要懂得建筑行业所需要的各门专业技术外，还要熟悉前辈传授的经验和当地民俗影响下的一些"讲究"或"规矩"，涉及天文、地理、风水等多门学科，要熟

---

[1] 周庆华主编《固原市非物质文化遗产名录（第1辑）》，宁夏人民教育出版社，2011，第61页。

[2] 宁夏非物质文化遗产保护中心编《宁夏非物质文化遗产项目名录：增补本》，宁夏人民教育出版社，2017，第95页。

[3] 宁夏非物质文化遗产保护中心编《宁夏非物质文化遗产项目名录：增补本》，宁夏人民教育出版社，2017，第218~219页。

知儒家、道家、佛教等传统文化。如"开山伐木、破木造作、立木上梁"等动工造作或做到关键部位时，都要依皇历择吉时。原州民间古建筑技艺的代表作是固原市古雁岭仿古建筑。

2. 中卫建筑彩绘技艺

建筑彩绘是中国建筑史上历代相传的常见而又重要的装饰手法，在木质建筑结构上绘制彩色装饰画，具有装饰建筑和保护木结构的作用。中卫市古建筑彩绘技艺结合当地传统习俗，根据建筑的不同组成部分采用不同的彩绘手法，建筑外观以旋子彩画形式配彩[①]，走廊采用苏式彩绘形式[②]，点缀宗教故事、山水花鸟、诗词格言等。在工艺手法上突出中卫传统特色旋子彩画风格，如"油饼圈子""狗尾巴云子""猫蹄子窝""如意头""松节彩子"等。基本步骤有扎缝刷底油、批灰打底、绘图放样、沥粉彩画、设色涂刷。代表作品多呈现于中卫高庙。

（六）六盘山木版年画

六盘山木版年画是一种古老而独特的民间印刷雕刻技艺，其以木质细密、适宜水印、经久耐用的梨木为底板，采用传统木版水印雕刻技艺，用水墨印线版，红、黄、蓝、紫四色水印套色，印出的年画具有形式多样、构图饱满、线条简练、色彩鲜明等艺术特点，具有浓厚的乡土气息和地方特色。六盘山木版年画分年

---

① 旋子彩画，又称学子、蜈蚣圈，是中国古代建筑上古建彩画风格的一种，在等级上仅次于和玺彩画，可广泛见于宫廷、公卿府邸。旋子彩画因藻头绘有旋花图案而得名。旋子彩画主要绘制于建筑的梁和枋上。色调主要是黄色（雄黄玉）和青绿色（石碾玉）；线条用金线和墨线勾勒，旋子花心用金色填充。绘制在梁枋上的彩画画面通常分为三段，中间是枋心，两边分别是藻头和箍头。

② 苏式彩绘源于江南苏杭地区，是民间建筑使用的主要绘画形式，俗称"苏州片"。一般用于园林中的小型建筑，如亭、台、廊、榭以及四合院住宅、垂花门的额枋上。苏式彩绘画面内容丰富，自然山水、花鸟鱼虫、各式人物一应俱全，由建筑的主人按照自己的意愿、喜好而定，这种精妙的建筑设计包含美学、民俗学、建筑学、历史学等各种文化内涵。

货和细货两种。年货，即过年用的门神、神笺、神码云子等，由于习俗的原因，正月过后就要揭下用火烧掉，所以制作工艺较为粗放，形式简单，色彩明快；细货大多悬挂在屋里的墙壁上，做工用料非常讲究，力求精致，保存长久。六盘山木版年画有门画、中堂、对联、条屏、窗画、炕围画、灶画、年历等。西吉县任家年画商号"戎义兴"，"从事木版年画印刷、生产、销售距今已有200多年的传承历史，其传承人任振斌现移居银川市西夏区，在镇北堡影城用家传老版印制、经营木版年画"[1]。年画是人们在春节喜迎新年的必备品，年画中许多朴实美丽的传说故事反映了人们对美好生活的祝福和祈愿，是农耕社会传承已久的民间文化，对研究六盘山地区的农业生产发展以及民俗风情等具有重要的参考价值。2012年，六盘山木版年画入选第三批自治区级非物质文化遗产代表性项目名录。

（七）花灯扎制技艺

花灯，又名彩灯、灯笼。在古代，其作用主要是用来夜间照明，由纸或者绢作灯笼的外皮，骨架通常用竹或木条制作，中间放上蜡烛，成为照明工具。现代则以新式材料，结合声光电技术用于节日庆典、古镇、夜市经济的氛围营造等。隆德花灯扎制技术传承久远，是集美术、工艺、民俗等于一体、具有浓郁地方艺术特色的手工技艺。制作花灯通常以竹木、钢筋、树脂、纸张、绫绢、明球、玉佩、丝穗、羽毛、贝壳等为材料，经彩扎、裱糊、编结、刺绣、雕刻，再配以剪纸、书画、诗词等装饰制作而成，是多种材料、工艺、装饰的综合体。花灯成品有吊灯、座灯、壁灯、提灯、走马灯等几大类。花灯扎制的形状和装饰，以

---

[1] 宁夏非物质文化遗产保护中心编《宁夏非物质文化遗产项目名录：增补本》，宁夏人民教育出版社，2017，第199页。

及彩绘的精美程度往往能够显示出制作者匠心独具的技艺和智慧。吴忠市红寺堡区的花灯扎制技艺主要由其非遗传承人王国祥从固原市隆德县带来，并在当地进行传承和发展。其做花灯要先构思、设计图纸，然后扎骨架，最后再用剪纸、书法、绘画等技艺手法进行装饰，使制成的花灯精美细致、内涵丰富。如"六角走马灯"，以福、禄、祯、祥、寿、禧等为主题设计六个侧面，再在各个边角搭配蝙蝠、柿子等造型，寄寓双福献寿、事事如意等美好祝愿。2016年，花灯扎制技艺入选第四批自治区级非物质文化遗产代表性项目名录。[①]

（八）面塑

面塑俗称面花、礼馍、花糕、捏面人，以糯米面为原料，调成不同颜色，通过手工和简单工具塑造出各种栩栩如生的形象。面塑艺术早在汉代就已有文字记载，其历史可谓源远流长，经过几千年的传承和经营，面塑早已成为中国文化和民间艺术的一部分，也是研究历史、考古、民俗、雕塑、美学不可忽视的实物资料。宁夏各地群众在节日里做面塑，习惯用手或模子，通过挤、压、捏、印、划、刻、点、染等手法将其做成各种造型，再经过烧、蒸、炸、煮、烙、烤、煎等做法使其定型。造型最常见的有"麦穗""小鸟"及各种花瓣的形状（回族妇女称作"翻花花"，即将面团擀薄后，切成长方形，再用刀根据要翻的花瓣预先切几道豁口，然后用手翻成各种花样）。2010年，面塑入选银川市级非物质文化遗产代表性项目名录。[②]

（九）手工酿皮制作技艺

手工酿皮是宁夏传统饮食，流行于全区各地，石嘴山市大武

[①] 宁夏非物质文化遗产保护中心编《宁夏非物质文化遗产项目名录：增补本》，宁夏人民教育出版社，2017，第219页。

[②] 季妍、张洁主编《银川市非物质文化遗产项目名录汇编》，宁夏人民教育出版社，2012，第89页。

口区的手工酿皮尤其受消费者青睐。酿皮既可凉吃，也可加热吃，是当地宴席不可或缺的菜肴之一。酿皮制作过程相对简单，将面团用清水洗成面汤，沉淀后撇去浮水，再将面糊摊进镔铁盘内，放进开水锅中蒸熟。放凉后切成条，加上面筋①，拌上酱油、陈醋、蒜末、芥末、辣椒油和味精等调料，再放上少许胡萝卜丝或黄瓜丝，即可食用。"大武口酿皮"于 2018 年 2 月 18 日成功申报成为面粉制品地理标志集体商标。2019 年 6 月经自治区人民政府批准，石嘴山市大武口区的"手工酿皮制作工艺"被确定为第五批自治区级非物质文化遗产代表性项目。近年来，石嘴山市高度重视酿皮产业发展，把大武口酿皮确定为区域优势特色产业，对标"兰州拉面""沙县小吃"等国内知名小吃品牌，引导并支持大武口酿皮走品牌化、产业化、标准化发展之路。截至 2023 年 11 月，大武口区共登记注册酿皮生产经营单位 360 余家，位列全区同行业第一，年收入 1.8 亿元。

（十）茶饮

宁夏回汉各族群众有喝早茶的习俗，其中流行于回族群众间的盖碗茶和盛行于南部山区的罐罐茶较有特色。

1. 盖碗茶

盖碗茶是流行于宁夏各地的茶饮习俗，尤其受到回族群众青睐。因盛水的盖碗由托盘、喇叭口茶碗和碗盖三部分组成，亦名"三炮台"。回族群众把盖碗叫盅子，把给茶配料叫"抓茶"或"抓盅子"，把喝盖碗茶叫"刮盅子"。回族群众素有顺口溜："再穷的滩也有马，再穷的家也有茶。"盖碗茶一般包括

---

① 面筋的做法：煮一锅开水，当水滚烫来回翻滚的时候，将之前洗好的面团，揪成小块放在笼屉上进行蒸煮，蒸制纯手工面筋不需要加任何东西。用大火蒸 20 分钟左右即可。蒸好后，将面筋拿出晾凉，然后切成小块装在盘里备用。

红糖砖茶、白糖清茶、冰糖窝窝茶和八宝茶等。其中，八宝茶有红枣或沙枣、枸杞、核桃仁、桂圆、芝麻、葡萄干、冰糖（白糖或红糖）和茶叶等八种配料。讲究些的，有所谓的"白四品"，即陕青茶、白糖、柿饼、红枣；"红四品"，即砖茶、红糖、红枣、果干等。根据不同的季节选择不同的配料，冬天喝热性茶，夏天饮凉性茶，春秋季饮温性茶。茶沏好后，先用碗盖反复轻刮，使茶叶和果干快速入味，再用拇指压住盅盖滗着喝。随着人们生活条件的不断改善，八宝茶配料愈加丰富，茶叶不仅有茉莉花茶、陕青茶，还有碧螺春、铁观音、毛尖、龙井等。2019年，八宝茶入选第五批自治区级非物质文化遗产代表性项目名录。①

2. 罐罐茶

罐罐茶，俗称"倒罐罐"，深受宁夏南部山区回汉各族群众喜爱，尤为老年人所青睐。罐罐茶的茶罐通常为圆筒形的粗砂黑釉小砂罐或搪瓷缸，放入砖茶，倒上凉水，放到一个篮球大小的泥制木炭炉或铁炉上进行熬制，当茶水熬成咖啡色后，茶水翻滚多次倾倒成线，饮用效果最佳。罐罐茶中可放入少许红糖或白糖，味香浓苦涩中带点甜，沁人心脾。饮用时，倒入小茶盅，边熬边喝边交谈，具有提振精神和助消化的作用。

（十一）特色饮食制作

宁夏盛产滩羊，较有地方特色的饮食习俗有手抓羊肉、羊杂碎和黄渠桥羊羔肉等。这些特色饮食在选材、配料上都有自己特殊的讲究，体现了明显的地方特色和民族风味。其中，黄

---

① 《自治区人民政府关于公布第五批自治区级非物质文化遗产代表性项目名录的通知》，宁夏回族自治区人民政府官网，http：//www.nx.gov.cn/zwgk/qzfwj/201906/t20190611_1543985.html。

渠桥羊羔肉制作技艺 2007 年入选首批自治区级非物质文化遗产代表性项目名录;[①]宁夏手抓羊肉制作技艺 2009 年入选第二批自治区级非物质文化遗产代表性项目名录,[②] 2021 年入选第五批国家级非物质文化遗产代表性项目扩展项目名录;羊杂碎制作技艺(杜优素羊杂碎手工制作技艺)2019 年入选第五批自治区级非物质文化遗产代表性项目名录。[③]

除此之外,宁夏较有特色的饮食还有生氽面、蒿子面、擀面皮等。其中,中宁蒿子面制作技艺 2007 年入选首批自治区级非物质文化遗产名录,[④] 2021 年入选第五批国家级非物质文化遗产代表性项目扩展项目名录。该面食独居地方风味,做法考究。其做法是,将野生蒿草籽磨成的粉掺进面粉或荞麦面中用碱水和成,做成长条细面,配以羊肉臊子,吃起来爽滑可口,深受人们的喜爱。中宁蒿子面在说法上也有很多讲究,为老人祝寿或给小孩过生日时吃蒿子面称为吃"长寿面",逢年初七、婚丧嫁娶时称"拉魂面"。

(十二)剪纸

剪纸是人们喜闻乐见的一种手工装饰艺术,长期以来它的传承与发展和民俗活动紧密相连,是宁夏南部山区群众节庆婚娶不可或缺的装饰和点缀。其中,"百年合好""龙凤呈祥"等图案不仅表达了对新人的美好祝福,也呈现喜庆的美感。2014 年,

---

① 宁夏非物质文化遗产保护中心编《宁夏非物质文化遗产项目名录:增补本》,宁夏人民教育出版社,2017,第 95 页。
② 宁夏非物质文化遗产保护中心编《宁夏非物质文化遗产项目名录:增补本》,宁夏人民教育出版社,2017,第 95 页。
③ 《自治区人民政府关于公布第五批自治区级非物质文化遗产代表性项目名录的通知》,宁夏回族自治区人民政府官网,http://www.nx.gov.cn/zwgk/qzfwj/201906/t20190611_1543985.html。
④ 宁夏非物质文化遗产保护中心编《宁夏非物质文化遗产项目名录:增补本》,宁夏人民教育出版社,2017,第 5 页。

宁夏剪纸入选第四批国家级非物质文化遗产代表性项目名录。[①]海原剪纸、同心剪纸和隆德剪纸是宁夏剪纸艺术中的突出代表。

1. 海原剪纸

海原剪纸历史悠久，早在元明时期就有剪纸作品出现。海原剪纸按照裁剪方法，大致可分为折剪、迭剪、衬色、套色、拼色、染色、填色七个类型；按照纹样可分为人物、鸟兽、文字、器用、花木、果菜、昆虫、山水等式样。取材大多以人物、动物、花卉、草木为主，剪纸艺人凭借生活中常见的事物，通过谐音、象征等手法，构成寓意性很强的艺术画面，如《连年有余》《龙凤呈祥》《吉庆如意》等。剪纸艺人伏兆娥被联合国教科文组织授予"中国民间工艺美术大师"称号，其作品《永久和平》曾被中国剪纸协会印制成贺年卡远销国外。1993年，海原剪纸被文化部授予"民间剪纸艺术之乡"称号。[②]

2. 同心剪纸

同心的剪纸艺人以回族居多，多反映回族生活和审美习俗，不剪回族禁忌的内容，喜欢用静物来表达雅静、唯美的感觉。同心剪纸在单色的基础上常常使用套色剪纸艺术的表现手法，使作品虚实对比强烈、风格明快大方，具有较强的感染力和表现力。窗花、喜花、贴花等装饰性剪纸随处可见，有些图案常被用作鞋袜、衣裤、枕套、荷包等绣花底样。在题材选择上喜用牛、羊、鸡等温顺动物和汤瓶、盖碗等与回族日常生活相关的物品，受传统习俗影响，不剪丑陋、凶猛的动物，多以家乡的山川草木来表

[①] 宁夏非物质文化遗产保护中心编《宁夏非物质文化遗产项目名录：增补本》，宁夏人民教育出版社，2017，第46页。

[②] 宁夏百科全书编纂委员会编《宁夏百科全书》，宁夏人民出版社，1998，第761页。

达对生活的热爱和感悟。

3. 隆德剪纸

通过一代又一代剪纸艺人不断的创新发展和日臻完善，隆德剪纸形成了鲜明的区域特征。裁剪手法有阳剪、阴剪、阴阳剪、熏剪、套色剪等，剪法流畅、细腻，图案千姿百态，形象生动逼真。在表现花卉和动物题材时，经常将两者结合起来，如老鼠与葡萄、金鱼与荷花、兔子与白菜、荷花与鸳鸯、猴子与仙桃等。除了表现农村生产生活、花鸟鱼虫，用于环境装饰和点缀外，大多数作品与当地的各种民俗活动，包括各种传统的节日、礼仪以及家庭成员生育、婚庆、寿庆等分不开。传统纹样有"龙凤呈祥""双喜梅""鱼戏莲""凤鸟牡丹""麒麟送子"等。每逢春节，家家剪刻各色"挂笺"，五彩缤纷，氛围喜庆。

（十三）宁夏刺绣

刺绣在宁夏也叫"扎花"，是岁令和节日礼仪必不可少的装饰陈设和馈赠亲友不可多得的民俗工艺。刺绣作品观赏性与实用性并举，不仅绣品图案精美，而且还因其反复绣缀具有较好的耐用性。绣品可作为居室的装饰，如桌布、床单、被单等，还可作为出嫁姑娘的陪嫁物，如枕套、枕巾、鞋垫、围裙、门帘、盖头、褥面等，从床上的铺盖到身上的穿戴都绣有精美的图案和吉祥的花纹。宁夏刺绣作品以花草和抽象的几何图案较为常见，花卉纹样有牡丹、荷花、夹竹桃、梅花等，有生命力的动物像蝴蝶、蜜蜂、喜鹊、孔雀、凤凰、鸳鸯等，多只是在图案中作为点缀。针法质朴、细腻，技法有错针、乱针、网绣、锁丝、衲丝等，在表现手法上追求和谐对称，丝线色彩搭配十分得当。2021年，宁夏刺绣入选第五批国家级非物质文化遗产代表性项目扩展项目名录。

（十四）民间器乐

宁夏较有民族地域特色的民间器乐包括口弦、泥哇呜和咪咪。2006年，以口弦、泥哇呜和咪咪为代表的回族民间器乐入选首批国家级非物质文化遗产代表性项目名录。[①]

1. 口弦

口弦，又称"口琴子"或"篦弦"，是宁夏回族妇女表情达意、自娱解闷且便于携带的小型弹拨乐器。分竹制口弦、金属口弦两种。演奏时用嘴含住簧片，用手拨动尖端伸出的钩簧发音，能弹出音色不一、富有节奏的韵律。传统曲调有《廊檐滴水》《骆驼铃》《珍珠倒卷帘》等。

2. 泥哇呜

泥哇呜，又称"泥箫"或"牛头埙"，属古代乐器"埙"的流变，有秤锤形、牛头形、管形、鱼形等多种形制，均用黄胶泥捏成。一般顶端有1个吹孔，正面开4个音孔，背面开2个音孔。长约9厘米，腹径约8厘米，牛头埙上宽下窄，吹孔在上方。传统泥哇呜音域较窄，人们多用它吹奏一些简单、缓慢的曲子，如《小白菜》《北风吹》《打夯》《嚷场》等。随着泥哇呜制造技术的不断提高，泥哇呜的音孔已经由原来的5~7个增加到了12个，可演奏完整的乐谱。

3. 咪咪

咪咪，又称"咪管"或"筚筚"，是用两根约五寸长、小指般粗细的竹子管或铜管做成，类似于竖排的吹箫。咪咪种类多样，有单管和双管多种形制。一般用竹管或铜管自制

[①] 宁夏非物质文化遗产保护中心编《宁夏非物质文化遗产项目名录：增补本》，宁夏人民教育出版社，2017，第10页。

而成，也有用嫩柳条或者燕麦杆制作而成的。管上开六个音孔，吹口处装有用嫩树皮制成的发音器，其中以"猫儿刺"的枝干发音最佳。咪咪以中合音为主，较适合"花儿"和宴席曲的演奏。

（十五）隆德许川地摊戏

隆德县是陕西关中眉户戏的传承地之一，当地百姓因其曲调悦耳动听，具有令人听之入迷的艺术魅力而称其为"迷糊"，又叫"老眉户"。眉户戏剧班可以在庭院、村道、田间地头随时随地演出，故名"地摊戏"。相传清朝末年，"地摊戏"（又名"耍社火"）在隆德县就已经相当兴盛。演出从正月初三开始到二月初二结束，历时一个月时间，有的戏剧班在村里应接不暇，几乎每晚都要走村入户进行演出。二月初二晚上演出结束后，戏剧班在"社火头"的带领下拔下道具狮子少许毛并带上个别戏服到庙里烧点，名曰"烧社火"，表示地摊戏演出结束，一年劳作开始。据调研，隆德县104个自然村中有近70%的村庄都曾经或者有过耍"地摊戏"的经历。各个村子"地摊戏"的演出形式及演出曲目基本相同，但也存在一些细微差异。其中，沙塘镇许川村的地摊戏更有特色，经过当地村民口传心授，流传至今的口传眉户剧本有《秋莲捡柴》《打渔杀家》《李彦贵卖水》《三娘教子》等50多个，曲调有"哭调""东调""西凉调""莲香调""背宫""五更"等20余种，表演形式有秋歌舞蹈类、戏剧表演类、鼓乐类、三弦坐唱类4种，传承历史已达200余年之久，是剧目、曲调和表演形式保存完整、参与人数众多、传承历史悠久的地方戏剧。2016年，隆德县沙塘镇许川村地摊戏入选第四批自治区级非物质文化遗产代表性项目名录。①

（十六）高台马社火

高台马社火是在高台上完成的一种集表演、造型、语言、彩绘、手工制作等多种艺术形式于一体的观赏艺术，通过民间艺人代代相传、不断创新，被称为六盘山地区民间艺术的活化石。高台，又称"芯子"，是用建筑材料制成框架，再配以人物造型制作而成。具体来讲，就是在用厚木做成的供桌中间凿一个圆孔，穿入木棒芯（后以铁、铜为芯），芯下端连接磨盘或碌碡之类重物固定架实，上部根据扮演者的姿态制成不同框架，把扮成戏剧人物的表演者固定在上面，再根据剧情，用花卉、草木、动物及亭榭等道具巧妙伪装遮掩，给人以真实、奇巧、玄妙之感。其实，最初高台和马社火是分开的，高台是在供桌上，而马社火则在马背上塑造人物形象。发展到后来，两者融为一体，称为"高台马社火"。20世纪80年代，当地村民在拖拉机车厢内做一个圆盘，装上滚珠、齿轮，竖直装一根铁棍，焊一个圆盘，利用力的原理，拨圆盘能使铁棍旋转升降，这便是高台转台。在"表演车"行走过程中，有人专门在拖拉机上拨动转轮，整个高台便会旋转起来，这时各种人物造型翩翩起舞，惟妙惟肖。高台马社火多呈现《盗仙草》《西游记》等经典戏剧的场面造型。高度一般为4~6层，六层高度可达8米。若选用优质钢筋做铁芯子，在安全基础上可以做得更高。21世纪以来，隆德县每年通过社火展演等系列活动，开展培训、展演，近千人参加，使这一民间传统优秀文化艺术得到较好的传承和保护。2008年，隆德县高台马社火入选首批国家级非物质文化遗产代表性项目扩展项目名录。

---

① 宁夏非物质文化遗产保护中心编《宁夏非物质文化遗产项目名录：增补本》，宁夏人民教育出版社，2017，第231~232页。

（十七）皮影戏

皮影戏，又称"影子戏""灯影戏"，或"牛皮灯影子"，是一种用灯光照射幕布，通过用兽皮刻制或纸板做成的人、物的投影，对某一故事进行边表演边歌唱的民间表演艺术形式。皮影戏工艺常用牛皮、驴皮、羊皮或纸板为材料，制作成各种人物、动物、山石、草木、桌椅等形象，各种形象的组成部件均各自独立，可用线连成一体，以连杠的形式由演员在布影下操作演出。皮影戏透明度高、立体感强，造型以戏剧人物为主体，同时兼以布景陈设物，人物头、身、四肢皆具动感，这样既便于演出，又有审美价值，几乎一草一木、一人一物、一衣一帽都刻印着中国古代文化的符号。皮影戏尽管场面小，但和其他剧种一样，生旦净末丑角色齐全，马枪棍剑戟样样不少，提袍甩袖，翻转武打，栩栩如生。皮影戏的表演者被称为"挑线毛"，也叫"线子毛"，有的地方称"掌纤手"，这是演出中的关键人物，皮影戏演得好坏与否，主要看"挑线毛"的技术如何，推、拉、捻、转、摆、跃、勾是其基本表现手法。一般来说，"挑线毛"都是技术拔尖、表演娴熟的人，既能唱又能耍，如把武打影人的肩棍，分在四个指头缝中，一手可拿4个影人、两手可拿8个影人对打。观众在亮幕上看到的满是人影，混杀一场，场面杀气腾腾、腾云驾雾，但其实是一个人的把戏。皮影戏小而简单，总共只有六、七名演员自拉自唱自打，道具小，一箱可装完。所用乐器，主要由打击乐、管乐和弦乐组成。打击乐有板鼓、战鼓、小锣、大锣、镲、梆子、碰铃等；管乐有唢呐、笛子等；弦乐有板胡、二胡、三弦等。但演奏多以铜锣、唢呐、板胡、二胡为主。唱腔大都采用当地秦腔、陕北道情、眉户等曲调，其音乐独具特色，节奏明快，高亢激越，清脆悦耳，婉转动听，其中道白大都采用方言土语，诙谐幽默，听后使人忍俊不禁，捧腹大笑。流传于宁夏各地的皮影戏剧目有《下河东》《武松打虎》《三打白骨精》《三英战吕布》《孙悟空大闹天宫》《神魔钻天入地》等一百余种。2007年，皮影戏入选首批自治区级非物质文化遗产代表性项目名录。①

（十八）宁夏山花儿

"花儿"又称"少年"，是流传在甘肃、宁夏、青海和新疆等地区的一种山野民歌。由于音乐特点、歌词格律和流传地区的不同，花儿的演唱又被分为河湟花儿、洮岷花儿和六盘山山花儿等流派。宁夏南部山区回汉各族群众是花儿的创造者、演唱者和传播者。因地处六盘山地区，这里的花儿也被称为六盘山山花儿。当地俗称"干花儿""山曲子""野花儿"。六盘山山花儿是具有宁夏地方特色的一种民歌，主要分布在吴忠市同心县、固原市原州区、西吉县、泾源县和中卫市海原县等中南部山区，受到山歌、小调、民族特色的影响，糅合了河州花儿、信天游、爬山调等宁夏周边地区民歌的调式和当地小曲子的一些特点，在音乐风格上以生动、形象的比兴起句，文辞优美，格律严谨，自成一体，反映了宁夏当地人的审美文化、风俗习惯等。宁夏山花儿的演唱形式有四种：漫花儿、对花儿、合花儿、联花儿。"漫花儿"通常只有一个人演唱，它随意性强，歌手可以即兴发挥，在田野、路上、山涧随处都可以歌唱。"对花儿"由两人或两人以上用问答形式演唱，内容包含的知识面非常广，具有相互较量、试比高低的势头。"合花儿"为一人领唱众人合唱的形式。"联花儿"是将不同调式的"花儿"连接起来，调式工整对比性强，节奏欢快，节拍丰富，变化多样。"花儿"的内容大多为情

---

① 季妍、张洁主编《银川市非物质文化遗产项目名录汇编》，宁夏人民教育出版社，2012，第31页。

歌，也有一些以表现人们的日常生活为主题的。一般多是四句或六句，歌词多即兴创作，通俗易懂，且不避俚语俗词。"山花儿"最早产生于山野田间，歌手们在辽阔空旷的环境中无拘无束，放声高歌，所以它的曲调多高昂、奔放、粗犷、悠扬，表现了人们对幸福生活和纯真爱情的追求和渴望。代表作品有《黄河岸上牛喝水》《看一趟心上的尕花》《花儿本是心上的话》等。2006年宁夏山花儿入选首批国家级非物质文化遗产代表性项目名录，2009年由甘肃、青海、宁夏三省区共同申报的"花儿"入选联合国教科文组织人类非物质文化遗产保护项目名录。[1]

（十九）六盘山区春官送福

六盘山区春官送福以西吉社火春官词为代表，是固原市西吉县古老的民间口头文学形式，具有浓厚的地方特色，对于丰富当地群众的文化生活、提高人民群众的文化素质，具有重要作用。当地流行的春官"报春"说唱形式，源于古代的春官活动。[2] 资料显示，古代春官"唱春"活动主要集中在每年农历的十一月前后。明清时期，西吉"说春官"人数居多，他们身背褡裢，装着《二十四节气表》，翻山蹚河，走村入户，来到农户家即兴说唱，音调高亢嘹亮，随口呵成报春歌。[3] 发展到后来，逐渐成了西吉春节必不可少的一种民俗文化活动形式。在西吉民间，素有"春节离不开社火，社火离不开春官"之说。春官说唱，开头先唱《五门财神》《十送》等固定曲目，接着会根据听众的职业情况，遇农户就唱《二十四节气歌》及有关务农方面的歌，

---

[1] 宁夏非物质文化遗产保护中心编《宁夏非物质文化遗产项目名录：增补本》，宁夏人民教育出版社，2017，第8页。

[2] 民间掌握天文历法的人，在官方赞助、组织下，以农业生产和农村社会生活的需求为基础，到乡村民间宣传普及有关农业节气和农musicians知识。

[3] 周庆华主编《固原市非物质文化遗产名录（第1辑）》，宁夏人民教育出版社，2011，第139~140页。

遇木匠就唱《木匠春》，遇铁匠就唱《铁匠春》。西吉社火春官词内容丰富，形式多样，涉及社会生活的方方面面，多以普通百姓的平常生活、风俗习惯、生产劳动为素材，千年万物，见啥说啥，自然随和。讲究天时、地利、人和，突出喜庆、祥和、吉利、平安、祈福、辞旧迎新等内容，采用触景生情、借题发挥、锦上添花、报喜忌忧的方式，语言活泼，押韵顺口，通俗易懂。近年来，西吉县加大了对社火春官词的传承和保护力度，整理出版了《西吉春官词》，并对其产生背景、艺术渊源、艺术传承人进行了挖掘和整理，这对研究西吉社会、历史、文化、民俗、方言等具有重要的文献价值。2009年西吉社火春官词入选第二批自治区级非物质文化遗产代表性项目名录，2021年六盘山区春官送福入选第五批国家级非物质文化遗产代表性项目扩展项目名录。

（二十）民族传统婚俗

回族传统婚俗是宁夏较有代表性的民族传统婚俗。回族婚礼是回族群众一生中最重要的节庆礼仪之一，回族老人常常把给儿子举行婚礼、完婚叫"卸担儿"，认为这是孩子的"终身大事"，是老人的责任。回族群众对儿女的婚礼特别重视和讲究，包括请媒人提亲、簪腰①、娶亲、念"尼卡哈"②、表针线③、闹洞房、回门④等程序。回族婚礼仪式由阿訇主持，具有浓郁的民族特征

---

① 也叫"道喜"，男方到女方家，女方家设宴款待。吃完宴席，双方当着众亲戚朋友的面，互道"色俩目"，表示这门婚事已经定下，决不反悔。
② 新娘子到新郎家后，由阿訇给新郎新娘念"尼卡哈"，表示两人正式结为夫妻，婚后要孝敬父母，互敬互爱，白头到老。
③ 过去是为了看新娘子的针线活做得如何，将她未出门时给公婆做的鞋、丈夫的衣服、绣花枕套、荷包等展示出来让众人欣赏。现在主要是看娘家陪嫁了什么嫁妆，以及男方家给新婚夫妇购置了什么家具、电器以及生活用品等。
④ 回门也叫回娘家，婚礼后三天或七天，新郎要准备礼品陪同新娘回门，看望岳父母及亲属。岳父母家也要事先做好准备，款待女婿女儿。新娘家亲戚也要一家挨一家地请新郎、新娘吃饭，新娘一般住上三五天后再由新郎接回家。

和地域特色。2011年，宁夏申报的民族传统婚俗入选第三批国家级非物质文化遗产代表性项目名录。

（二十一）隆德民间社火脸谱

隆德县民间社火脸谱传承至今已有千年历史，逢年过节尤其是农历正月，村民们都要耍社火、唱秦腔，对社火脸谱格外青睐。全县13个乡镇几乎村村都有社火脸谱爱好者和"非遗"传承人，但较具特色的社火脸谱主要分布在温堡乡、山河乡等乡镇。社火脸谱刻画在当地有着约定俗成的模式，除了脸谱本身特有的色彩、图案、线条外，还需要根据表演者脸型的不同做出灵活调整。社火脸谱是一种哑巴剧，因此必须通过较强的视觉效果，如肤色、疤、痣、纹等来突出人物性格。由图案见性格，用色彩寓褒贬，"红忠、紫孝、黑正、粉老、白奸、黄狠、蓝勇、绿暴、神佛精灵、金银普照"是反映忠奸、善恶、美丑等特征的寓意规则。眉和眼角亦有固定模式，眉分疙瘩眉、横须眉、星斗眉。一般武将为疙瘩眉，笔墨粗犷，表示勇猛刚直。在颜料及使用方法上，社火脸谱与戏剧脸谱有较大差异。油彩仅限于戏剧舞台短期使用，而社火脸谱则要长时间晒露于户外，所以隆德社火脸谱需将锅墨（柴火煮饭的锅底黑灰）、猩红、朱砂、石黄、石绿、宝蓝、铅粉等天然矿物质的固体细粉颜料，按一定比例加入蜂蜜、鸡蛋清、冰糖水，用手调匀揉匀，根据戏剧人物调色上妆。2009年，隆德民间社火脸谱入选第二批自治区级非物质文化遗产代表性项目名录。[1]

（二十二）盐池秧歌

在盐池流行的秧歌，主要是随着陕甘宁边区秧歌运动的兴起

---

[1] 宁夏非物质文化遗产保护中心编《宁夏非物质文化遗产项目名录：增补本》，宁夏人民教育出版社，2017，第94页。

而趋于完善，并融入地方戏曲，是集舞蹈、歌唱、戏曲、杂技于一体的民间大型集体舞蹈形式。秧歌队多以自然村为单位自发组织，经有经验的"老把式"传授，集体排练后可走街串巷进行表演，是当地节庆必不可少的民俗娱乐活动。在秧歌表演过程中，人们主要通过动作的大幅摆动来表达节日的喜庆和丰收的喜悦，参加人数众多，场面宏大，气氛热烈。群体演出中又注重民间艺人个人技巧的展现，每个艺人都把自己高超的技艺融汇在集体中，形成气势恢宏的演出场面。盐池秧歌分为高跷秧歌和地面秧歌。伴奏乐器以吹打乐为主，曲调主要为唢呐牌子曲，兼专小调之类，吹奏时使用中音唢呐，打击乐有大鼓、大锣、大钹、小锣、小钹、小钗和小堂鼓等。全场以大鼓的鼓点为主引领着整场秧歌的变化，演奏时前呼后应，音色音量对比鲜明。演出队伍在指挥的引领下可扭出"走长城""麻花辫儿""蛇蜕皮"等队形，队尾有扮相奇特的蛮婆、蛮汉，以及划旱船、跑驴等风趣幽默的表演，与主体秧歌相互衬托，增加了观赏性和感染力。2016年，盐池秧歌入选第四批自治区级非物质文化遗产代表性项目名录。①

（二十三）打梭

打梭②是古代娱乐活动击壤③游戏的变形，曾在泾源、海原、

---

① 宁夏非物质文化遗产保护中心编《宁夏非物质文化遗产项目名录：增补本》，宁夏人民教育出版社，2017，第218页。
② 梭，也称"杂"，是一种木质状若织布用的"梭"，两头尖中间圆，长约10厘米，直径2~3厘米，用击梭板合在一起，就可进行打梭活动。
③ 击壤，是古代的一项投掷游戏，把一块鞋子状的木片侧放在地上，在三四十步处用另一块木片去投掷它，击中的就算得胜。相传早在帝尧时代就已经出现，距今至少有四千年的历史了。晋皇甫谧《高士传》卷上："壤夫者，尧时人也。帝尧之世，天下太和，百姓无事。壤夫年八十余而击壤于道中，观者曰：'大哉！帝之德也。'壤夫曰：'吾日出而作，日入而息，凿井而饮，耕田而食，帝何德与我哉！'"。

同心等县广泛流传，是20世纪八九十年代当地青少年较为喜欢的一种竞技性体育运动。比赛时，由若干人组合在一起，分为人数相等的两队，互相对弈。对弈前，先在平坦开阔的场地，画出一个半径1.5~2米被称为"城"的圆圈儿，然后两队中的领队通过民间比赛方法（如打砂锅或石头、剪刀、布的方法）分出输赢，胜出一方为攻方，负方为守方。对弈开始，攻方先派出一名队员站在"城"前，不能踩到圆圈儿的弧线，一手握梭用击梭板（或棍）将其击出，守方队员则分散站在离"城"15~20米开外的正前方用接梭板或草帽进行截击，如果击出的梭在落地前被守方任何一名防守队员用击梭板击中或用草帽等物体接住，即为"击杀"，攻手就被淘汰出局；如果击出的梭儿在空中未被防守队员接住或击中后又落地则进攻有效。在这一阶段，攻手击梭要尽量击得远、落得快，或者通过放空档迷惑对方使他们不能触及，成功概率就会大大增加，而守方队员须动作敏捷、跑得快，才能在飞来的梭儿落地前将其截击。当梭儿未被"击杀"而落地后，守方队员要捡起梭儿站在离"城"15~20米处的掷梭线处。这时，比赛进入投杀阶段。守方要在队员中选出最有经验的人员，将梭儿通过投掷技巧用力甩入"城"内。攻手则手持击梭板站在"城"外弧线处，全力以赴防范"投杀"，尽力在梭儿落入"城"前将其击出。投手掷梭要准确、快速且能巧妙躲开攻手防范。如果梭儿落入"城"中，则"投杀"成功，攻手即被淘汰出局；如果梭儿被攻手截击或未投进"城"中，则攻手就会持击梭板敲击梭尖，待其蹦起时迅速用击梭板击出，击出的距离就是攻手成绩。然后换下一名队员继续类似程序，当攻方全部队员都完成后，计攻方总成绩。随后，攻守双方互换角色。待一轮比赛结束后，根据双方的成绩定输赢。此时，进入"喝梭"阶段。胜方队员站在"城"前将梭击出，击打出的距离越远越好，输方队员要轮流"喝梭"，就是将击出的梭儿捡回"城"中，往返要一口气喊"梭儿……"中途不能换气。假如击出的梭儿距离很远，而捡梭儿的人在往返途中上气不接下气，喊"梭儿……"时断了声，就得就地停住，等打梭的人跑过去爬到他的背上，让他背回来。此时，比赛进入高潮阶段，呼喊声不断，整个比赛生动而富有情趣。2007年，打梭入选首批自治区级非物质文化遗产代表性项目名录。①

（二十四）方棋

方棋，俗称"丢方""下方""搁方""占方"，是流传于宁夏中南部山区的一种传统民间棋类智力竞技性娱乐项目，简单易学又变化无穷，具有浓郁的乡土气息和丰富的文化娱乐价值。方棋就像"花儿"一样，已融入当地群众的日常生活中，人们在"花儿"里唱道："漫上一首花儿下一盘方，解一解阿哥心头的慌儿……""方"就是棋盘上的棋子，将其摆成或走成彼此相连的正方形，每成一"方"可吃对方一子，成"方"多者取胜，故称"方棋"。民间"下方"时，没有专门的棋盘和棋子，也不需要裁判，只要找一个平坦、干净的地方蹲下，用当地随处可见的硬质材料，如玻璃碴或木棍在地面上画一个42格56个棋眼的棋盘，不同颜色或形状的石子、短木棍、土疙瘩、玻璃碴、碎瓦片、羊粪蛋或一二分钱的硬币均可作"棋子"。对弈开始后，双方轮流拿自己选用的"棋子"置于方格一角。如一方格的四角均被一方的棋子占领，叫"成方"，这时就可打掉对方任意一颗棋子。双方下棋满盘后，则由后者先打对方一颗棋子，另一方随后打掉对方一颗棋子后可先走棋一步。谁成的方多谁打的"子"

---

① 宁夏非物质文化遗产保护中心编《宁夏非物质文化遗产项目名录：增补本》，宁夏人民教育出版社，2017，第4页。

就多，直到对方无棋子成方时，此盘棋就算结束。下方时有许多术语，如头码、二码、长腰、短腰、五花子、六角子等。民间"下方"既讲布阵又讲杀法，既看"子势"又讲"堵塞"。大家围在一起，不论回汉，也不论长幼，坐在那里手拿"棋子"，聚精会神、全神贯注、表情丰富，偶尔有人发出"哦哦"的惊叫声，全场氛围和谐欢畅，真是妙不可言。2007年，"方棋"入选首批自治区级非物质文化遗产代表性项目名录。①

（二十五）打毛蛋

打毛蛋是广泛流传于宁夏南部山区群众中一种古老而原始的民间竞技性游艺活动，现主要传承于固原市泾源县香水镇、泾河源镇、黄花乡、兴盛乡和新民乡等3乡2镇的60多个村庄。逢年过节或者农闲时节，人们都要打毛蛋。毛蛋相当于现在的橡皮球、塑料球，是在过去的艰苦条件下，人们自制的一种拍打玩具。毛蛋制作的方法非常简单，就是先用牛毛或羊毛捻成线，再绕成拳头般大小的圆形球，最后用麻线或毛线，一针一针将牛毛或羊毛缝裹于毛球内，针脚不宜密，也不宜疏，松紧要适度，这样缝制的毛蛋才会虚实恰当、有弹性。为了美观，还可在已经制作好的毛蛋外层用各种颜色的花布缝制五颜六色的套子。制作好的毛蛋往地上一拍，便会弹跳起来，以弹性强者为最佳。毛蛋有大有小，大的直径有十厘米，小的也有六七厘米。一般而言，缝制毛蛋的大小依据玩耍者的年龄而定。毛蛋的玩法有多种：拍打毛蛋、踢毛蛋、传毛蛋、投掷毛蛋等。打毛蛋一般是竞技性质的，有两人互相比赛，有数人分成两组比赛，也有一个人单独打着玩的。大多数都是数人分成两组，进行打毛蛋比赛。打毛蛋最

---

① 宁夏非物质文化遗产保护中心编《宁夏非物质文化遗产项目名录：增补本》，宁夏人民教育出版社，2017，第4页。

常见的方法和形式有打平抛和打翻抛两种。大多数小孩和女人只能打平抛，青壮年男子多是打翻抛的好手。打平抛可以站着打，也可以双膝跪在地上打，还有一种玩法规定在打的时候双脚不能移动，称为"定根打"。参与者把毛蛋拍打在地上，待毛蛋弹跳起来，继续用手拍打，每打一下毛蛋只能接触地面一次，拍打一下算一个，边打边计数，计数多者为赢，少者为输。打平抛时毛蛋弹跳得不用太高，难度也不大。打翻抛时则不一样，毛蛋弹跳必须高，参与者把毛蛋拍到地上时，要立即按逆时针方向旋转一圈，在毛蛋落地之前，瞅准时机，旋转一圈拍打一下算一个，边打边数，接连如此，技艺精湛者可拍打上百个，一般都可拍打二三十个。每个队的队员轮番上阵，待两队的队员打完一轮计数，累计的总数多的队就是赢家，总数少的为输家。不论是打平抛，还是打翻抛，对赢家的奖励就是让每个队员"吃鸡"，即"踢毛蛋"。平抛的"吃鸡"简单一些，赢家把毛蛋拍打在地上，在毛蛋落地之前，飞起一脚将毛蛋踢出。而翻抛的"吃鸡"，仍然是翻抛，赢家把毛蛋拍打在地上，按逆时针方向旋转一圈，在毛蛋落地之前，用脚将毛蛋用力踢出去，被踢出去的毛蛋必须落到敞坝①外的空地上，不管踢出多远，输家都要捡回来让赢家继续踢。对输家的惩罚措施是"捡鸡"，即"捡毛蛋"，就是捡回被赢家踢飞出去的毛蛋。赢家踢毛蛋时，输家的所有队员要分散到敞坝外的空地摆好捡毛蛋的阵势。赢家为了愚弄输家，当其准备捡毛蛋离敞坝较远时，就会故意将毛蛋踢得近一些，反之则踢远，或将毛蛋有意踢向捡毛蛋人数少的方向。赢家在踢毛蛋时，若因失误没踢着毛蛋，或踢出的毛蛋的高度没有超过踢者头部，

---

① 农家院坝、生产队社房前的敞坝、学校操场等，只要是平整的一块地方，都可以打毛蛋。

或踢出的毛蛋被输家在落地之前接住了，都称为"死鸡"，即踢毛蛋者就没机会再继续"吃鸡"，捡毛蛋者也就不用再"捡鸡"了。同时还规定，"吃鸡"者在踢毛蛋时，若将毛蛋踢飞到灌木丛等地面的附着物上，称为"落地不沾灰，捡来划嘘嘘"。① 踢毛蛋者划赢就继续踢，划输就让给下一个队员接着"吃鸡"。待赢家所有队员都踢完了，一轮比赛才宣告结束。目前，打毛蛋经过不断挖掘和保护，规范了竞技动作和比赛规则，并先后参加宁夏第八届少数民族传统体育运动会和全国第十届少数民族传统体育运动会室外竞技类表演。2016年，泾源打毛蛋入选第四批自治区级非物质文化遗产代表性项目名录。②

（二十六）踏脚

踏脚，是流传于固原市泾源县回族群众中强身健体、防身御敌的传统体育项目，主要以脚和腿部动作为主，双手只起平衡身体、防护遮挡的作用，亦名"弹腿"。在演练比赛过程中，只准踏、不准踢，只用脚、不用手，有单人、双人、多人踏法，是一项以健身为主，集娱乐、竞技于一体的体育活动。踏脚动作主要有低踏、平踏、斜踏、蹬踏、扫踏、缠踏、双飞踏、旋风踏、鹞子踏等，腿脚动作可归结为"六字"要诀，踩、弹、踏、踹、扫、劈，相互配合要紧密。迂回、穿插、进退、虚实的步法，使其动作快如风雷巨变、猛虎下山。劲从腰发，贯于腿臂；动作顺

---

① "划嘘嘘"，是一种简单的比赛规则，就是两个人出手指头定输赢，拇指赢食指，食指赢小指，小指赢拇指，在出手指头的同时，口中要发出"嘘"的一声，故名"划嘘嘘"。"划嘘嘘"赢的一方就在指定的人群中挑选一个自己较为信任的人作为己方队员，输方则在剩下的人中挑选队员。有几对人，就要划几次嘘嘘，直到把若干对人分完为止。通过"划嘘嘘"的方式，最终将若干人员编为两个人数相当的队进行比赛。
② 宁夏非物质文化遗产保护中心编《宁夏非物质文化遗产项目名录：增补本》，宁夏人民教育出版社，2017，第218页。

达，意随腿脚，力随意发，蹿腾跳跃轻巧、灵活。踏脚原有36路动作，由于各种原因，现只传承下来包括平踏、前蹬、后踏、连环平踏、背脚、后扫、后转、扫地转、拥脚、腾空拥脚、腾空外摆、燕式飞脚、顶脚、外摆腿、扶地低蹲、扶人高踏、劈脚、旋风脚、二起平踏、旋子后踹、连环转、腾空霹雳、跛脚、顶腿、双飞踏和鹞子踏等在内的26路动作。踏脚，2004年被国家文化部列为全国少数民族民间文化保护工程第二批试点项目，2007年入选宁夏首批自治区级非物质文化遗产代表性项目名录。经过不断发掘、保护和整理，踏脚的表现形式日趋完美，并多次代表宁夏参加全国各类赛事，曾7次参加全国少数民族传统体育运动会，4次获表演金奖，3次获表演银奖。

（二十七）吆逐

在固原市隆德县沙塘镇新民村，流传着一种古老而独特的民间竞技性传统体育项目，当地人把它叫作"吆逐"。吆逐的起源和历史与北方游牧民族的生活方式有着密不可分的关系。顾名思义，吆逐就是村民手拿棍棒通过吆喝和驱逐的方式，赶走前来侵犯的敌人，以守卫自己放牧牛羊的"家园"。该游戏活动不限男女老少、不限人数，也不限场地和时间，设备简单，只需用若干根三尺左右的木棍和一颗拳头大小的圆形木质球，在活动场地中央和周边挖出一些碗口大小的圆形小窝，即可进行吆逐游戏。① 在吆逐过程中，参与者通过奔跑、直冲、转体、跳跃、跨步、抢窝、换窝和锁窝等，可以完成18余种、一百多个健身动作。在

---

① 吆逐的运动器械是一根2公分粗、3尺长的端直木棍和一个圆形木质球。木棍平时可以用来吆着牛羊上山放牧，游戏时用作吆逐器械，村前屋后、河滩上的平地都可玩吆逐。在平地中央先挖出碗口大小的圆形小窝，小窝的数量比游戏参加的人数少1个，比如玩者有10人，只需挖出9个圆形小窝。（转下页注）

新民村周边十多个村落，男女老少都喜欢在农闲季节玩吆逐，其除了运动量大、紧张、激烈、竞技性强以外，还具有很强的趣味性、娱乐性和观赏性。据当地村民反映，吆逐发源、创始于蒙元时期，是大家平时主要的传统游戏竞技活动，可有效锻炼参与者的头脑和身体反应能力。2016年，吆逐入选第四批自治区级非物质文化遗产代表性项目名录。①

（二十八）民间烙刻画（葫芦刻画）

葫芦刻画是一种以葫芦为原材料的雕刻艺术，自治区级非遗传承人陶瑞珍所用葫芦种类繁多，多为自产、自制、自销。其中，下部圆大的大葫芦可雕刻人物和山水；形似两个球体、中间有细腰的亚腰葫芦多用来雕刻花鸟虫鱼；扁圆葫芦可镂空雕刻。其他如长柄葫芦、瓢子等可雕刻加工成装饰用的工艺品以及笔筒、茶杯和果盘等。刻画葫芦常用的工具有定格圆规、刻刀、斜口刀、透孔器等，其中不少工具是雕刻艺人在长期实践中根据实际需要自行创制的，譬如葫芦烫画要用的烫画笔。葫芦刻画须经

（接上页注①）所有参加运动的人，手握木棒，依次先经过"顶球"，即所有运动者按顺序背对中央窝，把球轻放在头顶，让球向后倒坠入窝内，谁头顶的球没有坠入窝内，谁就是输家。如果大家都把头顶的球坠入窝内，都是赢家的话，就进行第二个名叫"一方二方三方占地方"的运动，即所有参与者全部把手里的木棒戳进中央窝里，沿顺时针方向，脚下慢慢移动，嘴里轻声念叨："一方二方三方占地方！"当"占地方"的"方"字出口的一瞬间，所有队员迅速急转身，凭借眼尖手快，用手里木棒点在身后窝内，叫"抢窝"。谁稍慢没有抢到窝，谁就是输家，就没有"圈地"，其他任何一名队员用木棒把中央窝里的球挑出抛向远方，让输者开始由外向内吆球。输者从外向内吆球叫"进攻"，其他队员开始防守。进攻的人凭眼尖手快，成功地把球吆进中央窝时，全体队员快速换窝。输者手握木棒，开始赶窝。队员一旦犯规，就要停止运动，面向对方表示歉意，还要用右手刀对准自己的脖子，做一个自杀的动作，叫"杀鸡"。惩罚犯规者时，用木棒把球用力连击三棒，把球击打到远处，让犯规者重新从远处往回吆，叫"赶三棒"。

① 宁夏非物质文化遗产保护中心编《宁夏非物质文化遗产项目名录：增补本》，宁夏人民教育出版社，2017，第218页。

过选坯、绘制、着色三道基本工序。首先，挑选适宜雕刻的葫芦，经打皮、醋洗、晾晒，待表面颜色近于土黄色，坯子就算出炉了。其次，绘制和着色。在着色过程中，多用墨色（最早老一辈用锅底灰与动物油搅拌）涂抹在葫芦雕刻成的作品图案上。最后，用棉抹布细心擦拭葫芦表面，留在图案刻线槽里的着墨图案就会凸显出来。在政府的扶持下，陶瑞珍葫芦刻画2008年成立"工作室"，现有占地500余平方米涵盖陶氏家谱文化、葫芦艺术产品、书画艺术展示等在内的7个展厅，通过展厅让人们了解葫芦刻画的传承过程和制作艺术。2013年陶瑞珍筹资建立大武口"工艺葫芦"非遗扶贫就业手工坊，以培训带动周边村民致富为目的，常年对残疾人、失地农民、下岗职工和城镇移民进行葫芦种植技术培训，通过传授葫芦工艺品制作技艺，带动大家共同致富搞发展。手工坊经营范围包括葫芦烫画、葫芦刻画、葫芦绘画等工艺品制作及葫芦文化艺术作品推广与销售、葫芦文化旅游产品开发等。手工坊至今已接待旅游参观者3万余人次，葫芦系列文创产品畅销区内外，并在宁夏5A级旅游景区——沙湖旅游区、镇北堡影视城销售，深受广大消费者喜爱，订购葫芦工艺品的客户也逐年增加，在推动大武口区非物质文化产业化、多样化、精品化、高端化、品牌化，以及与文化旅游产业紧密融合等方面起到了重要作用。2019年，葫芦刻画入选第五批自治区级非物质文化遗产代表性项目名录。

（二十九）秦腔

秦腔是我国古老的戏剧之一，其以关中方言为基础，特别是以泾河、渭河流域诸县的语音为"正音"。关中地区自周代以来被统称为"秦"，秦腔由此得名。秦腔在宁夏各地均有传承历史，其中以隆德县较有代表性。据《重修隆德县志》记载，清乾隆二十四年（1759年），隆德县知县常星景重修隆德县城隍庙，内建有戏台，说明秦腔在清乾隆时期已经盛行。经过文化工作者的不断搜集和发掘，隆德县尚保存传承有自清朝道光以来的秦腔剧本和秦腔脸谱300多个，秦腔戏衣17件，硬（软）戏帽、道具19件，戏箱子2个，以及旧戏班供奉过的神像等。隆德人祖祖辈辈唱秦腔、听秦腔，秦腔不仅是乡音，也是当地群众生活不可或缺的精神食粮。截至2023年11月，隆德全县有业余秦腔演出团队98个，包括县城及各乡镇（村）广场舞团队及自乐班、文化大院等演出团体，每个业余秦腔演出团队都有固定的秦腔戏箱、乐器、音响灯光。在隆德县域内的大街小巷、村里村外，不管是节庆活动还是平时娱乐，到处都可以听到高亢激昂的秦腔"调调"。2014年，由宁夏秦腔剧团申报的秦腔入选第四批国家级非物质文化遗产代表性项目名录。

（三十）隋唐秧歌

隋唐秧歌，又叫"跑大场"，是流传在中卫市中宁县鸣沙镇曹桥村一带颇具特色的社火形式。当地流传着这样一个故事：隋朝末年，唐王李渊准备起兵反隋，不料消息走漏，朝廷下令捉拿。情况万分危急，一位谋士建议李渊一行混入秧歌队于元宵节放花灯之时逃出京城……后李渊成就大业成为唐朝开国皇帝，民间便把这次出逃的情形编进秧歌舞蹈，逢年过节便进行表演，从此流传于民间，称"隋唐秧歌"。隋唐秧歌有独特的表演形式，表演者由六男四女组成，身着古装，分别扮作唐王、娘娘、大臣、宫女、武士等。其中，"唐王"为秧歌队指挥，左手擎万民伞，右手拿"虎符"，大臣手执拨浪鼓和响铃。另有一支五人的打击乐队，表演者在鼓点节奏下交替走"圆场步"和"便步"，跑出"四门斗地""十字穿花""羊盘肠""双蒜辫""单蒜辫"等队形。表演者的步伐要随鼓点进行变化，不同角色随队形变换分别展示既定模式的表演动作。如武士多做"赞步云手""扑步拍地",侍女多做"踏步半蹲"。这些动作在每一队形中有固定位置,各角色到规定位置后做各自动作。武士的动作要求干净利落,侍女轻巧妩媚,唐王和大臣飘逸沉稳,不同的角色各具风格,表演颇有传统戏曲的韵味。整个舞蹈既有很强的规律性,又错落有致,张弛相间,一气呵成。扮演"唐王"的班头拜年时还会在表演过程中即兴"说喜"。通常在年节中,秧歌队白天耍秧歌、拜年,夜晚还要唱一些折子戏,因此秧歌队的成员几乎吹、拉、弹、唱样样精通。2007年,隋唐秧歌入选首批自治区级非物质文化遗产代表性项目名录。①

(三十一)舞龙

位于引黄灌区的中卫、吴忠两市向来有舞龙习俗。据文献记载,明清时期中卫舞龙已成为当地"元宵节、寺庙祭祀、庆典期的主要内容之一。"② 舞龙是一项极具民俗特色的民间集体舞蹈,深受广大民众喜爱。逢年过节,舞龙与社火常常如影随形,图的就是热闹喜庆。吴忠与中卫的舞龙套路大同小异,都通过"执、盘、抖、卷、缠、跳、跃、戏、游"的基本动作,完成"出龙、戏水、戏珠、盘龙、绕旗、钻阵、跳门"等路数。表演配以锣鼓、协同节律,讲究"龙头看珠子、龙身随龙头、龙尾跟龙身",以"遇杆必盘,盘完必翻"的原则,实现"头抬尾摆,头穿尾转"的翻转过程,而且"转起来要圆顺,翻起来要活泛",只有腾挪飞闪、步伐匀称,脚下生风,龙的气势和韵致才能得到充分体现。龙的扎制工艺和舞龙套数同样重要,龙长要有9节,舞动时可每人举一节,珠引龙舞,上下起伏,呈"S"形滚动。

---

① 宁夏非物质文化遗产保护中心编《宁夏非物质文化遗产项目名录:增补本》,宁夏人民教育出版社,2017,第4页。
② 宁夏非物质文化遗产保护中心编《宁夏非物质文化遗产项目名录:增补本》,宁夏人民教育出版社,2017,第19页。

2007年，舞龙入选首批自治区级非物质文化遗产代表性项目名录。①

（三十二）舞狮

舞狮在宁夏较有名气的当属海原胡湾舞狮和中宁刘庙舞狮。2007年，舞狮入选首批自治区级非物质文化遗产代表性项目名录。②

1. 海原胡湾舞狮

中卫市海原县西安乡胡湾村的舞狮历史久远，早在清朝时就以耍社火形式出现。胡湾舞狮由村民潘万斗于清朝末期创建而成，是一项集武术、舞狮于一体，并融和了潘家内传小红拳、长刀、流星锤等武术动作的观赏兼实战性民俗体育项目。其以家族传承为主，故形式内容传承较为完整、流畅。表演时，一般是文、武两只狮子，③ 也可多达4只，并伴有小狮子。狮子的表演尤为繁杂，主要有翻、滚、钻、跳跃、抖、上高架单腿独立、口或爪接传球等动作。舞狮伴奏乐器主要为锣和鼓，并配以一定的节奏，靠舞狮者灵活的动作表现狮子威猛的形态。狮子头借鉴戏曲面谱，色彩艳丽，头上有红结者为雄狮，绿结者为雌狮。

2. 中宁刘庙舞狮

舞狮是中卫市中宁县新堡镇刘庙村村民的传统民俗活动，在当地至今尚有民谚："中宁的狮子到处有，刘庙的狮子带了头。"

---

① 宁夏非物质文化遗产保护中心编《宁夏非物质文化遗产项目名录：增补本》，宁夏人民教育出版社，2017，第4页。
② 宁夏非物质文化遗产保护中心编《宁夏非物质文化遗产项目名录：增补本》，宁夏人民教育出版社，2017，第4页。
③ 文狮多表现狮子静态或性格温柔的一面，被恐吓时的怕，互相亲密时的吻，期待时的盼以及搔痒、舔毛、伸腿、打滚、掏耳朵等，细腻逼真。武狮则通过登上直立、跳、转、腾、扑等动作，表现狮子动态和性格凶猛的一面，尤其是梅花庄、三狮踩球的表演，匠心独具，惊险刺激。

刘庙舞师与武术结合，传承有文耍①和武耍两种方式。其中，耍绣球、上桌子是文耍的特色，上桌子又分平面和翻天印两种。翻天印指最高处的一张桌子桌腿朝天，狮子舞于桌腿之上。桌子可置1、3、5、6、12、24张不等，高度可达七八层，摆法有八卦阵、十三太保等数种。下桌子可分软下和硬下两种。软下是一层一层边耍边下，硬下则是从最高处直接跳下，打个滚，然后一张一张扑桌子。武耍指狮子和拳术结合在一起，使用软拳和刀、棍、枪、鞭等各类器械，表现狮子勇猛的性格，套路可达近百种。

（三十三）黄羊钱鞭

黄羊钱鞭起源于明代，因黄羊村而得名，是流传于中宁县余丁乡黄羊村的一种集舞蹈、健身、体育和防身于一体的民间艺术表演形式，距今已经有500多年的传承历史了。相传有一个名叫"呼娃"的放羊少年，在得到牧主的赏赐后，高兴地将铜钱拴在牧羊鞭上，前后左右挥动时发出"嚓嚓"的响声，配以欢快的歌谣与跳跃的姿态，感染了人们并被广泛模仿。久而久之，耍黄羊钱鞭就成了当地村民的一种民俗爱好。随着时代的变迁，黄羊钱鞭逐渐演变为一种自娱自乐、强健体魄、美化生活、沟通情感、增强凝聚力的大众化民俗体育文化娱乐活动。人们在表演时，双手各持一鞭，② 在双臂完成规定动作的同时，双脚要随节拍踩十字步。逢年过节或庙会庆典，人们便组织起来，穿上喜庆的绸缎服饰尽情舞耍。历经传承和发展，黄羊钱鞭已从动作单一的耍单鞭演变为双鞭舞、男女套舞，融合了秧歌、腰鼓和广场舞

---

① 刘庙舞狮的文耍指耍绣球、上桌子，主要刻画狮子温驯的性格，有挠痒、舔毛、打滚、抖毛等动作。
② 黄羊钱鞭的主要道具是两根长约80厘米，直径约4厘米的木棍，两端沿径挖空，装上麻线，扎上染成红绿两色的麻缨，周身漆成红绿相间的螺旋纹。

的动作，可变换出"剪梅花""蒜辫子""龙盘柱""蛇蜕皮"等十几种甚至上百种的套路，村里上至八十岁老人、下至四五岁孩童都会即兴跳上两段黄羊钱鞭舞。2021年，黄羊钱鞭入选第五批国家级非物质文化遗产代表性项目名录。

（三十四）民间故事

民间故事包括神话、传说、寓言等，是世代口耳相传、以讲故事的方式传承下来的文学形式，具有教育后代、丰富人们精神文化生活的重要作用。宁夏的民间故事以六盘山区固原市泾源县的神话传说、人物传说、寓言故事、生活故事、动物故事为代表，是当地群众世代相传、千锤百炼流传下来的集体创作的智慧结晶，蕴含着丰富的生活哲理，具有浓郁的地方特色和风土人情。其中，《魏征梦斩泾河龙》《柳毅传书》《孕席与龙女》《龙女牧羊》《单眼龙沟的传说》《三姑娘与三海子》《胭脂女的传说》《海子湾的传说》《黑桃潭沟的传说》《马驹山的传说》《卧龙山的传说》《六盘山与和尚铺》《神课先生》《瞎娘》等故事，反映了人们对雨水的渴望、对爱情的祝福以及对美好生活的祈愿，劝诫人们要热爱家乡、尊老爱幼、相互团结、明辨是非、讲求正义，是当地群众热爱生活、追求幸福的直接表达。2014年，泾源民间故事入选第四批国家级非物质文化遗产代表性项目名录。

（三十五）农谚俗语

在长期的农业生产实践中，宁夏各族群众根据本地区的自然生态条件，总结出了许多有关物候、气象的农谚俗语，这些农谚俗语大多以口诀形式体现在农事活动中。农谚俗语主要包括气象谚语和生活谚语。

1. 气象谚语

（1）有以气象预兆雨雪的，"头年小暑热，二年雨水多""春寒夏涝兆秋干""月亮带光圈，大风在明天""日晕三更雨，月晕午时风""日珥单,不过三;日珥双,晴得光""日套九环,连下三天""上午拉了雾,后响下死兔""夜里起雷雨连阴,三天三夜才消停""早雨不多,一天的啰嗦""先毛不下,后毛不晴""炸雷有雨,闷雷有雹""黑云黄边,冰雹翻滚""雨在擦黑停,夜里必定晴""夏雾不下,秋雾不晴""立夏不下,犁铧高挂""九月初九不打伞,一冬无雪干到年""秋霜一日十天暖""立冬立暖哩,数九数冷哩"等。

(2)有以动物的反应来预测气象的,"青蛙叫在端阳前,不论山川雨涟涟""羊儿贪青不进圈,来日有雨见""牛打喷嚏蛇过道,不过三天大雨到""蚂蚁垒窝天气变,鸡不入笼阴雨来""蚂蚁搬家山戴帽,必定大雨到""蜻蜓飞屋檐,风雨在眼前""猫睡脸朝天,连日雨绵绵""沙扑子(蜥蜴)哨,蛇过道,乌云遮日雨来到""有花不见蜜蜂飞,赶快收拾放窖水(山区靠水窖储存雨水雪水,供人畜饮用)""公鸡愁(没精神),晒破头;母鸡愁,不溜溜""乌鸦叫雨,喜鹊噪晴""麻雀乱叫,大雨快到""燕子高飞不闻声,入夏定然旱得凶""灶打倒烟,猪衔柴,大雨必定来""河里雨打花,天天有雨下"等。

(3)有以物品和植物的反应来预测气象的,"水缸出汗蛤蟆叫,大雨顷刻就来到""烂梨来年荒,烂枣来年粮满仓""苇子节上有水珠,不是下雨就是雾""天边一道虹,阴天要转晴""返照黄光,明日风狂""阴疮发痒天要变""南山戴帽,白雨发泡""山戴帽,大雨到""南风不过午,过午连夜吼""烟囱不出烟,一定是阴天""圈粪臭气大,必定把雨下""雾在半山腰,大雨在今朝""椿树发芽早,当心发大涝"等。

(4)有以云彩的形状预测气象的,"早上朵朵云,下午晒死人""早霞不出门,晚霞千里行""东虹日头西虹雨,南虹过来下北雨""今日花花云,明日晒死人""天上钩钩云,三日之内雨淋淋""扫帚云，天气晴""天上鲤鱼斑，明日晒谷不用翻""丝丝云，风的根""棉花云，雨来临""鱼鳞云，天放晴""早雾晴，晚雾阴""云往东，一场空；云往西，淋死鸡；云往南，雨涟涟；云往北，大雪拍""乌云在东，有雨不凶；乌云遮西，大路成溪""云下山顶将有雨，云上山顶好晒衣""云彩往西走，泡死猪和狗""乌云接日当日雨"等。

（5）有以节气预测气象特点的，"一九二九，闭门袖手；三九四九，冻破碴口；五九六九，开门大走；七九八九，过河洗手；九九犁铧遍地走""春寒不算寒，惊蛰寒了冷半年""三月南风毛毛雨，五月南风海也枯""夏至当日长，冬至当日短""早晨立了秋，晚上凉飕飕""八月里雷，不空回""秋风天气白云多，处处唱歌丰收欢""过了冬至，一天长一线"等。

（6）有以节气预测农作物长势的，"惊蛰刮了风，十个胡麻九个空""惊蛰雷响庄稼成，春分落雨疾病稀""春风有雨，家家欢喜""春分麦起身，一刻值千金""春风育苗没误时，播种质量要抓好""清明风若从南起，准是农家乐半年""清明有雨麦苗旺，小满有雨麦头齐""雨下清明节，豆子角连角""春雷响得早，收成一定好""立夏种胡麻，头顶一朵花""端午下雨，必定生虫""五月旱，不算旱；六月旱，连根烂""处暑不抽穗，白露不低头，到了寒露喂老牛""春风不刮地不消，秋风不刮穗不饱""夏至不种高山糜，种上无米一包皮""立夏种胡麻，到老一片花""八月不见雨，来年麦苗稀""立秋三天，种的荞麦是鞭杆""立冬不砍菜，必定连根坏""立冬前不挖葱，等到来年一场空""今冬雪盖一尺被，明年馒头如山堆"等。

2. **生活谚语**

（1）有关于勤俭持家的，"不动扫帚地不光，不动勺铲饭不香""家有千斤油，不点双头灯""天冷不冻织女手，饥荒不饿苦耕人""夏不劳动秋无收，冬不节约春发愁""春耕一分忙，秋后一分甜""抽空编背筇，有盐又有油""人不勤，地不灵；要吃饭，多流汗""大吃大喝一时香，细水长流日子长""人哄地一天，地哄人几年""若要粮仓满，鸡叫三声就起床""有了吃光，没了喝汤""雪怕日头草怕霜，过日子就怕乱铺张""不怕天寒地冻，就怕手脚不勤""勤是摇钱树，俭是聚宝盆"等。

（2）有关于饮食健康的，"多吃葱和蒜，百病不见面""二月八的大葱，赛过人参""大葱是个宝，常吃身体好""胡椒驱寒又除湿，葱辣姜汤治感冒""萝卜化痰消胀气，芹菜能治高血压""盐醋防毒消炎好，韭菜补肾暖膝腰""饭后喝面汤，强如开药方""早喝盐汤是参汤，晚喝盐汤是砒霜""秋吃萝卜冬吃姜，不劳医生开药方""桃饱人，杏伤人，李子树下抬死人""臭鱼烂虾，送命冤家""吃五谷，生百病；锅灶净，少闹病""细嚼慢咽，身体健康""春吃萝卜夏吃蒜，秋吃柿子冬吃姜""吃饭生气，打嗝岔气"等。

（3）有关于农业种植的，"深葱，稠辣，稀葫芦""蚕豆种稠结得繁，玉米稠了不增产""小麦浅，高粱深，不怕雨水和大风""豆浇花，麦浇芽，胡麻浇的两个杈""谷雨前好种棉，谷雨后好种谷""春到清明谷雨头，瓜豆胡麻搭锄头""芒种高山荞，立夏高山糜""清明前后，点瓜种豆""头伏萝卜二伏菜，三伏里头种花芥""辣子洪水死秧，茄子笑得正旺""高粱稀，谷子稠，玉米地里卧下狗""稻子一针，不要水深；稻子发杈，不要水大；稻子怀苞，大水搂腰""走水胡麻渗水麻，留下水来趟芝麻""田要深耕，土要细磨""耕得深，耱得烂，一把黄土一碗饭""光犁不耙，白把力下""要想今年收成好，今冬烧尽埂边草"等。

（4）有关于道德操守的，"肚里没邪气，不怕冷风吹""怕吃亏的人，占不了便宜""偶然做错叫过失，存心做错是作恶"

"大梁不正二梁歪,橡子跟着倒下来""话到嘴边留半句,事到临尾让三分""宁做箍桶匠,莫做拆板人""不听闲话不烦恼,不惹是非不生气""来说是非者,便是是非人""宁做蚂蚁腿,不学麻雀嘴""老鼠怕天亮,露水怕太阳""宁可穷而有志,不可富而失节""一次失人格,到老记在心""一个鸡蛋吃不饱,一个臭名背到老""直率坦白真君子,笑里藏刀是小人""善欲人知非真善,恶恐人知是大恶"等。

农业生活民俗涵盖了人们生活的方方面面,既有物质文化遗产的层面,也有非物质文化遗产的表现形式。以传统制作技艺为代表的传统农耕民俗文化遗产,往往凝结了几代甚至十几代传承人的心血。隆德杨氏家族是闻名于陕甘宁地区的泥彩塑世家,翻开杨氏家谱,就是一部泥彩塑艺术的传承史。[1] 很多传统的农业生活民俗,都是经过经济衡量的文化资源,具有集经济、社会、历史、审美等价值于一体的文化艺术品格。除杨氏泥彩塑外,宁夏传统制作技艺还有剪纸、刺绣、砖雕、木雕、麻编、葫芦刻画、六盘山木版年画等。它们不仅具有悠久的传承历史,而且在促进就业增收方面具有独特优势。有学者表示:"广大民众世代传承的人生礼仪、岁时活动、节日庆典及有关生产、生活的其他习俗,有关自然界和宇宙的民间传统知识和实践,传统的手工艺技能等,对于这些无形物质文化遗产来说,最好的方法或长久的发展之道莫过于把它们保护在基层社群之中,亦即创造、解释和不断地再生产出这些民俗文化的社会环境与文化土壤之中。"[2] 其实,对于非物质文化遗产的传承和发展,学校教育不可或缺。

---

[1] 宁夏非物质文化遗产保护中心编《宁夏非物质文化遗产项目名录:增补本》,宁夏人民教育出版社,2017,第51页。
[2] 麻国庆、朱伟:《文化人类学与非物质文化遗产》,生活·读书·新知三联书店,2018,第13页。

麻国庆等认为："教育体系中缺乏文化传承，特别是对非物质文化遗产的传承，不但缺乏代际之间的教育传承，而且学校教育是更为严重的缺失环节。"[①]

三　民间观念与信仰

民间观念与信仰是指民众自发地对具有超自然力的精神体的信奉与尊重。它包括原始宗教在民间的传承、人为宗教在民间的渗透、民间普遍的俗信等。民间观念与信仰集中在与农业生产和日常生活紧密相关的主题方面，如河神崇拜、民间祭山等（见表2-4）。

表2-4　入选国家级和自治区级非物质文化遗产名录的民间观念与信仰

项目名称	入选名录及级别	入选时间	申报地区
同心莲花山青苗水会音乐	第四批国家级非物质文化遗产代表性项目	2014年	自治区
祭河神	首批自治区级非物质文化遗产代表性项目	2007年	中卫市
六盘山九龙莲花池祭祀	首批自治区级非物质文化遗产代表性项目	2007年	隆德县
隆德民间祭山	第二批自治区级非物质文化遗产代表性项目	2009年	隆德县
中卫香山水会	第二批自治区级非物质文化遗产代表性项目	2009年	中卫市
北武当庙庙会音乐	第二批国家级非物质文化遗产代表性项目	2008年	石嘴山市
燎疳	第四批自治区级非物质文化遗产代表性项目	2016年	盐池县
游九曲	第四批自治区级非物质文化遗产代表性项目	2016年	盐池县

资料来源：宁夏回族自治区文化和旅游厅。

---

① 麻国庆、朱伟：《文化人类学与非物质文化遗产》，生活·读书·新知三联书店，2018，第13页。

（一）同心莲花山青苗水会

同心莲花山青苗水会传承于宁夏中部干旱带同心县张家塬乡折腰沟村莲花山。莲花山地处同心县东南部张家塬乡折腰沟村，距离县城90公里，海拔约1800米。北与罗山向望，南有群峰簇拥，重峦叠嶂，雄峻巍峨，道观建筑群零散而有规律地分布于莲花山主峰。远远望去似一朵盛开的莲花，故名"莲花山"。莲花山青苗水会兴盛于唐朝，自唐至明清，兴建有气势磅礴的寺庙建筑群。清末，由于战乱，部分庙宇遭到破坏。民国初年，当地民众筹款修复。新中国成立前青苗水会主要是以祈雨为特征的民间宗教活动。20世纪80年代庙会重新恢复，随着人们思想观念的变化，莲花山青苗水会逐渐演变成集民间信仰、民俗活动于一体的祈福求雨、祛病消灾的朝山活动仪式，反映了黄土高原干旱地区农民对雨水的渴望和对农业丰收的期盼。青苗水会每年农历四月十五日开始，水会正会三日，突出祈水主旨，因水而兴，为水而会，带有浓郁的地域文化色彩。参与庙会的信徒大多是当地群众，他们以赶庙会的形式，烧香敬神，表达他们祈福求雨、祈求平安吉祥的美好心愿。青苗水会的主要程序是取水、过关、献水。农历四月十三日根据周易八卦推算出吉水之地，选窖封口，整个活动仪式开始，十四日早晨在选好的水窖上开封取头水，十五日早晨正会开始，仪仗队伍再次取水、过关。取水时，水会队伍来到预先选定好的水井或窖边，向"五岳"参拜，然后众人齐颂取水"偈子"——"远看南山雾沉沉，近视泉水湛清清，各秉虔诚修善泉，担上名山献诸神"。紧接着念祈雨词"说是雨来雨是精，出在五湖四海中，老天降下太平雨，五谷田苗往上升"。在庙会活动中，人们充分展现智慧，释放强烈情感，创造了庙会音乐和民间小调，使莲花山青苗水会成为既有宗教特色又有地方特色的民俗活动。青苗水会队伍一般由二百多名男性青壮年穿着统一道服、道帽,组成乐鼓喧天、旗幡招展、气势宏伟的仪仗队伍,水会活动不仅辐射宁夏石嘴市平罗县,吴忠市利通区、盐池县,中卫市沙坡头区、中宁县、海原县,固原市原州区、西吉县、彭阳县等市县(区),还辐射到周边甘肃、陕西、内蒙古等地区,每年来此参与活动的"善男信女"有3万余人。莲花山青苗水会曾是当地百姓和邻近群众乞求上苍保佑风调雨顺、五谷丰登所举行的朝山献水仪式,而如今则更多表现为一种民俗文化活动。2014年11月,同心莲花山青苗水会音乐入选第四批国家级非物质文化遗产代表性项目名录。

(二)祭河神

中卫市沙坡头区地处河套前首,每年春天,例有迎水之祭,俗称"祭河神"。资料显示:"中卫祭河神习俗始于汉,兴于元,沿袭至今。"① 千百年来,生活在黄河两岸的中卫先民,一方面依赖黄河,享受着河水给予的恩惠,另一方面也承受着河水的暴虐泛滥。在中卫人看来,河神是一种象征,也是一种寄托,它象征着吉祥,也寄托着人们的幸福愿望和精神慰藉。过去,每年春天渠工结束,日子不定,视开水迎水之日,择黄道吉日,由官衙发布公告,在中卫市沙坡头区西郊沙渠桥头搭建祭台,置香案、礼器、三牲祭礼、品果、香表、奠仪等,举办龙神庙会。人们通过水会活动,祈求风调雨顺、五谷丰登、国泰民安。由古代先民对黄河的依赖及对河患的畏惧而衍生出来的"祭河神"活动,凝聚了当地群众对河水的认知、感受和信仰,反映了中卫当地群众与黄河和谐相处的心愿。祭河神期间,唱大戏、耍社火、跳单鼓舞等与祭祀活动交织在一起,折射出当地深厚的民俗文化内

---

① 宁夏非物质文化遗产保护中心编《宁夏非物质文化遗产项目名录:增补本》,宁夏人民教育出版社,2017,第85页。

涵，展现了黄河沿岸各族群众战天斗地、顽强拼搏的奋斗精神。2007年，祭河神民俗入选首批自治区级非物质文化遗产代表性项目名录。①

（三）隆德民间祭山

祭山，隆德当地人称闹山、砟山、炸山，其活动的主要目的是通过祭祀防止风、雨、雷、电、冰雹、洪水和病虫害等伤及农业。隆德县境内的冰雹期每年最早始于农历四月初一，终于农历九月初九前后，祭山活动一般都在农历四月一日至四月八日举行。世代生活在这里的人们，每到这个时期，都要以村为单位或与邻村联手，由当地群众推荐的专门负责民间戏剧演出、春节社火、庙宇管理，以及各种祭祀及红白喜事的总会长，召集各自然村的小组长筹备祭山活动。民间祭山活动在长期的实践中形成了固定的制式，一般由三部分组成：庙会、戏剧演出（唱神戏）、祭山。庙会期间，择一吉日，邀请专门从事祭山的民间道士在村庙设坛诵经，组织本村50~100多人的祭祀长队，在唢呐和鼓乐声中缓慢登上祭山顶，祭山的山顶一般都选在本村庄北方的最高山顶上，海拔为1700~2300米。开坛祭祀分五个阶段：三叩九拜后由乐队奏乐；诵；由主持道士读祭文；送神；返回村庙，再次净手上香、奏乐、跪拜、诵经、读祭文。祭山活动在当地被认为是很重要的民间活动，各种活动用具达上百件，而庙前戏剧演出还要持续4~6天时间。隆德民间祭山活动与单纯的集市贸易类庙会和民间祭祀不同，不仅包含了民间庙会、民间祭祀，还综合了民间戏剧演唱、民间器乐、民间手工艺、民间礼仪、民间宗教信仰等各种文化内涵，是民

---

① 陶雨芳主编《中卫非物质文化遗产名录》，宁夏人民教育出版社，2014，第73页。

间文化的集中表现，具有十分重要的文化价值。2009年，隆德民间祭山民俗入选第二批自治区级非物质文化遗产代表性项目名录。①

（四）六盘山九龙莲花池祭祀

九龙莲花池，又名北朝那湫，位于隆德县城东北部的大庄乡前庄村，距县城20公里，是六盘山山脉中段西侧著名的古灵湫和山顶湖，为"隆德八景"之一。九龙莲花池位于海拔2530米高处，是一处古老的祭祀重地，每年农历六月初六当地民众都要在此举行盛大的传统庙会，并在千百年的祭祀活动中形成了一套约定俗成的规程仪式。盛夏来临，庄浪、隆德、静宁、西吉、固原乃至平凉等地的善男信女扶老携幼，来此灵山敬香祈福，附近各村的社火班子要为庙会助兴演出，如倪套、前庄、大庄、王湾等村社的曲子戏、地摊戏、马社火、旱船、跑驴、狮子、旱龙等，祭祀活动主要是祈福求雨。据文献记载："上建龙王庙，又名龙王池。"② 九龙莲花池三面环山，水面阔30余亩，周围有9座小山，池的形状似莲花，从高处俯瞰，宛如九龙饮于莲池，所以被当地村民称为"九龙莲花池"。有关九龙莲花池的神话传说有很多，相传九龙莲花池为"救生池""放生池"，当地民众每年都要举行向池内投放活鱼、活虾的放生活动。九龙莲花池祭祀是六盘山地区著名的庙会之一，活动期间四方香客云集，人数逾万。九龙莲花池祭祀承载着大量的民俗事项，受到了民俗学者的重视。2006年，六盘山九龙莲花

---

① 宁夏非物质文化遗产保护中心编《宁夏非物质文化遗产项目名录：增补本》，宁夏人民教育出版社，2017，第95页。

② （清）常星景修，（清）张炜纂，安正发、王文娟校注《[康熙]隆德县志》；（清）黄璟纂修、安正发校注《[道光]隆德县续志》；（民国）桑丹桂修、（民国）陈国栋纂、安正发校注《[民国]重修隆德县志》，上海古籍出版社，2018，第161页。

池祭祀民俗入选首批自治区级非物质文化遗产代表性项目名录。[1]

（五）中卫香山水会

中卫香山水会是生活在黄河两岸的广大群众为农业稳产祈求神灵保佑、祈盼天神降水而产生的一种民间祭祀活动，并将诵经、祭祀、接神仪式、娱乐、音乐、舞龙诸多民俗活动结合在一起，形成了一整套独具地方特色的民俗仪程，是中卫民间道教文化的主要呈现形式之一。水会仪程素有定制，每年农历二月十五日老君爷的圣诞日、农历四月十五日的取水节、农历七月十五日的中元节及农历十月十五日的下元节，都有重要仪式和祭祀活动。水会活动作为中卫道教信仰的文化传承载体，宣扬从善积德，惩恶除佞，规劝人们遵从并信守"礼、仪、廉、智、信"的生存规则。水会队伍一般由8～16人组成，是水会活动中集吟诵、念白、祭祀、接神、奏乐等综合性艺术于一体的朝山进香队伍。在祭祀活动中，中卫香山水会创造并传承了独具地方特色的水会音乐，既有经堂的吟诵，也有发问和接号（用民间喝唱的形式对答），配合取水、献水、禳瘟消灾、求神祈福、上坛赞颂等活动，韵律清远嘹亮、悠扬悦耳，极具宗教色彩和艺术感染力。2009年，中卫香山水会民俗入选第二批自治区级非物质文化遗产代表性项目名录。[2]

（六）北武当庙庙会音乐

北武当庙，又名寿佛寺，位于石嘴山市大武口区西北约5公里处的贺兰山韭菜沟口。据文献记载："……粤平邑有武当山

---

[1] 宁夏非物质文化遗产保护中心编《宁夏非物质文化遗产项目名录：增补本》，宁夏人民教育出版社，2017，第5页。

[2] 宁夏非物质文化遗产保护中心编《宁夏非物质文化遗产项目名录：增补本》，宁夏人民教育出版社，2017，第95页。

者，连亘贺兰，因祝玄武之像而名之也。香烟之盛，历年已久。"① 北武当庙每年有大小庙会七次之多，农历二月初二、三月初三、七月十五为"小庙会"，只接待香客、游人，不主事斋饭；农历四月初八、七月初七、八月十五和九月初九为"大庙会"，庙会中尤以九月初九为最，要隆重接待来自四面八方的香客和游客。清·道光《平罗记略》载："四月望，男妇乘骑烧香武当庙山，曰'朝山'。七月望，九月九皆然。"② 庙会期间香客、游人摩肩接踵，高峰期日接待量可达20余万人，大武口城区至北武当庙近十里长的道路上，从早到晚车水马龙，人流如潮，寺庙内各处香火一片，祈祷声不绝于耳。北武当庙庙会音乐是其中的一个特色，在举行大型庙会时，由北武当庙僧人诵唱，众僧用锣、鼓、木鱼、钹及笙、箫、管、笛等乐器伴奏、合唱，用管乐与打击乐并奏佛教音乐。北武当庙庙会音乐——俗称"渣渣子"，是我国古代的工尺谱之外的一种记谱方式，是用来记录乐曲的节奏、音符、所使法器的种类的一种特殊的记录方法，与简谱、五线谱不同的是它采用竖行记谱方式，用不同的符号代表不同的法器。该庙会音乐经明末清初理义大法师、清康熙年间心禧老和尚、清末的寂念高僧和已故续早老法师等唱念演奏、以口传心授的方式延续至今。"渣渣子"与简谱、五线谱的

---

① （清）佚名纂、徐远超校注《[嘉庆]平罗县志》；（清）徐保字纂、徐远超校注《[道光]平罗记略》；（清）张梯（纂）、徐远超校注《[道光]续增平罗记略》；（清）佚名纂，胡玉冰、张煜坤校注《[光绪]宁灵厅志草》；（清）俞益谟、高巍修，（清）俞汝钦、李品犄年纂，田富军校注《[康熙]新修朔方广武志》，上海古籍出版社，2018，第148页。

② （清）佚名纂、徐远超校注《[嘉庆]平罗县志》；（清）徐保字纂、徐远超校注《[道光]平罗记略》；（清）张梯（纂）、徐远超校注《[道光]续增平罗记略》；（清）佚名纂，胡玉冰、张煜坤校注《[光绪]宁灵厅志草》；（清）俞益谟、高巍修，（清）俞汝钦、李品犄年纂，田富军校注《[康熙]新修朔方广武志》，上海古籍出版社，2018，第148页。

不同之处在于其以符号距离的远近表示时值的长短，用不同的符号代表不同的法器，演奏时一人一件法器，与唱念、笛笙等乐器合起来，与僧人共同演奏、唱念，气势雄浑，振聋发聩。北武当庙庙会音乐与北京潭柘寺佛教音乐有极深渊源，由于民歌、小调的融入，宫廷音乐的润色，南北唱腔互渗，形成了具有浓郁地方特色的佛教音乐。其曲调既有南国音乐的委婉，也有北方蒙、藏等民族音乐的高亢。唱词有多种语言文字，包括梵文、巴利文、藏文、汉语等。音乐有文乐、武乐两种，文乐即唱谱，用工尺谱记录，武乐又名"渣渣子"，用竖行式记谱方法记录，是北武当庙庙会音乐最具特色的部分，代表曲目有《四季歌》《醒世词》等。2008年，北武当庙庙会音乐入选第二批国家级非物质文化遗产代表性项目名录。[①]

（七）燎疳

宁夏汉族群众有正月二十三燎疳——以火禳灾的习俗，尤其在农村地区至今还保留有相对完整的传统仪式。正月二十三当天吃过晚饭后，人们在自家庭院或院门口，拾掇好燎疳用的柴火、鞭炮，有些地区则准备平时用的铁锨、灰耙、刀具、擀面杖、谷物、米粒和食盐。当太阳落山天擦黑后，人们陆续簇拥在自家或邻家的庭院或院门口，拢起柴堆，由主家主持燎疳的人负责点火，并向火中抛洒盐、谷物和米粒。柴火点着后，女眷们把准备好的刀具、擀面杖等拿到火上燎，边燎边说些祝福、祈祷的话。在火烧旺以后，将事先准备好的鞭炮三三两两扔进火堆，大人拉着小孩在火堆边跳跃，以示燎去病灾。在火势式微并接近熄灭时，主持燎疳的人会用铁锨把火花高高扬

[①] 宁夏非物质文化遗产保护中心编《宁夏非物质文化遗产项目名录：增补本》，宁夏人民教育出版社，2017，第180页。

起，一边扬还一边大声问："这是什么花？"众人会附和道："麦子花！""玉米花！""青豆花！""荞麦花！"采取一问一答的形式，将燎疳活动与祈求农业丰收、身体健康、幸福平安等紧密联系在一起。"扬花"结束后，大人、小孩会急忙在未燃尽的火堆里碎步踩踏，边踩边说："踩老鼠喽！""踏害虫喽！""灭病菌喽！"以祝愿当年五谷丰登、百事顺遂。在一家燎完后，再跑到另一家进行同样的仪式，整个晚上人们几乎都处在兴奋愉悦当中。这种仪式不仅体现了农业与生活的紧密联系，也拉近了邻里之间守望相助、相扶相携的关系。2016年，燎疳民俗入选第四批自治区级非物质文化遗产代表性项目名录。[①]

（八）游九曲

游九曲，俗称"转灯"，是流传于盐池县及周边地区以"九曲黄河龙门"为阵进行游玩的一种群体性大型民俗文化活动，有着广泛的群众基础。据传，游九曲受启于古代兵家布下的一种易守难攻的阵式，因其阵式像九曲十八弯的黄河而得名。每年正月十四到正月十六，人们敲锣打鼓，喜开九曲门，上灯时节，将九曲灯点着，游九曲的人流由鼓乐队开道，从"阵门"进入，浩浩荡荡，蜿蜒曲折，依次前行。在盐池民间流传有"游九曲，禳灾祛病，人活九十九"的民谣。旧时，"九曲黄河龙门阵"是由365根高粱、竹竿或玉米秸秆等就地取材搭建而成，杆与杆之间用藤条连接，每根杆上悬挂着色纸筒油灯，并伴有彩旗等装饰，四角摆放由泥浆糊成并堆放柴火的巨型火炉。20世纪90年代后，一般多用木椽、铁杆搭建，形成曲直通道，每杆设有灯盏

[①] 宁夏非物质文化遗产保护中心编《宁夏非物质文化遗产项目名录：增补本》，宁夏人民教育出版社，2017，第219页。

或带灯的红灯笼，曲头变成了灯箱布制作的大型花灯门，四角用巨型火炉堆放煤炭点燃，夜幕下显得五彩缤纷，万紫千红。2018年，为了更好地传承"游九曲"民俗文化活动，盐池县建成占地面积24316平方米的"九曲民俗文化园"，其中"九曲黄河龙门阵"占地面积12723平方米，游道总长2.4公里，以钢筋混凝土和琉璃瓦、砖块、大理石及大型电子设备等构筑而成。外观恢宏，曲径通幽，美不胜收，成为盐池县文化旅游响亮的名片，吸引着全国各地游客以及外国友人前来游玩。"游九曲"按周易九宫八卦方位分为九个曲阵，365个灯杆代表365天。九个曲阵分别把福、禄、寿、喜、吉、祥、安、康、顺的美好寓意结合后按八卦的方位与意义相互联通。九曲布阵呈方形，横排19行，竖排19排，阵内有365个坐标点，东、西、南、北、中共分为九个曲阵。每曲中又有曲头，一个曲头就是一个死胡同，进阵门若按特定的路线前进，可顺利出门，反之会误入"歧途"。阵中东西走向的曲叫"平曲"，南北走向的曲叫"立曲"。曲阵的平与立，多与少及顺序走向在于设阵人的精心摆布、变化。群众"游九曲"时，各提一个灯盏挂于立杆之上，形成百家灯阵，每逢重大节庆，不论男女老少、成千上万的人在吹鼓手的带领下前呼后拥，迂回于九曲回廊之中，到了"中宫"，吹鼓手就开始跑步前行，大家既要跟上吹鼓手的步伐，又要抢先敲钟，有及早达成愿望的目标寓意在其中。在"游九曲"活动中，有一种特殊的"偷灯"习俗，按照民俗说法，偷个绿灯生女儿，偷个红灯生儿子，守灯人不时会故意高喊："偷红灯生小子喽！"怂恿年轻媳妇"偷灯"。"偷灯"要还灯，今年"偷灯"一盏，明年须还灯两盏。近年来，游九曲活动主要由政府文化旅游部门安排组织，往往与元宵灯会同时举办，参与人数众多，是盐池县的特色年俗活动。2016年，游九曲入选第四批自治区级非物质文化遗产代表性项目名录。①

  通过对宁夏民间观念与信仰的整理和梳理，不难发现，无论是在宁夏引黄灌区，还是在中南部山区，都传承着具有地方特色的民间观念与信仰，这种观念与信仰深深地与当地民众的实际生活相适应。从诉求上说，以民间观念与信仰为代表的民俗活动，是人们对"趋避灾祸、祈求平安"的情感表达。从心理上说，这些民间观念与信仰已经成为人们心理认同的一种载体。在祭祀活动中，人们怀着敬畏的心情有序参与到每一项既定程序，反映了乡土社会人们法天敬人的思想。当然，民间观念与信仰，在一定程度上又发挥了超自然的诸多价值，这让人们清楚自己在大自然面前的微弱和渺小，懂得只有众志成城、精诚团结才能克服困难的道理。民间观念与信仰对于人们世界观塑造、乡村社会秩序建设的再构具有重要作用。从这个角度讲，传承千年的乡村礼仪与村民的价值观念有着极大的契合度，以德服人和以和为贵的处世之风，对于维持乡村有序发展发挥着重要作用。

---

① 宁夏非物质文化遗产保护中心编《宁夏非物质文化遗产项目名录：增补本》，宁夏人民教育出版社，2017，第219页。

第三章
传统农耕文化遗产与农业生产实践

　　传统农耕文化遗产是我国古代劳动人民在长期的农业生产活动中，通过种养结合，使种植、养殖与农业生态环境相互适应、相互协调。它不仅能够促进农业经济的可持续发展，而且能够与周围的农业生态及其他生物种群和谐共生，是生态性与经济性两者相统一的传统农耕文化。本章系统梳理和总结黄河流域宁夏段传统农耕文化遗产的技术体系，包括农业资源综合利用技术、农业生态保育技术、农业环境治理技术、自然灾害防御与气候变化适应技术等，并与现代农业生物技术、信息技术等结合，探索现代生态农业发展模式，并在黄河流域进行推广，以促进黄河流域生态环境改善和现代生态农业的发展。

第一节　传统农耕文化遗产在农业生产实践中的功能定位

一　道法自然的生态禀赋和开源节流的生态理念

　　宁夏北峙贺兰山，南凭六盘山，黄河及各级支流蜿蜒而过，自流灌溉条件便利，开发历史久远，早在秦汉之际，就因驻军和移民屯垦戍边得到大规模开发，出现了"畜牧为天下饶""富民遐迩天下""冠盖相望"[①]等繁荣景象。雄浑的贺兰山与不息的黄河水，加上人们的勤奋苦干，共同筑就了美丽的塞北御景。据《嘉靖宁夏新志》载："（宁夏）人性勇悍，以耕猎为事，孳畜为生。"[②]黄河自中卫市入境，向东北斜贯于宁夏平原之上，河势顺地势经石嘴山市出境。北部川区地势平坦宽阔，土壤肥沃，沟渠纵横水利资源丰富，日照充足，自古就有"贺兰山下果园成，塞北江南旧有名"的美誉。屹立在南部山区有黄土高原"湿岛"之称的六盘山是一座南北走向的山脉，这里森林茂密，林区药材丰富，有党参、贡芪、贝母、柴胡、当归、大黄等名贵药材。经过千百年的农耕实践，宁夏各族群众依托当地特有的自然、经济条件，从事农牧业生产，经过不断的劳动实践，创造了赓续不断的农业耕作技术、积累了畜牧养殖经验，如在盐碱沙滩地带培育出的枸杞种植系统。因枸杞抗盐碱性强的特点，一直以来都是改良土壤的绿化先锋树种，对于防止土壤次生盐渍化与土壤盐碱化具有明显的改良效果，被广泛种植在宁夏从北部石嘴山市惠农区燕子墩乡到中南部山区固原市原州区头营镇地区。传统农耕与生态环境的关系十分密切，为了节约土地资源和水资源，广大劳动群众很早就总结出了作物轮作、间作套种，以及农牧结合、农渔并举的种植、养殖方式，在有效维护自然资源的可持续利用方面进行了有效实践。

---

① （汉）司马迁：《史记》，上海古籍出版社，2011，第2462页。
② （明）胡汝砺编、（明）管律重修、陈明猷校勘《嘉靖宁夏新志》，宁夏人民出版社，1982。

二 积累了丰富的农业生产实践经验和畜牧业发展理念

传统农耕最显著的特点是发掘土地增产潜力，提高土壤有效生产率。在千百年的农业实践中，宁夏各族群众积累了在不同自然气候条件①和不同土壤环境下②进行有效耕作的农业生产经验。各地农民群众在不同水资源条件下，对不同土壤种植何种作物有着十分清楚的认识，即使是相同属性的土壤，因其类型特点和灌溉条件不同，对作物的种植要求也不尽相同。同时，宁夏也是一个传统畜牧区，培育出了诸如盐池滩羊、泾源黄牛、固原土鸡和中卫山羊等很多较有地方特色的动物品种。其中，盐池滩羊和中卫山羊不仅是国家二级家畜品种，也是著名的裘皮羊品种。它们

---

① 宁夏地处黄土高原北缘，地势南高北低，地形狭长，以山地高原为主，自北向南依次为贺兰山地（海拔1250~3556米）、宁夏平原（海拔1070~1250米）、鄂尔多斯西南丘陵（海拔1300~1500米）、黄土丘陵（海拔1600~2200米）、六盘山地（海拔2100~2942米）等地貌单元。地貌类型主要有山地、丘陵、盆地、平原、台地、沙漠和沙地，在全区土地面积中，山地面积占20.92%，丘陵占34.08%，台地、盆地和平原占43.66%，沙漠和沙地占1.34%。在全国气候区划中，固原南部属中温带半湿润区，固原以北至盐池、同心一带属中温带半干旱区，引黄灌区属中温带干旱区。根据全国气候区划和宁夏农业气候与生产的特点，习惯上将全区分为南部山区和北部引黄灌区，南部山区包括六盘山阴湿区、西海固黄土丘陵半干旱区、盐池同心香山干旱区。各区之间的气候变化规律基本上是，年降水量由南往北递减，各市县年均降水量为162.4~999.1毫米，其中，2018年全区平均降水量370.5毫米；气温则由南往北递增，年平均气温由南部的5℃~6℃上升到北部的8℃左右，各市县年平均气温6.4℃~11.4℃，其中，2018年全区平均气温9.3℃。
② 宁夏土壤受地貌及生物气候条件与人为活动的影响，具有明显的地带性和非地带性特征。地带性土壤由南向北分布有黑垆土、黄绵土、灰钙土、灰漠土和灌淤土等五种类型。海拔不同，导致气候、植被发生变化，而引起土壤垂直变化的山地土壤，由上而下有山地草甸土、山地棕壤（六盘山）、山地灰褐土、山地灰钙土（贺兰山、罗山）。自然土壤经长期灌溉、耕作、施肥等人为措施后，逐步变成农业土壤（熟化土壤）。此外，在低洼易涝地区尚有由地表积水而形成的沼泽土，以及因地下水及盐碱作用而形成的草甸土、盐碱土及白僵土等。

所产羊毛都富有光泽和弹性,是织毛毯的优质原料。随着国家对传统农耕文化遗产的重视,盐池滩羊养殖系统入选"中国重要农业文化遗产名录",中卫山羊入选农业农村部颁布的"国家级畜禽品种资源保护名录"和"国家级畜禽遗传资源保护名录"。在长期的农业生产生活中,广大农民群众创造并保存了较有价值的农耕养殖技术,以及与之相适应的一整套价值、情感、知识和趣味的文化系统。除了精细化、生态化的传统农耕方式外,更有在从事农耕生产劳动实践过程中产生的"天人合一""道法自然"等生活哲理和对生命本体的参悟智慧。

三 崇尚以乡规民约为约束的乡村礼仪

乡村礼仪是村民在生产生活实践中形成的约定俗成的、律己敬人的行为习惯,对于约束村民的礼仪规范和处理村民邻里关系纠纷具有一定的强制作用。在传统农耕文化保留相对完整的村落,乡村礼仪几乎渗透进了村民生活的点点滴滴,包括盖房迁居、婚丧嫁娶等各个方面。尤其是一些偏远农村,虽然经济落后、思想封闭,但人们一直遵守着祖祖辈辈传承下来的礼仪规范。譬如,宁夏一些较为偏远的传统村落还传承着诸如祭河神、祭山、游九曲等具有浓郁地域特色的民俗活动,人们怀着敬畏的心有序参与每一项既定程序,反映了大家趋避灾害、祈求平安的心理,折射出乡土社会法天敬人的思想。其实,在传统礼仪规范中,蕴含着祖祖辈辈传承已久的知识、道德、习俗等文化,它们自成体系,维护着传统农业社会的有序运行。传承千百年的乡村礼仪与村民的价值观念有着极高的契合度,以德服人和以和为贵的处世之风对于维持乡村有序发展发挥着重要作用。2014年5月4日,习近平总书记在北京大学师生座谈会上指出:"中华文明绵延数千年,有其独特的价值体系。

中华优秀传统文化已经成为中华民族的基因，植根在中国人内心，潜移默化影响着中国人的思想方式和行为方式。今天，我们提倡和弘扬社会主义核心价值观，必须从中汲取丰富营养，否则就不会有生命力和影响力。"[1] 随着乡村振兴战略的稳步推进和深入实施，乡村礼仪制度被重新提起，其中所蕴含的"以和为贵""和而不同""和实生物"等处世哲学有助于推动社会主义核心价值观落细、落小、落实，使村民在思想上更好地与现代社会生活相融合。

四　珍惜土地，用养结合，集约经营，注重以精耕细作为核心的农耕体系建设

农耕体系是指由种植制度、耕作技术和田间管理技术等构成的农业综合技术体系。[2] 珍惜土地，用养结合，集约经营，是人们对中国传统农业精华的高度概括。在种植制度方面，较为干旱缺水的中南部山区自汉代开始，经魏、晋、南北朝，逐渐形成了以"耕、耙、耱、压、锄"[3] 为主的整套旱地农业生产耕作制

---

[1] 习近平：《习近平谈治国理政·第一卷》，外文出版社，2022，第170页。
[2] 姚兆余：《中国农耕文化的优良传统及其现代价值》，《甘肃社会科学》2008年第6期，第71页。
[3] 在魏晋南北朝时期，农业耕作技术得到进一步发展。人们开始采用耕、耙、耱相结合的技术，即在土地翻耕之后，先用耙破碎土块，再用耱磨平土地，三者配套使用，使土块细碎、土地松软平整，切断土壤中水分蒸发的通道，达到抗旱的目的，这种古老的耕作技术至今仍流行于西北地区。其中：耕，在魏晋南北朝时期，以犁具的改进和牛犁推广为基础，"耕"成为独立环节。《氾胜之书》主张"因时耕作、因土耕作"，《齐民要术》强调耕地"以燥湿得所为佳""秋耕欲深、春耕欲浅"，均体现了抗旱保墒的农业思想和精耕细作的技术特点。耙，主要用于耕后碎土，汉代人们已经很重视耙地，出现了竹木耙、铁齿耙等人力耙，魏晋南北朝时期出现了畜力耙。耙的出现，标志着北方旱作农具和技术体系的进步。耱，由先秦时期的"耰"发展而来，又称"摩""蔺""劳""耢"等，大致为安有牵引装置的长条形木板。有耕耙后磨碎土块、覆种平沟、压实禾苗之功用，常与耙配合使用。

度，包括撂荒耕作、轮荒耕作制等，有黄河灌溉之利的宁夏平原（包括银川平原与卫宁平原）则形成了以稻旱轮作、间套复种和多熟种植为主的种植制度①，有些地区还实行在土地连种制基础上轮作复种、轮作倒茬等灵活多样的耕作方法。同时，人们还创造了许多合理有效的生产耕作技术，包括作物品种穗选、作物虫害防治、植物嫁接、畜禽杂交等技术。此外，宁夏引黄灌区还形成了以稻田综合种养为代表的土地立体种养技术。所谓稻田综合种养，就是将传统的种植业和水产养殖业有机结合起来，利用水稻种植和水产养殖互为生态链的原理，使稻田种植系统利用水产养殖中的营养，水产养殖利用稻田种植系统中的水源，在保证水稻产量的前提下，实现"一地两用，一地双收"的农业生态模式。在这一复合生态系统中，水稻为水产养殖物提供庇荫和有机食物，鱼、蟹、虾、泥鳅和鸭（雁）等水产养殖物则发挥为水稻耕田除草、松土增肥、提供氧气、吞食害虫等作用，较大限度地减少系统对农药、化肥等外部化学物质的依赖，形成一个绿色健康的营养循环体系。在田间管理技术方面，人们坚持"用养结合"的方式利用耕地资源，遵循"因地制宜"的原则，发展

---

① 宁夏平原的耕作制度主要有稻旱轮作、间套复种和多熟种植等。①稻旱轮作。稻旱轮作是经过长期的生产实践形成的一种耕作制度，其主要优点是洗盐效果明显、种植绿肥有培肥土壤作用以及水旱作物交替种植有利于消灭杂草和病虫危害等。稻旱轮作制主要分布在银川以南各市县，依据旱段年限不同，可分为三段轮作与二段轮作。三段轮作即一年稻两年旱，二段轮作即一年旱一年稻。前者主要分布在卫宁灌区，后者主要分布在青铜峡灌区及石嘴山市少数地区。②间套复种。宁夏的间套复种主要是春小麦、大麦等夏粮收获后，复种小糜子、荞麦，小麦和扁豆混种，小麦和豌豆混种，大麦和蚕豆混种，胡麻和蚕豆混种，小麦套种大豆、玉米，高粱套种豆子等。③多熟种植。新中国成立前，宁夏平原基本是以小麦、水稻为主的一年一熟制，部分小麦等夏作物收获后复种小糜子、荞麦或小麦套种黄豆。20世纪50年代后，广泛推广一年两熟和一年三熟（多种多收）等，采取"小麦间种玉米套种大豆""小麦套种苏子""小麦间种甜菜"以及"两粮一肥""两粮一豆"等模式，达到多种多收的效果。

出了平翻耕法、保墒耕法、深松少耕法、砂田耕法、轮作耕法、水平沟耕作法和垄沟耕作法①等田间管理技术。

五 重视生态种养，通过选种培育实现农业的高产、稳产

生态环境价值是传统农耕文化遗产最具特色的功能之一。在

---

① 田间管理技术包括平翻耕法、保墒耕法、深松少耕法、砂田耕法、轮作耕法、水平沟耕作法和垄沟耕作法等。其中，①平翻耕法。是运用历史最久、分布最广的一种耕法。它主要有3个土壤耕作环节：基本作业—耕翻；表土作业—耙、耱、镇压和中耕。耕翻采用传统畜力牵引的农具有三角形犁铧的犁（旧式犁）；打碾、镇压的农具有碾子、棱磙、碌碡等；耱是以沙柳、柠条等编织的地耱。20世纪50年代后期引进无壁犁、机引五铧犁、单列双列圆盘耙、镇压器等。②保墒耕法。表土作业主要在旱季进行，以保好地中墒为中心，主要采取以下措施：一是春免耕。小麦、豆类等夏收作物和糜、谷、胡麻、马铃薯等早秋作物，在头、中伏秋耕后，播前只碾耱地，不进行其他耕作；晚秋作物中的糜、荞，播前用三齿耘锄或无壁犁松土1次，除草，紧接着耱地合口。二是冬春打碾。冬季打碾能保墒，春季打碾防风蚀。夏作物一般在播前打碾，头次在冬前田间土壤夜冻昼融、上虚下实时进行，二次在春播前进行。此外，还有秋作物播前的犁后打碾；禾本科作物的压青打碾；配合耕、耱、耙的综合打碾；糜、谷出苗期的破板结打碾。但在风沙大、盐碱重的地方或陡山和岛式平地不能打碾，以免引起风蚀和返盐。三是耙耱保墒。当地耱地有：犁后耱地、播后耱地（谷子、胡麻除外）、幼苗顶土时耱地、张口地雨后耱地等4种。农民总结出4条经验："一是地墒要适宜；二是耱地次数多能使表土变细；三是采用对角耱和半耱半压；四是新耱的棱角摩擦力大，碎土效果好，播种时一般用新耱。"③深松少耕法。该耕作法通过土壤上实下松、虚实并存的耕层构造，较有利于土壤贮水和保墒。④砂田耕法。明初以来海原高崖、李旺、七营、原州区头营、同心下流水、中宁鸣沙一带干旱区农民常用此法种植西瓜、香瓜、麻、棉花等作物。砂田耕法是以砂石作为土层覆盖的一种耕法，即将直径3~5厘米和1~2厘米的砂粒覆盖在表土层上，可以蓄水保墒，提高出苗率。砂田原先主要用于种植瓜类，逐渐扩展应用到蔬菜苗圃育苗、菜地点种等，也有应用在种植小麦上。⑤轮作耕法。在宁夏中南部干旱半干旱地区，广泛实行的是小麦、豌豆4年轮作，即小麦连种3年，第4年种豌豆。⑥水平沟耕作法和垄沟耕作法。南部山区沟壑纵横，丘陵密布，为缓解水土流失给农业生产造成的威胁，当地群众创制了水平沟耕作法和垄沟耕作法。即在垄沟内播种两行作物，收获后将原来的沟变为垄、垄变为沟，通过减轻雨水对山坡土壤的冲刷力度，达到蓄水保墒的效果。

长期的农业实践中，人们观察到作物与作物之间通过不同的组合可以达到保墒育肥的效果，"蓬生麻中，不扶自直。"① 在充分利用作物不同组合进行保墒育肥的过程中，人们也注意到作物与作物之间相抑相克的现象，并将这一规律运用于田间管理。麻子会对其周围杂草产生抑制作用，因而被广泛用作先锋作物进行农田开荒和杂草防控。在传统农业种植过程中，人们还总结了很多抵御各种生物灾害和自然灾害的办法和措施。譬如，"以虫治虫"和"以鸟治虫"。有学者调查统计："专以松毛虫为食的鸟类至少有六七十种，这些鸟类中最常见的是大山雀、啄木鸟、灰喜鹊等，它们的数量多，活动灵活而范围广阔，捕食量大，起到了比农药灭虫更加理想的生态防治效果。"② 人工扑打、饵诱、除虫器械等是传统农业消灭病虫害常用的方法，农户"在枸杞地里栽种蓖麻，引诱害虫集中到蓖麻上，然后将蓖麻拔除集中烧毁进行防虫。"③ 还可以用煮过烟叶的水来喷淋枸杞树，这对防止蚜虫也十分奏效。其实，很多生物一直是人们用来防治农业病虫害的好帮手。其中，七星瓢虫可以帮助人类消灭蚜虫和蚧虫。在重视生态种养的过程中，人们也很注重通过选种培育来提高农业产出和收入。在富含传统农耕文化遗产的村落，人们经过长期的生产积累，掌握了与当地生态资源具有较好协调性的品种资源、生产方式和生活方式。像中宁枸杞、灵武长枣、盐池黄花菜、同心银柴胡等都是经过当地农民选择、具有独特的生态适应性和较高营养价值的农作物遗传资源，它们在抗病、抗虫、抗旱、耐盐等

---

① 张晚林导读、注译《荀子》，岳麓书社，2019，第4页。
② 惠富平：《中国传统农业生态文化》，中国农业科学技术出版社，2014，第311页。
③ 梁勇、闵庆文、王海荣主编《宁夏中宁枸杞种植系统》，中国农业出版社，2017，第91页。

方面有着丰富的遗传多样性，为生物多样性和生态环境保护发挥了重要作用。"留种培育"一直是宁夏各族群众的传统手法。近年来，风靡银川市场的连湖西红柿受到了人们的追捧。连湖西红柿是宁夏农垦集团连湖农场历经30年生产实践，在荷兰普罗旺斯西红柿品种基础上研发出的一款具有较高科技含量的优质生态品种，因其质地鲜艳、口感好、糖分少等特点，备受消费者青睐。据种植者反映，"连湖西红柿种植半年就可上市，每棚收益最低可达15000元，比种别的作物要高出好几倍利润。"在连湖农场的带动下，附近邵岗镇、李俊镇等地的农户也纷纷跟种了起来。当前，优质高产品种在提升农业产业竞争力、实施农业供给侧结构性改革、推动特色优势产业结构调整、增加农民收入、保障粮食安全等方面发挥着十分重要的作用。

六 注重不违农时的种养观，遵循节气对农耕活动的指导作用

在传统农业社会，与农业生产联系最为紧密的就是时令与节气。时令与节气就像一首生活叙事诗，将生产生活的"纹理"深置于乡土社会的土壤之中，使其成为沟通人们情感的桥梁和纽带，促使人们的生产、生活更加自觉化、有序化。千百年来，人们根据月亮的阴晴圆缺、万物的荣枯盛衰，通过反复观测天文、气候、物候等自然现象对农作物生长发育的影响，总结和掌握了有关农事与季节、气候变化的二十四节气。二十四节气是人们在农耕实践活动过程中的智慧总结，有中国第五大发明之称，覆盖了农业生产的各个阶段、各个环节。二十四节气就是将一年12个月划分为24个节气，在每间隔15天的1个节气里说明"什么时候该播、什么时候该收，什么时候该种什么、什么时候不种什么"，能应景应时地充分利用时令与节气对农业生产产生警示和

指导作用，从而充分把握农业"春耕夏耘秋收冬藏"的周期性、季节性与规律性。同时，人们还以歌谣和民谚的形式总结了很多有关气候、物象等特点与天气的变化规律情况，如在宁夏有以气象预兆雨雪的，"头年小暑热，二年雨水多""入春寒，有灾年；入春暖，是丰年""春雷响得早，收成一定好""五月旱，不算早；六月旱，连根烂"等。"以时为令，不违农时"是世代农民必须严格遵循的时间表，否则就会"人误地一时，地误人一年"。《吕氏春秋·审时》曰："凡农之道，候之为宝。……其早者先时，晚者不及时，寒暑不节，嫁乃多蓄实。"[①] 随着现代农业科学技术的迅猛发展，农业生产中出现了温棚种植、反季节种植等技术，传统的二十四节气对农业生产的指导作用逐渐弱化，但是作为一种历经千年的应时法则，它依然影响着我们生活的方方面面，比如在预测天气变化等方面仍发挥着重要作用。

第二节 影响传统农耕文化遗产传承发展的因素分析

一 影响传统农耕文化遗产传承发展的历史客观因素

（一）历史欠账及对土地过度开发造成的土壤环境退化

宁夏地处我国干旱、半干旱农业区域与畜牧业区域交错的地带，人们很早就在灌溉较为便利的宁夏平原地区进行了农业垦殖，而遍布丘陵、涧地的地区则更适合发展畜牧业，在未垦荒前这里曾经森林覆盖，草木茂盛，牛羊成群。然而，历史上的屯田制度打破了这一平衡，在明清更甚，"（明代时）宁夏镇东部不

---

① 陆玖译注《吕氏春秋（下）》，中华书局，2018，第981~987页。

适宜发展农业的花马池等地也不断遭到开垦，……宁夏镇屯田规模之大，已从适宜耕种的平原发展到草地，甚至山地"①。长期以来，由于人们在垦殖过程中施行了粗放的耕作方式，加之屯田时普遍种地不养地，土壤肥力下降、土地盐碱化、沙化严重。有学者表示："这种严重沟蚀现象的出现和迅速发展，主要是天然植被经过大规模开垦以及过度的樵采和放牧之后，坡面径流强度增大、土壤失去庇护的结果。"② 在此过程中，水土流失对土壤造成的破坏也不可小觑，"仅南部山区每年向黄河输送的泥沙就有9600万吨"③。习近平总书记于2019年9月18日在河南主持召开黄河流域生态保护和高质量发展座谈会时指出："黄河一直体弱多病，水患频繁，当前黄河流域仍存在一些突出困难和问题。究其原因，既有先天不足的客观制约，也有后天失养的人为因素。可以说，这些问题，表象在黄河，根子在流域。"④ 国家高度重视黄河流域生态保护和高质量发展，宁夏积极响应党中央关于黄河流域生态保护和高质量发展的部署要求，牢牢把握战略机遇，科学谋划，精准发力，聚焦黄河"几"字弯都市圈协同发展，不断加大黄河流域生态保护修复力度。在黄河流域宁夏段水源涵养区、水土保持区、平原防护区、沙化土地治理区4个区域，积极实施黄河支流源头水源涵养林建设、黄河支流两岸水土保持林建设、黄河干流护岸林及沿线绿网建设、黄

---

① 王群：《明代宁夏镇屯田与农业生态环境变迁》，《宁夏大学学报》（人文社会科学版）2016年第3期，第52页。
② 陈育宁：《宁夏地区沙漠化的历史演进考略》，《宁夏社会科学》1993年第3期，第45页。
③ 李禄胜：《中国"三农"问题研究——以宁夏为例》，经济科学出版社，2015，第33页。
④ 《习近平在河南主持召开黄河流域生态保护和高质量发展座谈会》，学习强国，2019年9月19日。

河两岸沙化土地治理、湿地保护修复、天然林管护修复、退耕还林还草、特色经济林提质增效、自然保护地体系建设、退化草原修复等十大重点生态工程项目和三北防护林、精准造林"四大工程"等国家和自治区重大生态建设工程，对黄河南北滨河大道内侧或干流水域边界两侧300米范围内耕种的非基因农田实施退耕还林还草还湿地。在黄河、清水河灌区新发展特色经济林，推进灵武长枣、彭阳红梅杏良种繁育基地建设和低产低效园改造，因地制宜开展特色种植、森林康养以及林产品采集加工等三产融合发展模式，构建以国家森林公园为主体，湿地公园、沙漠公园等相结合的生态旅游休闲产业，为黄河流域生态保护和修复做出积极努力。

（二）在水资源严重匮乏前提下对水的过度浪费和污染

宁夏深居内陆，远离海洋，是全国水资源最为贫乏的省区之一，地表水资源最少，仅有9.71亿立方米，只有全国平均值的6%。[1] 黄河过境水是宁夏最可依赖的水源，在境内流程397公里，多年平均过境流量325亿立方米，国家调配可利用水资源40亿立方米（实际利用仅为33.0亿立方米，且逐年减少），全区人均水资源占有量仅为黄河流域的1/3、全国的1/12。[2] 水利资源在地区上的分布也不均衡，绝大部分在北部引黄灌区，水能也绝大多数蕴藏于黄河干流。而中部干旱高原丘陵区最为缺水，不仅地表水量小，而且水质含盐量高，多属苦水，因地下水埋藏较深，灌溉利用价值较低。南部山区相对中部干旱带属于半干旱

---

[1] 中共宁夏回族自治区党校、宁夏回族自治区行政学院、宁夏回族自治区统计局编著《宁夏区情数据手册2018~2019》，阳光出版社，2019，第62页。

[2] 《中国农业可持续发展研究》项目组：《中国农业可持续发展研究（下册）》，中国农业科学技术出版社，2017，第1019页。

半湿润地区，河系相对中部干旱带还算发达，流经河流主要有清水河、苦水河、葫芦河、泾河、祖厉河等。然而，总体来看，无论是宁夏的中部干旱带，还是南部山区，都以"苦瘠甲天下"而著称，就是苦出了名的"西海固"。尽管政府做了不少工作，实施了小流域综合治理和退耕还林还草等多项生态工程，在一定程度上缓解了生态环境的持续恶化，但尚未从根本上改变这一趋势。比缺水更为严酷的现实是，工农业用水存在浪费大、有效利用率低等问题。主要表现为农业水利设施老化严重，引水渠道渗漏频发；农田灌溉漫灌、串灌现象普遍，灌入田间水量远远超过需水量，这不仅浪费了水资源，而且提高了地下水位，导致土壤盐碱化。2019年9月18日，习近平总书记在河南主持召开黄河流域生态保护和高质量发展座谈会时强调："要坚持以水定城、以水定地、以水定人、以水定生产，把水资源作为最大的刚性约束，合理规划人口、城市和产业的发展，坚决抑制不合理用水需求，大力发展节水产业和技术，大力推进农业节水，实施全社会节水行动，推动用水方式由粗放向节约集约转变。"[①] 在水资源严重匮乏并浪费的情况下，水污染情况也相当严重，除了工业排污和城市排污外，农村农业面源污染也是影响农村环境、农业生产和粮食增收的重要因素。党的十八大以来，国家坚持推进社会主义生态文明建设，实施河长制、湖长制，不仅全面推动了人人关爱河流、保护河流的自觉行动，也为各级政府走可持续发展之路提供了有力保障。2020年1月4日，宁夏回族自治区十二届人大常委会第十七次会议表决通过了《宁夏回族自治区水污染防治条例》，对全区各地用水防水污染做出规定，对于水污染防

[①] 《习近平在河南主持召开黄河流域生态保护和高质量发展座谈会》，学习强国，2019年9月19日。

治具有重要作用。同时，宁夏还实施了《宁夏回族自治区城市地表水环境质量排名方案（试行）》，从 2020 年起对被纳入全区各市县水环境质量状况排名的 72 个断面（点位）开展地表水环境质量排名工作，其中考核地表水断面（点位）37 个，主要排水沟断面（点位）35 个。依据相关规定，采用统一指标和方法计算城市水质综合指数（CWQI）及变化程度（△CWQI），两项指标都按照从小到大的顺序排名，名次越靠前表明水质状况越好和水质改善程度越高。①

（三）富含传统技艺的"绝活"遭遇"冷落"

随着城镇化建设和大量农民进城务工，很多村落，尤其是富含传统耕作技术、传统技艺，具有一定文化底蕴的传统村落，出现青壮年外出务工、妇女陪伴儿童进城上学，只有一些零星老人苦守"空巢"的现象。村落人口老龄化、空巢化导致很多村落逐渐走向衰落，外出务工人员的增加以及留守儿童、空巢老人的增多，进一步加剧了村落的颓废。村落作为自然与人类共同创造出来的美丽景观，既存有田园风光这一看得见的物质文化遗产，又存有流传下来的耕作技术、传统技艺，以及与之相关的耕作习惯、礼仪制度等看不见的非物质文化遗产。20 世纪 80 年代，自宁夏启动易地扶贫搬迁工程以来，南部山区很多农村居民离开了原来不适宜生存的地区，搬进了整齐划一的移民新村或融入城镇生活，一些传统民居遭到遗弃，依附在其中的传统技艺、耕作习惯、礼仪制度等随之发生变化，甚至消亡。2013 年 7 月，习近平总书记在湖北调研时强调："农村绝不能成为荒芜的农

---

① 赵倩：《宁夏将按季度公布城市地表水环境质量排名》，学习强国（宁夏学习平台），2020 年 1 月 20 日。

村、留守的农村、记忆中的故园。"① 党的十八大以来,国家高度重视乡村建设,将实施农业强国战略放在更加突出的位置。跟随国家的脚步,宁夏进入城乡建设并重阶段。然而,在长期实行的城乡二元结构中,一些村民在半工半农的职业游离状态下思想观念发生变化。很多进入城市打工或在城镇定居的农村居民,在淡化曾经作为自己精神支撑的乡土文化的过程中,既不能有效融入现代都市生活,也不能对现代文化进行有意识地鉴别,从而处在传统与现代断层的夹缝中备受煎熬。更有一些没有挣到钱的农民(工)在难以适应城市生活节奏的情况下,再次返回农村,但回到家乡后更多表现出对自身价值的否定,出现情感世界空虚、价值取向功利、消费观念畸形和社会融合度不高等问题,而那些滞留于农村的留守人员,也没有很好地将乡土文化传承下去,反而产生思想老旧、盲目信仰、自卑感强、干劲不足等问题。村民精神贫困,已成为当前制约农村发展不可忽视的因素。还有一些新生代农民(工),尤其是适婚女青年,要求男方在城里必须买房才愿意嫁过来。据调研,宁夏 ZW 市 HY 县 GA 乡 GHW 村,一个以种硒砂瓜为生的村落,村民收入要远比邻村高出许多,但这几年却出现了不少光棍大龄男青年,有一家甚至出现光棍兄弟。究其原因,主要是因为当地男青年不愿外出打工,死守"祖业",但光靠卖瓜种田的那点收入根本无法在城里买房购车,很多姑娘不愿意嫁到这种"穷山沟"再过祖祖辈辈"面朝黄土,背朝天"的生活。无独有偶,在笔者到 WZ 市 TX 县 XL 乡调研时,正好赶上一对新人举办婚宴。据知情人透露,这对新人已将婚礼推迟了 3 年,之

---

① 《丰收节里,重温习近平的"三农"情怀》,学习强国,2019 年 9 月 23 日。

所以推迟是因为男方今年才在城里为女方买到了房。当前，我们要加快建设乡村振兴样板区，进而实现农业强国，可是农村的年轻人大多都跑到城里去了，乡村到底由谁来建设呢？

（四）支撑特色产业发展的能力十分有限

在千百年的农业劳动实践中，宁夏各族群众无论是为提高农业生产力和改善农村生活环境而修建的各种农业设施，还是为求生计而培育出的与当地生态资源具有良好协调性的特产类品种资源；无论是为住居而创建的窑洞、平顶房等传统聚落，还是在农业实践中创造、享用和传承的生产、生活习惯和风土习俗，都是世代相传、已经深深融入人们日常生活的传统农耕文化遗产。然而，随着现代农业化工技术的不断进步和广泛应用，这些传统农耕文化遗产在现代农业产业体系、生产体系、经营体系中的作用却十分有限。一些传统手工技艺，如中宁枸杞传统栽培技艺、滩羊皮鞣制工艺、固原传统建筑营造技艺、浮雕、赵氏木板雕花技艺、传统小吃等虽然在过去为满足人们生产生活需要而得到延续和传承，但在现代农业产业体系、生产体系、经营体系中却并不能给村民带来实实在在的经济收入，更不能支撑村落的永续发展。随着城镇化的加速推进，大量青壮年外出务工，传承已久的农耕技艺逐渐失去了往日的光泽，家庭经营日渐缺位，农村留守人员无心将精力投入农事、农活和农家的治理中，这使传统农耕文化遗产的优势难以得到有效展现。《中共中央关于制定国民经济和社会发展第十四个五年规划和二〇三五年远景目标的建议》指出："我国发展不平衡不充分问题仍然艰巨，创新能力不适应高质量发展要求，农村基础还不稳固，城乡区域发展和收入分配差距较大，生态环保任重道远，民生保障存在短板，社会治理还有弱项。"失去了特色产业的支撑，以传统技艺为代表的传统农耕文化遗产就会显得无精打采、缺乏生机，最终走向衰落。譬如长城村，2018年入选国家"第五批传统村落名录"，位于彭阳县城阳乡以北5公里处，因战国秦长城贯穿境内而得名。村内民俗文化丰富，有白马庙、饮马潭等人文景观，还有民间根雕、刺绣等非物质文化遗产。剪纸是长城村村民装点、记录生活的民间艺术，出现于各种民俗活动中，是长城村民间历史文化内涵最为丰富的艺术形态之一。然而，这些民俗文化、传统技艺却不能给村民带来实实在在的经济收入，更不能支撑村落永续发展。每到春节过后，村内青壮年依旧要加入络绎不绝的劳务大军到外地去谋生。① 有学者表示："一旦村民无法在传统业态的产业链上谋生，往往只有走出村落，在城市的边缘或打工或经商谋生。"② 在农村依附城市经济发展的模式下，城乡收入差距不断拉大，城乡文化差异却在缩小，城市强势文化覆盖了人们的精神需求。如何深刻把握城乡关系特征，重塑城乡关系，走城乡融合发展之路，应是当前需要各界花大力气解决的问题。

二 保护、传承和开发利用过程中存在的主观人为因素

（一）法律观念淡薄，保护意识不强

2014年10月1日颁布实施的《中国重要农业文化遗产管理办法（试行）》（以下简称《办法》），是目前国内有关农业文化遗产保护和开发利用方面的最高指导性文件。《办法》就政府

---

① 统计资料显示，近20年来宁夏农民外出务工人数　直呈上升趋势，其中2019年全区农民工总数达100.5万人（包括外出农民工77.3万人，本地农民工23.2万人），2020年受新冠疫情影响，外出人数有所减少，截至2020年，共有97.2万人外出务工，其中外出农民工80.1万人，本地农民工17.1万人，分别占82.4%和17.6%。

② 丁智才：《新型城镇化背景下传统村落特色文化保护与传承——基于缸瓦窑村的考察》，《中国海洋大学学报》（社会科学版）2014年第6期，第93~98页。

管理部门的职责做了详细列举，总共有9项之多。在一定程度上可以作为地方遵照执行的范本，但也存在一些问题。其中最为重要的就是缺乏对政府消极履职和不履职行为惩罚措施的规定。当然，《办法》在具体落实上也存在一些困难，因为传统农耕文化遗产的地域性特点，其在执行过程中存在制度规定不能完全涵盖所有区域的情况。政府作为保护传统农耕文化遗产的责任主体，应该担负起保护与开发利用的双重职责，可是在实际工作中却没有一个明确的政府部门来具体负责该项工作。放眼全国，传统农耕文化遗产保护的组织机构也不健全。目前，仅有部分遗产地成立了农耕文化遗产保护的专门机构，比如内蒙古敖汉旗成立了农业文化遗产保护与开发管理局、云南红河州成立了梯田管理局，但是大部分地区传统农耕文化遗产的保护和管理都是由当地的农业农村或文化旅游等部门负责兼管。在管理过程中因涉及自然资源、环境保护、林业、渔业等领域，其中的一些功能又被分流到其他职能部门，所以在遇到具体问题时，很容易出现推诿扯皮、不愿承担责任的情况。一旦有利益纠葛，还会出现各部门互相争抢的现象。法律法规的缺失和不严密，导致人们对传统农耕文化遗产保护认识不足，重视程度不够，法律观念不强，保护意识淡薄。据笔者调研，有60%的居民搞不清传统农耕文化遗产的权利归属问题，也很少有人意识到自己应该争取获得相关权益，在问及"是否知道自家的地被政府纳入传统农耕文化遗产保护的范围"时，回答基本上是肯定的，可是在问及当地传统农耕文化遗产"属于村集体，还是当地政府"时，75%的人没有概念，其余的只是想当然地回答是村集体或政府，追问原因，无从说起，也没有足够的依据。当地农村居民是传统农耕文化遗产传承的主体，也是乡村建设的利益主体。因为缺乏相关法律法规，很多遗产地居民对自己享有的权利和应该承担的责任存在认知盲点。随着传统农耕文化遗产保护与开发利用的深入，越来越多的公司、企业、社会组织等利益主体陆续参与进来，开发传统农耕文化遗产地的相关资源，对当地进行投资，发展旅游业、兴办企业等。在经济往来中，不可避免就会产生利益纠纷。无论是发生侵权还是违约，都需要有具体的权利人来主张自己的利益。有鉴于此，亟待出台一个专门保护传统农耕文化遗产，涉及农、林、牧、渔各项利益的法律法规，以保护各方合法权益。当然，对于传统农耕文化遗产的保护，政府已经做了很多类似申报遗产项目等方面的工作，并且利用行政手段开展了一系列保护活动，但行政手段往往具有较大的随意性，难以形成固定的保护模式，力度欠佳。基于此，在国家层面亟须制定一部针对传统农耕文化遗产保护的法律法规，对相关行为进行规范并成立专门机构，对权益关系进行明确规定，形成对传统农耕文化遗产保护的有效机制，解决实践中面临的保护难题。

（二）传统农耕文化尤其是传统村落的农耕遗产遗迹保护现状堪忧[①]

传统农耕文化遗产系统不仅包括农业生产系统，还包括与农业生产息息相关的知识体系、技术体系和文化体系。宁夏传统农耕文化遗产既存有独特的田园景观艺术这一看得见的物质

---

① 为全面了解宁夏传统农耕文化在保护和开发利用中存在的问题，我们设计了包括农村居民在内的广大群众关于"宁夏传统农耕文化遗产的保护和传承意识"等有关调查问卷，在银川、石嘴山、吴忠、固原、中卫5个地级市的有关地区进行了随机调研，调研对象涉及不同年龄、不同职业、不同文化层次的各类人群，但主要以当地农村居民为主。一共发放调查问卷1000份，有效回收960份。其中，男性占55%、女性占45%；7%的调查对象没有上过学、24%是小学文化水平、38%是初中文化程度、24%是高中文化程度，只有7%的人具有大专以上文化程度；18~25岁占35%、26~45岁占45%、46岁及以上占20%。调查对象的收入来源及收入水平存在一定差异，充分体现了调查问卷的科学性和有效性。

文化遗产，又存有流传下来的传统耕作技术，以及与之相关的风俗习惯等看不见的非物质文化遗产。一些传统农耕文化保存完好的农村，农户对当地农耕知识、技术、乡规民约和民风民俗略有知晓，但随着劳动力的转移和农户兼业化，近三成的受访者对传承已久的乡风民俗了解程度较差。笔者在中卫市海原县九彩乡就当地传统技艺制作擀毡的情况进行了调研，在"您对传统农耕文化遗产擀毡了解程度"的调查问卷中，有12.5%的调查对象选择了"完全不了解"，有47.5%的调查对象表示"听说过但不知其具体情况"，有37.5%的调查对象表示"稍有了解"，只有2.5%的调查对象表示"非常了解"。甚至很多农村居民对自己司空见惯的文化文物遗迹有一种视而不见的感觉，更别说对这些景观遗迹进行保护与开发利用了。习近平总书记强调："城镇化要发展，农业现代化和新农村建设也要发展，同步发展才能相得益彰，要推进城乡一体化发展。"① 宁夏的一些传统技艺，如手工地毯织造、枸杞种植、泥彩塑、擀毡等多是靠经验的积累，需要长期的观察和学习，但很多人在追求更高经济利益的驱动下，严重依赖高效的现代化工技术，对传统技艺缺乏应有的耐心，从而难以真正掌握。遗产地农民对自己手中持有的遗产价值了解不够，意识不到目前正在使用的现代化工技术对遗产造成的破坏，加上很多人不知道应采取何种方式对其进行保护和开发利用，导致很多传统农耕文化遗产面临消失的危机。由此可见，对传统农耕文化遗产的保护和传承刻不容缓。

（三）过分依赖以农药、化肥为代表的现代石油化工技术

随着现代农业技术革命的发展，农民对农药、化肥和农用地

---

① 《丰收节里，重温习近平的"三农"情怀》，学习强国，2019年9月23日。

膜等化学材料的依赖超乎想象,除草这种工作也基本由除草剂来代替了。据统计,2010年以来,宁夏全区农业施肥量一直高居百万吨以上[①]且逐年呈上升趋势,2020年之后又连续3年出现回落,这可能与当前政府正在积极推行的大豆玉米带状复合种植结构[②]有关。化肥、农药中含有砷、镉、铅、氟、汞等成分,大量使用会污染土壤,使其肥力下降;化肥中的氮和磷等元素会导致水体富营养化,而且由于微生物的作用氮在土壤中会形成硝态氮,随水进入地下,可引起地下水污染;农用地膜使用后残留于

---

① 据《2022年宁夏统计年鉴》,宁夏全区农业施肥量多年来基本保持在百万吨以上。其中,2010年的施肥量为102.6万吨,2011年施肥量为103.3万吨,2012年施肥量为106.6万吨,2013年施肥量为108.9万吨,2014年施肥量为106.9万吨,2015年施肥量为107万吨,2016年施肥量为107.8万吨,2017年施肥量为107.5万吨,2018年施肥量为101万吨,2019年施肥量为100.7万吨,2020年施肥量为99.1万吨。而宁夏的耕地面积则一直保持在120万公顷左右,其中,2010年全区耕地面积113.5万公顷(水田18.8万公顷,旱地94.7万公顷),2011年全区耕地面积113.3万公顷(水田18.9万公顷,旱地94.4万公顷),2012年全区耕地面积128.6万公顷(水田19万公顷,旱地109.6万公顷),2013年全区耕地面积128.4万公顷(水田18.9万公顷,旱地109.5万公顷),2014年全区耕地面积128.9万公顷(水田18.8万公顷,旱地110.1万公顷),2015年全区耕地面积129.3万公顷(水田18.7万公顷,旱地110.6万公顷),2016年全区耕地面积129.2万公顷(水田18.6万公顷,旱地110.6万公顷),2017年全区耕地面积129.3万公顷(水田18.6万公顷,旱地110.7万公顷),2018年全区耕地面积130.3万公顷(水田18.6万公顷,旱地111.7万公顷),2019年全区耕地面积119.8万公顷(水田15.4万公顷,旱地104.4万公顷),2020年全区耕地面积120.1万公顷(水田15.4万公顷,旱地104.7万公顷)。
② 大豆玉米带状复合种植结构包括"4+3""4+2""4+5""2+3"等模式,其中,"4+3"模式是指玉米种植4行,宽窄行种植,中间两行行距70厘米,边行行距40厘米,株距14厘米,单粒精播,亩种植密度5500株左右;大豆种植3行,行距30厘米,穴距12厘米、一穴两粒,或穴距6厘米、一穴一粒,亩种植密度10000株左右;玉米与大豆行间距70厘米左右。玉米大豆总带宽350厘米,玉米大豆占地比约为6∶4。播种机械选择玉米大豆一体式7行(2∶3∶2)专用播种机,玉米可机械收获,大豆选择窄幅式收获机收获。"4+2""4+5""2+3"等模式的原理与"4+3"模式相似,可依次类推。

土壤中，会形成土壤的白色污染。但是，在农业生产中，农药、化肥、地膜是保证粮食增产的必需品，在作物生长过程中如果离开农药，害虫就会出来捣乱，不施化肥粮食产量就跟不上，农用地膜对于抗旱保温具有明显效果。2017年10月18日，习近平总书记在中国共产党第十九次全国代表大会上讲话时指出："我们要建设的现代化是人与自然和谐共生的现代化，既要创造更多物质财富和精神财富以满足人民日益增长的美好生活需要，也要提供更多优质生态产品以满足人民日益增长的优美生活环境需要。"①如何发展传统生态农业，减少农药、化肥等化工原料在农业中的不合理投入以及消除农用地膜对土壤的污染，将是当前和今后需要深入思考和关注的问题。2022年10月16日，习近平总书记在党的二十大报告中强调："必须牢固树立和践行绿水青山就是金山银山的理念，站在人与自然和谐共生的高度谋划发展。"②农业绿色发展既是乡村振兴的内在要求，也是农业供给侧结构性改革的主攻方向。近年来，宁夏各级政府高度重视绿色发展方式转型，深入实施农业绿色发展重大工程。一是强化农业面源污染防治。认真落实"一控两减三基本"，坚持投入减量、绿色替代、种养循环、综合治理，实施农药化肥减量增效行动。大力推广测土配方施肥、水肥一体化和绿色防控技术，建设化肥减量技术服务示范基地，建立全程绿色防控示范区，全面落实农药经营许可、限制使用农药定点经营规定，加强农业投入品质量管控，加快新型植保机械推广应用步伐，促进化肥农药减量增效。二是推进农业废弃物资源化利用。建立畜禽粪污资源化利

---

① 《党的十九大报告辅导读本》，人民出版社，2017，第49~50页。
② 习近平：《高举中国特色社会主义伟大旗帜　为全面建设社会主义现代化国家而团结奋斗——在中国共产党第二十次全国代表大会上的报告》，人民出版社，2022，第50页。

用可持续运行机制,加大规模化养殖场粪污处理设施装备配套建设力度,全面提高畜禽养殖粪污综合利用水平;推广深翻还田、捡拾打捆、秸秆离田多元利用等技术,积极培育秸秆收储运和综合利用市场化主体,推进秸秆全量利用;建立农用残膜回收再利用机制,开展地膜替代、减量使用和降解地膜试验示范,提高农膜回收利用率。三是实施优质农产品品牌提升工程。加大农产品品牌培育力度,增加绿色优质农产品有效供给,讲好绿色优质农产品品牌故事,利用品牌强农战略创响一批"宁字号""老字号""原字号"特色农产品品牌,通过农产品品牌效应,不断提升其溢价能力。

(四)传统农学思想和耕作技术逐渐被摒弃

目前,国家正处在农耕嬗变的历史节点。大量过去在农村司空见惯的生产工具和生活器物,因不再需要而迅速消逝,许多民间习俗信仰,因现代生活方式的剧烈变化而不再被传承,甚至部分优秀的传统观念也被年轻人淡忘。传统农耕文化遗产的保护与传承出现严重断层。相对来说,以传统技艺和传统耕作方式为代表的传统农耕文化遗产具有很强的实践性和可操作性。在千百年的农业生产生活实践中,宁夏各族群众在农田试验中经过无数次的观察、研究和探索,总结出了很多对农业发展具有指导作用的耕作技术和农学思想,然而随着现代农业科学技术的普及和温棚种植等反季节种植技术的推广,人们对反映传统农耕种植的农谚知识感到陌生。在调查当代年轻人对祖祖辈辈传承已久的农谚俗语的了解情况时,笔者设计了"您对祖祖辈辈流传下来的农业气象谚语、物候知识和农作物病虫预防知识等了解吗?"的问题,有4.5%的调查对象选择了"非常了解",有65%的调查对象选择了"一般了解"和"不太了解"。当笔者继续请调查对象"说一说你知道的农业气象谚语"时,很多人对宁夏当地的农业谚语了解非常有限，甚至混淆了本地气象谚语与外地气象谚语在物候上的差别。人们已经习惯了城市化或城镇化带来的便利，熟悉了工业产品的批量生产与现代时尚，对于以传统手工艺和绝活儿为代表的传统农耕文化遗产逐渐陌生和悖离。麻国庆等指出："在全球化、现代化和城市化的冲击之下，已经越来越多地走向濒危和消亡的境地，就像生命垂危的病人，如果不尽快急诊、输血和治疗，不知道哪一刻就停止了心跳。一旦这些非物质文化遗产失去生命之源，那我们就只能在前人的只言片语中寻找它们的印记了。对非物质文化遗产资源进行抢救性保护的初衷一方面是希望非物质文化遗产能够走出濒危的困境，重新焕发生机与活力，另一方面是更希望能够用影像、录音、文字记录、数字化手段等多种方式进行记录、整理和建档。也许这些非物质文化遗产资源最终不能活态地传承，但抢救性的记录与保存，却能为世界文化多样性增添一丝完整的记忆，为今后族群文化的恢复与重建保留一颗珍贵的种子。"① 现代化工材料对身体健康的危害，使人们逐渐意识到传统的生产生活方式、传统的手艺、传统的习俗，无论是对生态环境，还是对人类身心健康以及人们在这种生活方式下所遵行的法天敬人的思想都是利大于弊。

（五）创新能力不足，农业产业发展规模整体偏小

近年来，宁夏立足区域资源禀赋，以提高发展质量和效益为中心，以优质粮食、畜牧产业、蔬菜产业、适水产业等特色优势产业为重点，深入推进农业结构优化调整，为农业产业发展奠定了良好基础。一是建立高标准现代高效节水农业示范区和绿色食品原料标准化生产基地，使标准化生产水平得到显著提高；二是

---

① 麻国庆、朱伟：《文化人类学与非物质文化遗产》，生活·读书·新知三联书店，2018，第98~99页。

培育农业新型经营主体，涌现出了一批在区域范围内示范带动能力强的龙头企业；三是随着消费者对营养健康食品需求的增加，全区绿色食品产品结构得到不断优化和完善；四是聚焦葡萄酒、枸杞、牛奶、肉牛、滩羊、冷凉蔬菜等"六特产业"，利用农业科研部门已有优势，通过对接农村农业科技人才培养，按照产业和农业发展需要，培养大批农业专业人才。然而，对照高质量发展要求，宁夏农业产业仍存在一些短板和问题。主要表现为农业产业总体规模小，加工主体实力弱，在精深加工方面缺乏自主研发的关键技术，产业链条短，很多农产品处于初级加工和销售原材料阶段，农业集约化和农民组织化程度不高，绿色食品产业可持续发展面临挑战。2022年12月，习近平总书记在中央农村工作会议上强调："农村现代化建设是建设农业强国的内在要求和必要条件，建设宜居宜业和美乡村是农业强国的应有之义。"[①]如何将传统农耕文化遗产嵌入新时代宜居宜业和美乡村建设，通过培育新型农业经营主体，将宁夏传统优势品种资源与现代农业科技有机结合，提高农产品附加值，以农业龙头企业为引领带动、以农民专业合作社积极参与产业化建设为支撑，促进产业提档升级，形成现代农业发展新格局，是当前业界需要认真思考的问题。

（六）乡村礼仪与价值观念和农事节日习俗淡化

随着农业机械化的普及，农民从事农业活动的时间在不断减少。笔者在宁夏吴忠市同心县兴隆县王团村调研时统计得出，当地有70%的农民常年奔波于城镇打工与农村种地之间，有些在外打工路途遥远的农民（工），在农忙时节甚至"忙里偷闲"，

---

① 《锚定建设农业强国目标 切实抓好农业农村工作》，《人民日报》2022年12月25日，第1版。

利用老板给的休息时间或专门请假回到庄稼地里忙于播种或收割，然后再"马不停蹄"回到打工单位。由于常年外出，村民之间的交往越来越少，祖祖辈辈在农业生产生活中结成的睦邻友好关系被慢慢瓦解，多年传承下来的"守望相助、疾病相扶"逐渐淡化。在农民如潮水般涌向城市的过程中，乡村发展和农业现代化进程受到阻滞，导致传统的耕作技艺无人传承，与农业相关的民俗礼仪面临断代失传的风险。习近平总书记指出："我们要深入挖掘、继承、创新优秀传统乡土文化。要让有形的乡村文化留得住，充分挖掘具有农耕特质、民族特色、地域特点的物质文化遗产，加大对古镇、古村落、古建筑、民族村寨、文物古迹、农业遗迹的保护力度。要让活态的乡土文化传下去，深入挖掘民间艺术、戏曲曲艺、手工技艺、民族服饰、民俗活动等非物质文化遗产。要把保护传承和开发利用有机结合起来，把我国农耕文明优秀遗产和现代文明要素结合起来，赋予新的时代内涵，让中华优秀传统文化生生不息，让我国历史悠久的农耕文明在新时代展现其魅力和风采。"[1] 传承已久的乡村礼仪和价值观念是维系乡村社区凝聚力和认同感的前提，也是激发乡村功能多样性的重要途径。如何通过改善乡村交通、通信、电力等基础设施，进一步加强乡村社会与外部世界的交流，出台政策让农民回流和吸引城市居民到乡村发展，重新梳理祖祖辈辈流传下来的乡村礼仪和激活优秀传统乡土文化是当前最为紧迫的任务之一。实现城乡互动，促进乡村可持续发展，是破解农村发展困境、促进城乡共同繁荣、推动区域协调发展、加快建设乡村全面振兴样板区的有效路径。

---

[1] 中共中央党史和文献研究院编《习近平关于社会主义精神文明建设论述摘编》，中央文献出版社，2022，第224页。

第三节　将传统农耕文化遗产嵌入黄河流域生态保护和高质量发展先行区建设

一　树立法治观念，从立法的角度对现有传统农耕文化遗产进行有效保护

对于传统农耕文化遗产的保护和开发利用，关键在于制度的设定和政策的执行和实施。在国家尚未出台《农业文化遗产保护条例》等有关法律法规、无法可依的前提下，宁夏可以借鉴学习兄弟省区在保护传统农耕文化遗产方面已经出台的地方性法规（如云南对哈尼梯田的专项地方保护法规[①]），制订保护重要农业文化遗产地的相关政策和规定，包括保护的内容、保护的方式和范围、保护的期限和保护效果的评估方式等，明确规定政府的职能职责和对保护地管理人员失职行为的责任追究，以及对破坏农村生态环境者的惩戒措施等，使传统农耕文化遗产的保护有法可依，有章可循。在管理体制方面，可考虑由政府牵头，将农业、林业、水利、旅游、文化、文物、环保等主管部门的相关职责统一到一个专门的协调管理体制机制内，建立专门的组织管理机构，赋予其相关政策法规的执法和行政管理职能，确保传统农耕文化遗产得到有序开发和保护利用。同时，政府在做好政策法规保障的基础上，督促科研部门对传统农耕文化遗产开展理论研究及生态、经济、社会、文化、旅游等多学科综合性研究，弄清传统农耕文化遗产保护与开发利用的重要性和紧迫感。

[①]《云南省红河哈尼族彝族自治州哈尼梯田保护管理条例实施办法》共四章二十九条，就农耕遗产的保护范围、责任单位、职能职责、保护措施、保护经费、财政预算、项目审批、开发利用等方面做了详细而具体的规定，这对宁夏传统农耕文化遗产的保护与开发利用具有较好的借鉴作用。

二 找准定位，在政策导向和具体管理上对传统农耕建立有效的保护机制

2015年1月19日至21日，习近平总书记在云南考察工作时指出："新农村建设一定要走符合农村实际的路子，遵循乡村自身发展规律，充分体现农村特点，注意乡土味道，保留乡村风貌，留得住青山绿水，记得住乡愁。"[①] 因此，对于传统农耕文化遗产地的保护与开发利用，要在充分论证的基础上，结合宁夏新农村生态建设实际，对以传统聚落为代表的传统农耕文化遗产地建设给予优先资助，对其中长期发展规划制订、基础设施建设、生态基础设施建设、教育培训等给予明确指导。在对传统农耕聚落的保护上，避免"大拆大建、千村一面"现象的发生，让传统村落保持其独特的乡土本色和"望得见山、看得见水、记得住乡愁"的生态文化符号和特征，按照村落自身特点进行长远规划才更符合村落发展实际。传统农耕文化遗产大多存在于落后、偏远、自然条件较差的地区，由于不同的农耕文化遗产存在的环境不同，对其相应的管理方式也要不尽相同。在长期的生产实践中，传统农耕文化遗产地的居民在资源匮乏的环境下坚持自力更生、不断尝试、适应和创新，积累了丰富的技能知识和实践经验，为农业文化遗产的适应性管理提供了基础，这就要求我们在农耕文化遗产管理方面，要根据农耕文化遗产所包括的传统耕作技术与经验、传统农耕生产工具、传统农耕种植制度、传统农耕民俗、民间观念与信仰、当地特有的农作物品种及农俗谚语等不同内容采取与之相应的管理方式。当然，对于以传统农耕聚

[①] 中共中央党史和文献研究院编《习近平关于"三农"工作论述摘编》，中央文献出版社，2019，第122页。

落为代表的传统农耕文化遗产的保护和开发利用，政府的监管责任不可或缺。宁夏是经济欠发达省区，对于以传统农耕聚落为代表的传统农耕文化遗产的保护和开发利用要尽可能纳入政府的日常工作议程，由相应的职能部门来负责。一方面，要建立传统农耕文化遗产保护名录体系，注重其活态传承和长远发展，通过财政预算和招揽社会资金给予经费支持；另一方面，对掌握特殊传统技艺的传承人要给予特殊政策，鼓励和支持他们开展带徒授艺活动，确保宁夏传统农耕文化遗产能够薪火相传、永续发展。

三 系统解析、科学评估，对遗产地生物资源进行深度挖掘

宁夏的生物资源、生态资源、文化资源都极为丰富，但目前业界还缺乏系统解析和深入研究。一般而言，传承于各地的生物资源，都是经过当地群众长期选择、培育、筛选的，具有独特的生态适应性，在抗病、抗虫、抗旱、耐盐等方面具有独特作用，这些作物也是至今国内外利用基因组、转录组、代谢组等技术分析较少的生物资源。对此，宁夏可依托国家重大项目，对这些生物资源的遗传及生态产品的营养价值、保健价值进行深度研究和系统解析，这不仅对于科学发展具有较为重要的意义，而且对于地方的农业、产品、加工和旅游产业的持续发展，甚至对于全国的农业产业的发展都具有重要意义。由于传统农耕文化遗产地都具有较为独特的生态条件，当地居民经过长期的生产实践，已经掌握了与其具有良好协调性的品种资源、生产方式和生活方式。但对这些经验和知识缺乏系统的整理和评价。在未来的发展中"哪些部分是核心区域，哪些部分是缓冲区域，哪些部分是生态廊道；哪些部分需要保持，哪些部分需要改造和重构"，尚未进行系统评价，对其生态服务功能也未进行定量评估和价值分析，对传

统农耕文化遗产地的建设功能认识不清晰，更无法应用到其他生产条件和生态系统中。宁夏各级各类科技部门和科研单位应该对已经公布和即将入选的传统农耕文化遗产地进行生态系统重构与农业可持续发展的专项立项，深度挖掘这些系统中的科技元素，为宁夏农业可持续发展寻找更多可资借鉴的线索，从而找到产业提升、经济发展和生态保护的路径。对于传统农耕文化遗产，应根据目前的存在状况和发展前景进行科学分类和梯次分级，采取和实施抢救性保护、生产性保护、整体性保护和立法保护等不同措施。对一些已经不适合当前社会生活节奏、跟不上时代发展节拍的濒危传统农耕文化遗产，如擀毡、打梭、吆逐、箍窑等，应采取抢救性保护措施，利用现代科技手段将它们尽可能完整地保存以免被历史尘封；对与产业挂钩、具有明显经济效益的传统技艺制作，如剪纸、刺绣、糖挂子、手工酿皮、传统酿醋、木版年画、滩羊皮糅制等，应采取生产性保护，进行合理的生产、开发，促进传统技艺更好地传承、保护和开发利用；对一些以传统村落等为代表的传统农耕文化遗产应给予整体性保护，让聚积在其中的传统建筑及传统生产、生活方式和生活理念，能够得到较好的延续和保留；对一些以古建筑为代表的传统农耕文化遗产，如古长城、古堡子等，应采用行政执法的形式，严厉禁止对遗址、遗迹的破坏和损毁。同时，应根据当地的地形地貌，利用现代生态学和景观学的原理，进行符合生态景观和民族地域特色的生态基础设施建设。在住宅建设、道路修建、灌溉设施建设和游览路线设计时，应尽量保持地方特点，尽可能减少对生态环境造成负面影响。

四 因地制宜，积极发展休闲农业、生态农业、旅游农业

休闲农业是利用农业景观资源和农业生产条件，在农村地区因地制宜发展观光、休闲、旅游等产业的一种新型农业生产经营

形态。发展休闲农业，有助于开发农业资源潜力，调整农业产业结构，改善农业农村环境，增加农民收入，是推动农村实现产业融合、建设和美乡村的重要举措，也是促进城乡居民消费升级、发展新兴业态、培育新动能的重要选择。以休闲度假的方式招揽参观游览者到开放型农业生态博物馆中亲身体验，例如在采摘季节，可以招募大量志愿者参与枸杞采摘、长枣采摘、苹果采摘的活动，不仅可以实现对传统农耕文化遗产的活态展示，增加人们对传统农耕文化遗产的亲近感，而且可以解决当地劳动力不足的问题。从这个意义上讲，对传统农耕文化遗产的保护和开发利用，需要采用一种动态的管理模式使其在传承发展中被保护和开发利用，这就要求遗产的保护组织和个人"不应筑起高墙守卫遗产，而应当开门迎客展示遗产，这是保护遗产的必要之举"[1]。新时代发展休闲农业，要按照"产业兴旺、生态宜居、乡风文明、治理有效、生活富裕"的总要求，进一步向全域化、特色化、精品化的方向发展，向打造休闲乡村转型升级，促进乡村产业协同发展和产业链不断延伸。在发展休闲农业的过程中，一方面要将先进的管理模式、管理理念源源不断引入农村，潜移默化地影响农村基层管理体制机制，另一方面在处理依法签订土地租赁合同、劳务聘用、庭院出租等事宜的过程中，强化法律在维护农民权益、规范市场运行等方面的权威地位。相对而言，传统农耕文化遗产的保护发展目标是系统完整性的目标，它既是经济保护发展的目标，也是生态、环境、文化保护发展的目标。对传统农耕文化遗产的保护并非是要原封不动的存留，而是要以科学合理的手法对其进行活态开发。从这个角度讲，在保护与开发过程

---

[1] 马萧、张蓉：《通过发展旅游保护农业文化遗产的社会学探析——以浙江青田"稻鱼共生"系统为例》，《安徽农业科学》2011年第2期，第936页。

中，要厘清两者的辩证关系。笔者认为，促进传统知识体系与现代科学技术的结合是保护传统农耕文化遗产的重要方面。传统农耕文化遗产丰富的知识体系和实践经验是现代知识产权制度体系建立的基础，应通过现代科技研究传统系统拥有的实践经验的科学性，利用现代科技发展传统农耕文化遗产所包含的传统知识和制作技艺，提高传统农耕文化遗产从业人员的科技研发能力和文化知识水平。传统农耕文化遗产所包含的生物多样性、农业景观、知识体系对于食物安全和生态安全保护具有重要作用。宁夏地方虽小，却涵盖了西北地区地形地貌和景观景致的所有特征，北部的青铜峡灌区有平原、湿地和黄河大峡谷，中南部山区有适宜发展航空旅游的梯田花海，平原东西两侧有一望无际的沙漠和戈壁滩可供自驾游，还有遍布各地的峻峭荒山、峡谷，可搭建帐篷、修建野宿营地，让人们体验野外探险生活。如何将传承于全区各地的传统农耕文化遗产与乡村旅游深度融合发展，是业界应该关注和思考的问题。

五 嵌入现代农业产业体系，提高单元生产能力

在千百年的农业劳动实践中，宁夏各族群众经过长期的生产实践，选择和培育出了许多与当地生态具有良好协调性的特产类或物种类品种资源，这些品种资源与当地的生态环境相适应，是农作物资源多样性的重要基因库。《中华人民共和国国民经济和社会发展第十四个五年规划和2035年远景目标纲要》指出："完善农业科技创新体系，创新农技推广服务方式，建设智慧农业。"[1] 如何加大传统特色产业培育，将富有宁夏地方特色的品

---

[1]《中华人民共和国国民经济和社会发展第十四个五年规划和2035年远景目标纲要》，人民出版社，2021，第67页。

种资源与现代农业科技有机结合，提高农产品附加值，通过深加工的形式延长产业链，以农业龙头企业为引领带动、以农民专业合作社积极参与产业化建设为支撑，促进产业转型升级，形成现代农业发展新格局，打造具有宁夏特色的品牌，应是当前业界需要深入思考的问题。2020年6月，习近平总书记来宁夏视察时明确指出："要加快建立现代农业产业体系、生产体系、经营体系，让宁夏更多特色农产品走向市场。"[1] 遵照习近平总书记指引的方向，宁夏各级政府应在加大培育传统特色产业的基础上，提高农村吸引力，适当放宽资本下乡和乡贤回乡政策，让一部分高素质专职于农业农村发展的劳动力回归土地，通过"公司+合作社+农户"的形式，引进农业龙头企业、优化产业结构、调整产业布局，将传统农耕文化资源优势转换为现代产业优势，"因地制宜、发挥优势"，充分挖掘和拓展农业的多维功能，促进农业产业链条延伸以及农业与工业、现代物流、文化创意、旅游观光、电商等深度融合，实现农村产业融合发展与人居环境改善互促互进，激发传统农耕文化遗产的内生动力，铺就现代农业农村高质量发展之路。

六 融入生态旅游体系建设，增强文化传承功能

因为传统农耕文化遗产产生的土壤是农村，所以对其保护和传承的主要基地也应放在农村。有学者表示："随着体验经济时代的到来，人们的旅游消费方式正从观光旅游向体验旅游转变。"[2] 宁夏具有资源丰富、价值独特的各类传统农耕文化遗产，

---

[1] 《让宁夏更多特色农产品走向市场——十七论认真学习宣传贯彻习近平总书记视察宁夏重要讲话精神》，学习强国（宁夏学习平台），2020年6月29日。
[2] 雒庆娇：《甘肃省少数民族非物质文化遗产保护研究》，商务印书馆，2015，第299页。

譬如传承在农村的传统生产生活方式、传统手工技艺、传统小吃，以及与之相关的风俗习惯等，这些都是吸引外来游客、发展乡村旅游经济的重要文化元素。政府在主导并监管村落规划项目建设（譬如乡村规划、景观设计和村庄建设等）的同时，应在政策和资金倾斜方面鼓励和支持涉农企业和"非遗"传承人致力于民宿体验项目的开发和投入使用，扶持刺绣、珠绣、剪纸、枸杞膏、老豆腐、二毛皮等非遗代表性传承人和社会文化能人兴办经营实体，努力将民宿体验与宁夏地方农产品加工、传统工艺美术等深度融合，通过推广传统饮食、传统民宿、传统节庆、传统歌舞等形式，吸引外来游客，推动产业发展，促进经济增长。在一些有条件的村镇，立足产业发展，走市场开发之路。譬如，在杨氏泥彩塑、魏氏砖雕等"非遗"富集的村落，实施产业带动发展，通过非遗世家及传承能人的影响，辐射带动周边村民共同致力于传统农耕文化遗产的保护与开发利用。其实，深隐在传统农耕文化遗产中的一些传统手工技艺，譬如羊皮筏子、六盘山抟土瓦塑、黄渠桥羊羔肉、大武口酿皮、二毛皮等，不仅与人们的衣食住行用等日常生活和社会生产密切相关，而且具有一定的经济文化和审美艺术价值。对此，各地可以依托传统农耕文化遗产底蕴深厚的村落，结合旅游、文化和创意产业，建立民俗文化展示中心、生态观光园、生态体验农场、自主采摘园、民俗体验馆等，使传统农耕文化与现代科技有机结合，打造集旅游、休闲、民宿于一体的乡村旅游目的地，使游客通过旅游充分感受村庄特色和乡土风情，最大限度地增强传统农耕文化遗产的文化传承功能。

七 实施种源保护，加强对农业生物资源多样性的保护与利用

种源保护是实现农业生物多样性的基础和保障，在千百年的

农业生产实践中，宁夏各族群众十分注重通过培育新品种获得农业生产的高产和稳产。在长期的农业劳动实践中，宁夏各族群众经过不断筛选，培育出了许多与当地生态具有良好协调性的特产类品种资源，如贺兰山葡萄、中宁枸杞、中卫硒砂瓜、灵武长枣、盐池滩羊、海原小茴香、同心银柴胡、固原燕麦、彭阳红梅杏、西吉马铃薯等，都是具有独特生态适应性和较高营养价值的生物品种资源，在抗病、抗虫、抗旱、耐盐碱等方面有着丰富的遗传多样性，为生物多样性和生态环境保护发挥了重要作用。有学者表示："在较长的适应性生产过程中，特产类农业文化遗产对于培育新的抗病品种、为人类提供食物源、为医疗卫生保健提供药用生物及生物生存环境资源、为工业提供原料等方面，都有不可估量的作用。"① 当前，优质高产品种在提升农业产业竞争力、实施农业供给侧结构性改革、推动特色优势产业结构调整、增加农民收入、保障粮食安全等方面发挥着重要作用。联合国粮农组织调查显示："国际粮食总产增长的20%依靠播种面积的增加，80%依赖于单产水平的提高，而单产增加的60%至80%又来源于良种的科技进步。"② 保护种源，加快种业产业振兴，不仅是深化"藏粮于地，藏粮于技"的主要举措，也是实施国家粮食安全战略的重要保障。习近平总书记强调："种源安全关系到国家安全，必须下决心把我国种业搞上去，实现种业科技自立自强、种源自主可控。"③ 如何借助现代生物技术、数字智能技术实施农业生物良种的精准育种、智能育种强化现代种业提升工

---

① 闵庆文、刘某承、杨伦：《黄河流域农业文化遗产的类型、价值与保护》，《民主与科学》2018年第6期，第28页。
② 毛长青、许鹤瀛、韩喜平：《推进种业振兴行动的意义、挑战与对策》，《农业经济问题》2021年第12期，第138页。
③ 常钦：《把"藏粮于地、藏粮于技"真正落实到位（我和总书记面对面）》，《人民日报》2022年3月7日，第2版。

程，构建好种源搜集、保护、鉴定和高效利用机制，加强制种基地和良种繁育体系建设，应是当前构建农业生态循环体系的一个主要方面。2022年宁夏完善农业种质资源普查收集鉴定评价机制，大力推进种质资源库建设，依据水稻、小麦、枸杞、酿酒葡萄、瓜菜、奶牛、肉牛、滩羊、渔业、林果等地方特色突破性新品种（系），充分发挥育种企业在品种研发方面的资源优势和龙头带动作用，积极建立生物活体、遗传基因与大数据相结合的现代种质资源保护体系；强化国家种业基地建设，建设青铜峡市国家杂交玉米制种基地，大力推进中国（宁夏）良种牛繁育中心建设，进一步提升平罗县蔬菜、盐池县杂粮杂豆、西吉县马铃薯国家级区域性良种繁育基地建设，为当地实施种业振兴行动迈出了坚实的一步。

八 重视农业生产，加强对耕地资源的保护和利用

农为邦本，粮稳天下安。自古以来，各级政府高度重视农业在国民经济中的重要地位，并且形成了自上而下的重农思想，甚至介入行政力量给予积极干预和调解。譬如，通过制定法律、设置官吏、兴修水利等措施和手段，努力促进和保护农业生产。传说三皇五帝时期，就已经设置了主管农事的管理部门，并配备"后稷"一职专门负责农业生产，到西周又衍生出农正、农师、后稷等各级官吏，[①] 其中"后稷"是"农官之君"。2022年12月，习近平总书记在中央农村工作会议上强调："全面推进乡村振兴、加快建设农业强国，是党中央着眼全面建成社会主义现代

---

① 董恺忱、范楚玉主编《中国科学技术史：农学卷》，科学出版社，2000，第62页。

化强国作出的战略部署。强国必先强农，农强方能国强。"[①] 中共中央、国务院每年发布的一号文件，以及当前国家积极推行和实施的封山禁牧、退耕还林还草、补植补造等政策，无不与农业生产、乡村发展和生态保护密切相关。耕地资源是发展农业生产不可或缺的主要资源，从古到今、从粗放农业到现代农业，人类均无法摆脱对耕地资源的依赖，尤其是优质耕地资源，更是粮食生产不可或缺的基础条件和重要保障。《中共中央国务院关于做好2023年全面推进乡村振兴重点工作的意见》指出："加强耕地保护和用途管控。严格耕地占补平衡管理，实行部门联合开展补充耕地验收评定和'市县审核、省级复核、社会监督'机制，确保补充的耕地数量相等、质量相当、产能不降。严格耕地转为其他农用地。"[②] 为严格落实中共中央、国务院关于加强保护耕地资源的决策部署，国家出台并多次修订《中华人民共和国土地管理法》，对严防耕地"非农化""非粮化"的制度边界做了细致严密的规定，为耕地质量保护、耕地保护补偿等制度和政策的建立筑牢了法律防线。宁夏积极响应中央号召并严格落实国家土地政策，积极出台《宁夏回族自治区防止耕地"非粮化"稳定粮食生产工作方案》，加强耕地保护利用，对耕地实行特殊保护和用途管制，以最严格的耕地保护制度筑牢耕地保护底线，将有限的耕地资源优先用于粮食生产，着力稳政策、稳面积、稳产量，切实防止耕地"非粮化"，确保粮食种植面积不减少、产量不下降，粮食综合生产能力稳步提升。严禁违规占用永久基本农田，严格规范永久基本农田农业生产经营活动，禁止占用永久基

---

① 《锚定建设农业强国目标 切实抓好农业农村工作》，《人民日报》2022年12月25日，第1版。
② 《中共中央国务院关于做好2023年全面推进乡村振兴重点工作的意见》，人民出版社，2023，第5页。

本农田栽植经果林、挖塘养鱼、非法取土等破坏耕作层的行为，禁止闲置、荒芜永久基本农田，确保永久基本农田占用和补划符合相关规定。同时，还运用耕地保护动态监测监管系统，每季度对补充耕地项目后期管护情况进行检查，严禁耕地"非农化"，防止"非粮化"。按照"谁受益、谁管护"的原则，补充耕地项目管护主体为新增耕地土地所有权人或使用权人，一般为村集体经济组织、农民合作社、种植大户、农场、农户和涉农企业等组织和个人。

第四章
农耕民俗与乡村治理

传统农耕民俗文化遗产，指一个民族或区域在长期的农业发展中所创造、享用和传承的生产、生活习惯风俗，包括关于农业生产和生活的仪式、祭祀、表演、信仰和禁忌等。[①] 宁夏传统农耕民俗文化遗产包括农业生产民俗、农业生活民俗和民间观念与信仰等。在千百年的农业劳动实践中，宁夏各族群众依黄河之利，创造了以擀毡、雕刻、泥塑、剪纸、刺绣、祭河神、祭山、青苗水会、秦腔、山花儿、皮影戏等为代表的传统农耕民俗文化，它们与人们的生存需求和心理需求相适应，反映了广大民众在长期生产生活中传承的农耕文化体系，以及世代相传的生产制度和礼仪民俗等，在塑造乡风文明、推进农村社会治理等方面发挥了重要作用。

第一节 传统农耕民俗文化在现代社会经济秩序建设中的价值作用

一 农业生产民俗及其价值分析

农业生产民俗是指在各种物质生产活动中产生和遵循的民

[①] 王思明、李明主编《中国农业文化遗产名录》，中国农业科学技术出版社，2016，第46页。

俗，以农作物种植、动物养殖等为核心展开，从具体民俗来看，包括生产工具民俗、技术过程习俗及其相应的人文仪式等。以擀毡、滩羊皮糅制、手工地毯制作、贺兰砚制作、羊皮筏子制作、手工酿皮制作、糖挂子制作、草编、麻编、大缸醋酿造等为代表的传统民俗与农业生产关系十分紧密。它们主要从当地群众的生产、生活习惯中形成和演变，受地理环境、农耕生产方式、历史传统等影响和制约，具有浓郁的地域特色和乡土文化特征。

农业生产民俗带给人们更多的是经济价值的呈现，在自给自足的农业社会，传承已久的包括擀毡、手工地毯制作、滩羊皮糅制、麻编等在内的传统技艺制作，主要是为了满足民众自身生活的需要，在当下的商品社会，这些农业生产民俗必然要走向市场，接受市场经济的检验。自治区级非遗传承人周永红，在吴忠市盐池县先后开办滩羊二毛皮皮毛店、二毛皮加工厂，并注册成立二毛皮制作公司，有200余人在她的工厂里学习滩羊皮糅制技艺，每年通过订单销售为签约养殖户带来了近千万元的可观收入。

张璟是自治区级麻编技艺传承人，8岁掌握麻编基础技法，20世纪90年代起先后在吴忠、银川等市成立"树璟麻编工作室"和"巴鸟苑手工坊"，2014年又自筹资金在贺兰山牧场建设建筑面积380平方米的"巴鸟麻编手工坊"，进行麻编技艺的保护、传承与展示，其作品多次在区内外获奖，有些麻编作品曾亮相上海世博会、北京文博会、深圳国际文博会等大型交流会，还代表宁夏到俄罗斯、法国、德国、葡萄牙、美国、日本、毛里求斯、阿联酋等国和地区开展文化交流。在张璟的带动下，很多村民也纷纷学习麻编技艺。银川市兴庆区月牙湖乡移民安置区滨河家园的群众都是从彭阳县移民而来，大家本就会一些手工编织技艺，也有刺绣功底。为了帮助困难老人和留守妇女能在照顾家庭之余有一定的经济收入，社区"两委"班子结合居民生活实际，号召大家走"非遗+扶贫"的路子。利用社区闲置房屋打造出约120平方米的扶贫工作车间——月牙湖手工工坊，用于刺绣、布艺、手工编织等手工艺品的加工制作。为扩大就业规模，当地乡政府又投入83万元新建140平方米的手工坊，通过开办麻编扶贫车间，吸引非遗传承人张璟等人给留守妇女、残疾人、空巢老人传授麻编技艺。近年来，手工工坊持续稳定就业70人，累计发放工资51万元，人均年收入8000元。有些人从一天只能编一两个杯垫的速度到现在一天可以编20多个手工艺品，有的甚至可以承接尺寸较大的地垫和背包，以及收纳筐制作等，工资也从三五百元涨到了八九百元甚至一两千元。

葫芦刻画"非遗"传承人陶瑞珍在石嘴山市大武口区潮湖村成立葫芦种植合作社，持续开展葫芦种植、葫芦刻画、烙画工艺培训等实践，并常年开办培训班，对葫芦刻画爱好者、周边村民、残疾人等进行种植技术和刻画技艺培训，广泛带动本地村民及残疾人种植葫芦、刻画葫芦，通过葫芦刻画为村民创造就业机会，引领大家共同创业致富。

当然，并不是每一项传统技艺制作都能带来相应的经济收入，在市场经济条件下，也有一些古老的传统技艺从人们的视线中逐渐消失了。譬如，羊毛毡曾是人们用来铺炕的主要用品，新中国成立前宁夏民间制毡业非常发达，20世纪30年代宁夏所产毛毡畅销北京、天津等大城市。[①] 随着人们物质生活水平的提高，新的纺织品代替了传统手工艺制品，羊毛毡逐渐远离了人们的生活，擀毡生意日渐平淡萧条。目前，擀毡技艺已成为亟待挽救的非物质文化遗产。

---

① 杨继国、何克俭主编《宁夏民俗大观》，宁夏人民出版社，2008，第156页。

二 农业生活民俗及其价值分析

农业生活民俗，包括居住、饮食、节庆、娱乐、农谚等民俗，可直观反映出某一地域多姿多彩的文化性格。宁夏传统的居住民俗有杨氏泥彩塑、魏氏砖雕、木雕、石雕、箍窑、六盘山抟土瓦塑、中卫建筑彩绘技艺、固原传统建筑营造技艺、赵氏木板雕花技艺等；饮食民俗有中宁蒿子面、黄渠桥羊羔肉、国强手抓羊肉、八宝茶、罐罐茶、大武口酿皮等；节庆民俗有高台马社火、隆德民间社火脸谱、六盘山木版年画、六盘山区春官送福、剪纸、刺绣、花灯扎制、放河灯等；娱乐民俗有秦腔、宁夏小曲、皮影戏、盐池秧歌、隆德许川地摊戏、口弦、泥哇呜、咪咪、山花儿等；农谚民俗有气象谚语和生活谚语等。

农业生活民俗涵盖了人们生活的方方面面，既有物质文化遗产的层面，也有非物质文化遗产的表现形式。以传统技艺制作为代表的传统农耕民俗文化遗产，往往凝结了几代甚至十几代传承人的心血。隆德县杨氏家族是闻名于陕甘宁地区的泥彩塑世家，"翻开杨氏家谱，就是一部彩塑艺术的传承史"①。

很多传统的农业生活民俗，都是经过经济衡量的传统文化资源，具有集经济、社会、历史、审美等价值于一体的文化艺术品格。它们不仅具有悠久的传承历史，而且在促进就业增收方面也具有独特优势。刺绣传承人马兰在固原市西吉县成立了"马兰回乡刺绣有限公司"，发展员工223人，带动全县600余名农村妇女、下岗职工进行自主创业，每年实现销售收入近千万元，加快了当地刺绣行业产、供、销一体化发展模式，使手工艺制品成

---

① 宁夏非物质文化遗产保护中心编《宁夏非物质文化遗产项目名录：增补本》，宁夏人民教育出版社，2017，第51页。

为当地农村妇女增收致富的一大产业。像刺绣传承人马兰这样的非物质文化遗产传承能人在宁夏还有很多,他们或建立传承基地、或建立合作社、或成立公司,通过带徒授艺和发展产业等活动,带动周边地区村民或失业下岗人员稳定就业、致富增收,在社会上引起了良好反响。

三 民间观念与信仰及其价值分析

民间观念与信仰由原始崇拜演变而来,源自人类蒙昧时代对超自然力的恐惧与敬畏,经过不断的积累、凝聚,现已转化成具有一定地域特色的传统习俗,对于稳定社会秩序、净化人类心灵、保护大自然、践行"绿水青山就是金山银山"的理念具有积极作用。在宁夏,民间观念与信仰主要集中在与农业生产、日常生活紧密相关的主题方面,如祭河神、青苗水会、民间祭山等。一直以来,民间观念与信仰对人们的影响更多的是在精神层次。譬如,中卫市沙坡头区地处河套前首,自古就有"祭河神"的习俗。千百年来,生活在黄河两岸的各族群众,一方面依赖黄河,享受着灌溉的便利,另一方面也承受着河水的暴虐泛滥。"河为水神,而农事丰收依赖雨水与土地,故河又为求雨求年之对象"[①]。由对黄河的感恩,以及对河患的畏惧而衍生出来的"祭河神"习俗,凝聚了人们对河水的认知、感受和信仰,践行了人类与自然和谐共生的理念。

与中卫市沙坡头区"祭河神"习俗不同,生活在宁夏中部干旱带的人们更多的是对干旱缺水的无奈。譬如,每年在吴忠市同心县张家塬乡折腰沟村附近举行的莲花山青苗水会,反映了当地

---

① 王思明、李明主编《中国农业文化遗产名录》,中国农业科学技术出版社,2016,第1294页。

群众祈求风调雨顺、五谷丰登的心理。在举办青苗水会活动的过程中，人们通过释放强烈的生活情感，创造了庙会音乐和民间小调，使莲花山青苗水会成为既有宗教色彩，又有地域特色的民俗文化活动。2014年11月，同心莲花山青苗水会入选第四批国家级非物质文化遗产代表性项目名录。类似活动还有民间祭山、游九曲、燎疳等。其实，无论是在宁夏引黄灌区，还是中南部山区，都传承着与当地生态环境密切相关的民间观念与信仰，这种观念与信仰和广大民众的生产生活相适应。

　　民间观念与信仰中有利于农业生产和社会稳定的成分，不仅是民俗文化活动的核心内容，更是中国优秀传统文化的重要组成部分，其中所蕴含的礼仪、仁和、诚信、孝顺、和善等元素，即使放到现在，也具有"劝人为善""敬畏感恩"等积极向上的正能量，在塑造乡风文明、推进农村社会治理等方面发挥着不可或缺的作用。当然，民间观念与信仰在一定程度上又发挥了超自然的诸多作用，让人们十分清楚地认识到自己在大自然面前的微弱和渺小，懂得只有众志成城、精诚团结才能克服困难的道理。这就不难理解，在农业机械化、规模化还未普及之前，庄邻们为赶农时、应天景，常常会聚在一起种瓜点豆、打场晒麦，勾勒出了一幅"守望相助、邻里互携"的和美乡村图景。

第二节　传统农耕民俗文化在保护和开发利用过程中的困境

一　传承主体存在"结构性缺失"，传统农耕民俗文化传承后继乏人

　　"文化自觉"是费孝通先生晚年提出的一个重要概念，它

是指生活在一定文化空间的人们对其文化来历、形成过程和特点的认识，对于我们认识传统农耕文化遗产的价值具有重要意义。费孝通表示："文化自觉是指生活在一定文化中的人对其文化有'自知之明'，明白它的来历、形成过程、所具有的特色和发展的趋向，不带任何'文化回归'的意思，不是要'复旧'，同时也不主张'全盘西化'或'全盘他化'。"[①] 随着城镇化和农业现代化的加速发展，以及全球一体化和城市强势文化的冲击，乡村的生产生活方式和人们的思维方式发生重大变化，村民们也在这种浪潮下，从传统农耕民俗文化的创造者、使用者和守护者变成了观望者。

城市基础设施和公共服务明显优于农村，越来越多的年轻人选择进城安家创业，使农村"三缺、三化、三无"现象日益凸显，即村庄缺人气、缺活力、缺生机，村庄空心化、农户空巢化、农民老龄化，村庄建设无规划、无秩序、无特色，部分村庄环境脏乱差。譬如，旱作梯田是宁夏南部山区的基本农田，由于农业收入远远低于外出务工收入，大量青壮年劳动力到城镇务工，成块连片的梯田被闲置荒芜。对于祖祖辈辈传承下来的传统农耕民俗文化，遗产地的留守者发挥的作用非常有限，即使那些眷恋故土的老人有强烈愿望，但在实践中也缺乏承担该项重任的能力。

在我国长期以来施行的城乡二元结构中，乡村和农业生产相较于城市和工业生产的劣势地位是显而易见的，城市除承担工业生产功能以外还承担着多样化的服务功能，而乡村作为"传统部落"，农业生产功能似乎成了乡村的全部职能。除了受现代文

---

① 费孝通：《跨文化的"席明纳"——人文价值再思考之二》，《读书》1997年第10期，第4页。

化的冲击外，掌握传统农耕文化遗产的很多传承人经济收入过低也是导致很多具有地方特色的传统农耕民俗文化遗产出现断层的主要原因。譬如，在中宁枸杞种植系统中，掌握传统种植技术的人多在70岁以上，他们掌握着修剪、选育和传统加工等技术，生活却十分拮据。笔者在当地设计了"您认为当前传统农耕文化的传承面临的危机有哪些"的调查问卷，有75%的调查对象选择了"没人传承，尤其是年轻人不愿传承""学习传统农耕技术难度大、耗时长、收入低""没有形成规模效应，没有形成产业链"等。通过调查问卷可知，在思想观念领域，青年人对传统农耕知识的认知度和学习意愿远低于中年、老年群体，年轻人更倾向于接受"现代化的城市生活"。由于以上种种原因，传统农耕民俗文化遗产地的居民对保护和传承传统农耕技艺的作用非常有限，甚至有很多村民或许是"审美疲劳"，居然对当地独具特色的传统技艺缺乏起码的了解和认知。在走访调研中，笔者还设计了"您对二毛皮的制作流程了解吗"的调查问卷，有60%的调查对象表示"不了解"；当问及"您对宁夏被选入世界或全国重要农业文化遗产名录的项目了解吗"，有3/4的调查对象表示"不知道"或"知道一点"。传统农耕文化遗产存亡续绝的关键在于培养一代代合格的传承人，而那些曾经被老一代传承人引以为豪的手艺却在年轻一代遭遇"滑铁卢"，出现无人问津的窘境。

传统农耕民俗文化遗产是一种活态绿色资源，保护传承是其发展的关键，而当前传统农耕民俗文化遗产地传承人老龄化问题较为普遍，年轻一代多热衷于外出打工，对于传统农耕民俗文化的认同感较低，这大大影响了对其保护和传承的内生动力，从而影响了其进一步的创造性转化。费孝通指出："自知之明是为了加强对文化转型的自主能力，取得适应新环境、新时代文化选择的自主地位。文化自觉是一个艰巨的过程，首先要认识自己的文化，理解所接触到的多种文化，才有条件在这个已经在形成过程中的多元文化的世界里确立自己的位置，经过自主的适应，和其他文化一起，取长补短，共同建立一个有共同认可的基本秩序和一套各种文化能和平共处，各施所长，联手发展的共处守则。"[1]以手工地毯织造、箍窑、六盘山区春官送福、山花儿、葫芦刻画等为代表的民间传统知识、传统手工技艺、节庆民俗、礼仪观念、民间曲艺乐器及山歌等内容多属独门绝技，口传心授，往往因人而存，人绝艺亡。对此，政府有关职能部门应该加大设备投入力度，建立实物档案和电子影像档案等，将一些易失、易丢的传统民俗通过音频、视频等现代保护工具尽可能地完整保存。当然，传统农耕民俗文化遗产绝不会一成不变，在应对外界环境的适应过程中既有传承，又有重构，也有创新，在新陈代谢中不断发展。但在对周边文化的吸纳和加工中，在与各种现代文化的互动中要做出有选择的创新与组合，将其中有用的内容有机植入固有文化从而实现文化重构。

二 在现代都市文化的冲击下传统农耕民俗文化遗产被挤压

随着城镇化建设和大量农民进城务工[2]，很多传统农耕思想在现代都市文化的冲击下受到冷落，甚至挤压。正如多米尼克·斯特里纳蒂所说："艺术和精英文化自有其地位，真正通俗的民间

---

[1] 费孝通：《跨文化的"席明纳"——人文价值再思考之二》，《读书》1997年第10期，第4页。
[2] 据《黄河流域九省（区）经济社会发展主要指标（2021年）》和《宁夏区情数据手册（2018~2019）》等资料显示，宁夏城镇化率一直呈上升趋势，从2011年起，宁夏的城镇化率每年都呈上升趋势。其中，2011年的城镇化率为49.8%，2021年的城镇化率为66.04%。

文化也有其地位，它起源于基层民众，是自我创造和自发的，直接反映了民众的生活与各种体验。这种本真的通俗民间文化绝不可能企望成为艺术，但是它与众不同的特色却得到了承认和尊重。由于工业化和都市化，这种情况改变了。社群和道德崩溃了，个体变成了孤独的、疏远的和失范的，他们可接受的唯一关系就是经济上的和契约性的关系。他们被同化进了一群日益没有个性的大众之中，受一种他们能得到的，替代社群和道德的唯一资源——大众媒介摆布。在这个世界中，大众文化的传播像一种致命的能媒，使民间文化窒息，并威胁着要扼杀艺术的完整性。"①

在城乡二元结构和半工半农的职业游离状态下，很多农民（工）的思想观念发生了巨大变化，导致传承千百年的传统乡村社会的礼仪秩序被打破，有些地方的传统文化几乎处在断层和失传境地。究其原因，主要是传统农耕民俗文化的经济效益不能得到有效发挥，富有地方传统特色的文化产业发展滞后。② 宁夏传承着各式各样的，能够呈现一定经济价值的传统农耕民俗文化遗产，如滩羊皮糅制技艺、葫芦刻画、麻编等，虽然很多传承人进

---

① 〔英〕多米尼克·斯特里纳蒂：《通俗文化理论导论》，阎嘉译，商务印书馆，2001，第15页。
② 《宁夏统计年鉴2022》《宁夏经济要情手册2021》《黄河流域九省（区）经济社会发展主要指标（2021年）》等资料显示，2021年宁夏全体居民人均可支配收入为27905元，城镇居民人均可支配收入为38291元，农村居民人均可支配收入为15337元，由统计数据可知，农村居民的人均可支配收入仅为宁夏全体居民人均可支配收入的55%，是城镇居民人均可支配收入的40%。2021年宁夏全体居民人均生活消费支出为20024元，城镇居民人均生活消费支出为25386元，农村居民消费支出为13536元，由统计数据可知，宁夏农村居民人均生活消费支出比宁夏全体居民人均消费支出少30%，比城镇居民人均消费支出少近一半。这说明城乡居民收支情况存在较大差距，生活质量明显不同。同时，地区间的差异也很明显。2021年海原县农村居民人均可支配收入为11741元，是兴庆区农村居民人均可支配收入20557元的1/2强，隆德县城镇居民人均可支配收入为28284元，比兴庆区城镇居民人均可支配收入的45080元少了37%。

社区、进学校、进商场做现场演示或培训，甚至一些有条件的传承人注册成立了公司，但基本都是小打小闹，没有形成规模效应。譬如，滩羊皮糅制技艺国家级"非遗"传承人丁和平，他和儿子、徒弟共同筹建皮毛厂，所制产品远销新加坡、俄罗斯、加拿大等国，但每年100万元的销售利润维持生计尚可，离"做大做强"还有差距。

孙家正指出："现代化进程的加快发展，在世界范围内引起各国传统文化不同程度的损毁和加速消失，这会像许多物种灭绝影响自然生态环境一样影响文化生态的平衡，而且还将束缚人类思想的创造性，制约经济的可持续发展及社会的全面进步。"[①] 在农村依附城市的经济发展模式下，城乡收入差距在不断拉大，城乡差异却在缩小，城市强势文化覆盖了人们的精神需求。大部分农村青壮年外出务工，其生活方式、娱乐方式以及审美情趣都发生了巨大变化，对传统农耕技术缺乏基本的认知和认同。日本民俗学家盐野米松就说："不知从什么时候开始，这些适合于地域风土的匠工的职业，慢慢地不再被人们的日常所需要了。一个个精工细作、破损后还要修修补补的东西从生活中消失了。它们变成了机械化工厂里统一制作出来的成品。既看不到制作它们的工人，也用不着考虑如何用坏了再修修补补的问题。'用坏了扔掉'看上去是一种新的、合理的消费观念。"[②] 以传统手工技艺为代表的传统农耕民俗文化遗产，像擀毡、砖雕等，受现代科技发展的影响正逐步被机器取代。机器生产的成本低、效率高，而手工制作的成本高、效率低，单纯从实用角度来看，绝大部分消

---

① 章华英:《古琴》，王文章、傅谨主编《人类口头与非物质文化遗产丛书》，浙江人民出版社，2005，第1页。
② 〔日〕盐野米松:《留住手艺》（增订版），英珂译，广西师范大学出版社，2012，第8页。

费者都会选择价格低廉的机器加工产品。当前，年轻人普遍对本民族传统农耕民俗文化遗产知之甚少，缺乏继承和创新的强烈意愿，加上不能获得较高的经济收益，很少有人再愿意从事对其保护与传承的工作，导致其内在价值难以体现。习近平总书记2018年9月21日主持十九届中共中央政治局第八次集体学习时讲话指出："40年前，我们通过农村改革拉开了改革开放大幕。40年后的今天，我们应该通过振兴乡村，开展城乡融合发展和现代化建设新局面。"①

三 规模小、档次低，难以形成产业效应，在保护和开发利用过程中定位不明确

宁夏传统农耕民俗文化遗产存在规模小、档次低等问题，难以形成产业链优势。究其原因，主要是各界对传统农耕民俗文化的重要性认识不够，许多地方认识不到其在当前条件下加速消亡的危机。虽然自治区制订并颁布了《宁夏回族自治区非物质文化遗产保护管理暂行办法》《宁夏非物质文化遗产保护工程实施方案》等，但目前尚未制订一部专门针对传统农耕民俗文化遗产的法律法规。以农耕民俗为代表的传统农耕文化遗产是一个大的综合体系，不仅涉及农林牧副渔等综合体，还涉及各类历史文化遗产的保护与传承。譬如，散落在各地的古堡子遗址，像固原市原州区的大营城、吴忠市同心县下马关镇古城、盐池县铁柱泉古城、盐池高平堡等，大多遗落在荒草丛生的荒滩，虽然当地政府在路道两旁制作了一些醒目的标示，但探寻起来仍有难度。一方面是对外的宣传力度不够，另一方面这些古城遗址周围的基础设施，包括旅游设施都极为薄弱，甚至对古城遗址没有进行像银

---

① 《习近平论农业农村现代化》，学习强国，2019年9月21日。

川市西北郊西夏陵那样有必要的简单的复原式修复。

南部山区有着层叠不穷的梯田,每到种植季节,远远望去,五颜六色的农作物像地毯一样错落有致地铺设在六盘山两畔,呈现一幅自然美、景色美、景观美、劳动美的生动画卷。然而,薄弱的交通旅游基础设施严重阻碍了人们欣赏美的脚步。宁夏有着丰富的景观类传统农耕民俗文化遗产,具有较好的旅游价值和审美价值,如何将乡村旅游和传统农耕民俗文化遗产有效结合,应是顶层设计重视和关注的问题。总体而言,传承于宁夏各地的传统农耕民俗文化遗产,最大的问题在于分布过于分散,缺乏留得住游客所应具备的旅游度假设施。面对这些情况,应该在保护的基础上进行开发利用,将传统农耕民俗文化遗产与现代交通旅游项目有机挂钩,突破瓶颈,将自己的优势展现出来。

《中共中央国务院关于做好2023年全面推进乡村振兴重点工作的意见》指出:"坚持农业农村优先发展,坚持城乡融合发展,强化科技创新和制度创新,坚决守牢确保粮食安全、防止规模性返贫等底线,扎实推进乡村发展、乡村建设、乡村治理等重点工作,加快建设农业强国,建设宜居宜业和美乡村,为全面建设社会主义现代化国家开好局起好步打下坚实基础。"[1] 实现农业强国,除了加大对农村的投入外,更要激活农村发展的内生动力,推进农村经济迈向高质量发展。在宜居宜业和美乡村建设中,应该有效融入"非遗"项目、乡规民约和乡村礼仪等传统农耕民俗文化,积极推动社会主义核心价值观落细、落小、落实,提高农民政治文化素养,建设法治乡村,让乡村社会既充满活力又和谐有序。

---

[1] 《中共中央国务院关于做好2023年全面推进乡村振兴重点工作的意见》,人民出版社,2023,第2页。

第三节　将传统农耕民俗文化遗产嵌入现代乡村治理

一　发扬"重农惜农"传统，让农民成为体面职业，通过政策导向吸引有知识、有文化、懂科学、会种养的青壮年成为新型职业农民

构建传统农耕民俗文化遗产的保护与开发利用模式，最终目的是能够让其世代传承和永续利用。这就要求我们在保护规划中，要以动态的保护方式使其得以可持续发展。要实现这个目标，最为重要的一个条件是，要让遗产地农民能够稳得住、安下心从事与农耕有关的活动。然而，随着宁夏生态移民搬迁和城镇化进程的加快，大量农村剩余劳动力向第二、第三产业转移，出现了很多农民半工半农现象，这使得农村留守农业人群呈现总量相对不足、整体素质偏低、结构不尽合理等问题。进入城镇或工厂务工的农民，既要打工挣钱，又要不误庄稼农时。这种疲于奔命的生活节奏，让很多农民工穿梭在城市和乡村之间，不仅身心疲惫，而且还背离了农业精耕细作的优良传统。2015年7月16~18日，习近平总书记在吉林调研时强调："任何时候都不能忽视农业、忘记农民、淡漠农村。"[①]其实，推进城乡一体化发展，首要的是劳动力统筹问题，在让一批剩余农村劳动力尽快融入城镇的同时，还要提高农村吸引力，让一部分高素质专职于农业农村发展的劳动力回归土地。同时，加快对各类新型农业经营主体的培育，按照产业、农村和人才融合的要求，建设一支懂农

[①] 中共中央党史和文献研究院编《习近平关于"三农"工作论述摘编》，中央文献出版社，2019，第4页。

业、爱农村、爱农民的"三农"工作队伍,让愿意留在乡村、建设家乡的人留得安心、干得舒心,让愿意上山下乡、回报乡村的人更有信心,在乡村形成人才、土地、资金、产业汇聚的良性循环。① 其中,比较有效的方式是通过产业融合拉长农业产业链,从根本上提高农业的产出收益,使村民在提高经济收入的同时改变人口单向流出现状,形成产业兴旺、城乡居民人口双向流动的可持续发展结构。

2019年9月5日,习近平总书记给全国涉农高校的书记校长和专家代表回信时强调:"中国现代化离不开农业农村现代化,农业农村现代化关键在科技、在人才。新时代,农村是充满希望的田野,是干事创业的广阔舞台,我国高等农村教育大有可为。希望你们继续以立德树人为根本,以强农兴农为己任,拿出更多科研成果,培养更多知农爱农新型人才,为推进农业农村现代化、确保国家粮食安全、提高亿万农民生活水平和思想道德素质、促进山水林田湖草系统治理,为打赢脱贫攻坚战、推进乡村全面振兴不断作出新的更大的贡献。"② 如何以扶持各类新型农业经营主体为载体,培育新型职业农民,应是当前和今后宁夏构建现代生态农业体系的一个主要方向。李文华表示:"在发展过程中特别需要注重遗产保护地农民素质的提高,把发展不同层次的教育(包括基础教育、技能和职业教育、专项教育)放在首位……重要农业文化遗产地的农民对于自然、环境的认识都极为质朴,保护的意识都很强,但受到教育程度的限制,许多很好的认识都未能得到充分显示,因此其科学价值、人文价值和教育意

---

① 罗必良、罗明忠:《多元协调共推乡村治理现代化》,《中国社会科学报》2019年12月12日第1版。
② 《习近平给全国涉农高校的书记校长和专家代表的回信》,学习强国,2019年9月6日。

义都未得到应有的展现。只有快速提升遗产保护地住民的文化素质和科学素质，才能为他们自身的发展和遗产地的发展注入永不枯竭的动力，使遗产地获得更好的机会，实现遗产地农民生活水平和地方经济的持续发展。"①

有鉴于此，自治区应该在顶层设计上，一方面，加大教育力度提升遗产地的基础教育水平，将传统农耕民俗文化遗产搬进课堂；另一方面，每年推荐一批有一定特长（包括传统耕作技术、传统制作技艺等）和文化基础的农村青壮年，到涉农高等院校进修深造，可以选择文化、艺术、科技、财经和旅游管理等各种专业，学成归来后更好地为建设家乡发挥作用。同时，在传统农耕民俗文化遗产地努力建立一支包括生产、经营、宣传和管理的人才队伍，积极吸纳当地剩余劳动力，参与农业产业开发和研究，使产业发展和传统农耕民俗文化遗产地的建设能够建立在较高的人才基础、科技基础和生态基础上，大幅提高农产品的附加值，这是传统农耕民俗文化遗产地持续发展的重要渠道。

二 构建现代乡风文明，将传统农耕民俗文化嵌入现代乡村治理

"传统农耕民俗文化是原始艺术的重要组成部分，其以特定的审美情趣和价值观念，潜移默化地影响和约束着人们的道德意识和生活行为。它不仅是一个地区在历史积淀中形成的农耕文化，而且是一种约定俗成并世代传承的农耕生产制度和乡村行为准则。"② 传统农耕民俗文化来源于祖祖辈辈的生产生活实践，是传统儒家思

---

① 李文华主编《中国重要农业文化遗产保护与发展战略研究》，科学出版社，2016，第33页。
② 王思明、李明主编《中国农业文化遗产名录》，中国农业科学技术出版社，2016，第45页。

想和农耕社会有机耦合的产物。随着乡村振兴在全区的稳步推进，以乡风文明为代表的乡村礼仪制度被重新提起，如何有效融入新时代村规民约、家规家训，推动社会主义核心价值观在广大民众的生产生活中落细落实，使村民在思想上更好地与现代社会相融合，很多村落做了有益尝试。固原市彭阳县白阳镇中庄村"两委"班子针对农村薄养厚葬等不良陋习，倡导移风易俗，通过举办"孝老爱亲"座谈会，评选表彰"孝道之星"，探寻出了一条"德孝文化强心志，精准帮扶促发展"的治村思路，民风得到极大转变，涌现出全国"五好家庭"牛治刚[1]等一批先进典型。

李文化表示："在中国推广现代农业要素当然有其合理性和必要性。但中国农业仍在祖祖辈辈们耕种的土地上进行，这片土地的自然条件也没有发生根本性改变。由于农业对环境的依赖性，我们与祖先们耕种同一片土地这一事实就决定了，祖先们千百年耕种这片土地所积累起来的知识和经验（这与耕种其他土地的人们所积累的知识和经验是不同的），对于如今人们利用这片土地仍有指导和借鉴作用。现代农学虽然提供了一些'普适'的原理，但这些原理要发挥作用，仍要与这个地区特殊的自然环境相适应，并且现代农学原理并不否定传统知识和经验的作用，也不能完全代替它们。"[2] 田拐村是宁夏中卫市海原县史店乡的一

---

[1] 2016年，牛治刚夫妇被中共中庄村党支部评为全村"孝道之星"，2017年牛治刚因积极参加"尊老、助老、敬老"等社会公益活动，被宁夏孝文化促进会评选为"孝老爱亲"模范，并被吸收进宁夏孝文化促进会，成为孝文化促进会会员。同年，被彭阳县评选为全县第一届"文明家庭"，还被自治区推选为"最美家庭"。2018年，牛治刚因热心帮助乡亲邻里创业致富被彭阳县白阳镇推选为全镇"优秀致富带头人"。2018年，牛治刚一家被全国妇联评为"五好家庭"。2021年，中共彭阳县白阳镇委员会，授予牛治刚"全镇优秀共产党员"称号。

[2] 李文华主编《中国重要农业文化遗产保护与发展战略研究》，科学出版社，2016，第32页。

个传统村落，近年来该村以创建自治区级乡村治理示范村为契机，积极争取整村推进项目，在原有村落布局上做了重新规划和布局。由于当地地形复杂，农户聚落参差不齐，外聘专业设计人员编制的村庄规划难以落地实施，于是村干部亲自动手，在挨家挨户征求村民意愿的基础上，加班熬夜绘制出了一张符合当地发展实际的村庄规划图。有了规划图，与村民们统一思想，拆除高堡子、谢台、阳洼危旧房屋等旧有土坯房屋1.35万平方米、土围墙16.8公里。在拆除旧有房屋的基础上，整合资金1800余万元，按照样式统一、色调一致标准，采取自建、代建方式，硬化巷道12.8公里，装大门368套，硬化院坪2.8万平方米，安装太阳能热水器760台、路灯165盏，安装三格式化粪池416户、兰标无水生态马桶152户，在空旷公共区域新建公园、文体广场、文化服务中心、卫生室和民俗展厅等，一个依山而建、错落有致、村道宽敞、绿树成荫、村容整洁的靓丽田拐"破茧而出、羽化成蝶"。

宁夏各族群众在千百年的农业生产实践中，创造了以传统农业知识技术体系、农业生产系统和传统农耕民俗为代表的传统农耕民俗文化遗产，将它们与农村现代化建设和农村环境综合整治结合起来，嵌入现代乡村社会治理，不仅能凝聚村民情感、丰富乡村精神生活，还有利于塑造乡村社会价值共同体，达成乡村社会善治目标。当然，在新的历史条件下，还必须坚持以社会主义核心价值观引领新时代文化建设。"为更好地弘扬新时代的中国精神，传播社会主流价值，凝聚全社会的意志和力量，党的十八大做出培育和弘扬涉及国家、社会、公民三个层面、以二十四字为基本内容的社会主义核心价值观的战略决策。社会主义核心价值观是中国特色社会主义道路、理论体系和制度的价值表达，体现了社会主义制度在思想和精神层面的质的规定性。深厚的民族性、鲜明的时代性、内在的先进性和广泛的包容性是社会主义核心价值观鲜明的特征，决定了新时代文化建设必须以社会主义核心价值观为引领和主导。"① 在有效将传统农耕民俗文化遗产嵌入现代乡村治理过程中，还可以通过"有文化内涵的生态农产品的开发"，提高农产品价值，通过功能农业、文化农业、休闲农业、农产品加工等的发展，促进三产融合发展，促进农耕民俗文化遗产地潜在的生态与文化价值向现实经济价值的转化。

三 融入现代科技元素，以宁夏特有的自然资源、文化资源为抓手，构建集休闲度假、观光旅游于一体的农业生态博物馆

传统农耕民俗文化遗产，在现代社会的强烈冲击下极易受损消失，对其的保护不能像对待城市建筑那样实施封闭式管理，要采用动态跟踪的模式使之在传承发展中被保护和开发利用。可以尝试利用"民俗+旅游""民俗+扶贫""民俗+学校""民俗+商圈"等模式，积极申请国家关于"民俗+非遗"的专项资金，在遗产地构建集休闲度假、观光旅游于一体的开放型农业生态博物馆，对涉及传统民俗的建筑物、场所、遗迹、景观以及传统技艺制作等给予整体性保护和开发利用。宁夏全区传承着生产生活中积累起来的民间传统知识、传统手工技艺、民俗节庆、礼仪观念、民间曲艺乐器及山歌等，无不反映了人们对生活的细心观察和认真回味。以休闲度假的方式招揽参观游览者进入开放型农业生态博物馆亲身体验，不仅是对传统农耕民俗文化遗产的活态展示，而且能增强人们对传统农耕民俗文化遗产的亲近感。

构建集休闲度假、观光旅游于一体的农业生态博物馆，可以

---

① 武传鹏、申富清：《推动社会主义核心价值观引领文化建设制度化》，学习强国，2020年1月17日。

考虑以下几个要素。一是生活体验的自然场所，无论是果实修剪、采摘，还是传统技艺制作场所，都可以作为游客休闲体验的自然场所；二是建设乡间俱乐部式的学习交流场所，可以聘请一些有一定经验的师傅或项目传承人给予传授和指导，如剪纸、刺绣、泥彩塑、擀毡、踏脚、回族武术等；三是将传统民俗活动渗入其中，如祭河神、祭山、游九曲等，在游客错过现场参与的情况下，可以用视频录制回放的方式让人们多加了解。当然，建立农业生态博物馆，还应把文化旅游元素渗透其中，可以在规划的农业生态博物馆中，将农副产品、特色艺术制品，如麻编制品、果脯制品、核桃枕头、泥哇呜、宁夏毯、枸杞制品等能够体现宁夏风味特色的传统技艺制品进行展销。以上做法不仅可以提高当地的旅游收入，更重要的是可以加强对宁夏乡村旅游的推介宣传。闵庆文表示："农业文化遗产与一般文化遗产不同，农业文化遗产是一个开放、动态的系统，在保护过程中，既要对传统生产方式、传统物种等遗产资源进行保护，也要让当地经济有所发展，百姓生活有所提高。"[1] 宁夏地方虽小，但历史悠久，早在秦汉之际，这里就开始了移民屯边，直到新中国成立后，移民开发仍然在这片热土上持续推进，蒙恬守边、唐太宗灵州会盟、红军西征等故事又为这里增添了不少文化意蕴。还有学者提出，农业生态博物馆必须遵从"底层视角"与"区域经验"的原则，"对生活在历史进程中的普通民众的日常生活、风俗习惯等'民间琐事'给予关注和关怀，……使参观者不仅看到一个民族外在的物质形态，而且深入、系统地了解该民族传统的精神文化、制度文化和社会体系等"。[2]

---

[1] 闵庆文：《全球重要农业文化遗产——一种新的世界遗产类型》，《资源科学》2006年第4期，第207页。
[2] 蔡琴：《论博物馆非物质文化遗产工作的原则》，《中国博物馆》2008年第3期，第60~64页。

随着社会经济的快速发展，人们的收入逐年提高，旅游需求也发生了较大变化，以往走马观花式的旅游活动已经很难再满足现代游客日益增长的精神文化需求了。在这样的时代背景下，体验型的文化旅游产品便应运而生。宁夏拥有形态各异、特色迥异的传统农耕民俗文化遗产及遗产传承人，包括生产生活中积累起来的民间传统知识，以及传统手工技艺、民俗节庆、礼仪、民间曲艺乐器及山歌等，应将它们融入集休闲度假、观光旅游于一体的农业生态博物馆，让游客在领略乡村田野风光、体验农事生产劳作、感悟"非遗"精粹、了解农耕民俗的过程中，通过亲身参与增强对当地文化的直观理解，在获得知识和经验的同时，也满足了求知需求。而旅游目的地则可通过游客在带动旅游增收的同时，接受了外来文化，实现了自我文化的完善与发展。笔者在调研过程中发现，吴忠市盐池县、固原市彭阳县、泾源县等地在夜景中添加了灯光元素，夜晚的城镇、景点在灯光的衬托下显得格外绚烂多彩。因此，在开放型的农业生态博物馆模式中，融入现代科技元素是题中应有之义。宁夏具有包含工程类、特产类、物种类、聚落类和民俗类等在内的资源丰富、价值独特的传统农耕文化遗产，要选择在农业生产、生活和民间信仰观念等方面具有代表性与统一性的群体聚居空间，融入现代科技元素构建相对开放的农业生态博物馆，这对于拓展当地文化活动空间和发展特色旅游具有极大帮助。当然，要想构建农业生态博物馆，完善旅游基础设施不可或缺。要在有效保护沿途传统农耕文化的基础上，积极规划和建设住宿、交通等基础设施，使游客在闲庭信步中欣赏宁夏独具特色的"大漠金沙、黄土丘陵，水乡绿稻、林翠花红"。

第五章
宜居宜业环境与和美乡村建设

第一节　宁夏宜居宜业和美乡村建设概况

一　乡村宜居宜业环境建设的基本情况

（一）农村基础设施得到不断完善和加强

近年来，宁夏围绕"宜居、宜业、宜养、宜游"目标，积极探索宜居宜业和美乡村建设模式，全面开启农村水、电、路、房、信等公共基础设施建设和配套服务。一是强化农村供水配水管网改造工程，使农村自来水普及率达到96.5%。在努力加强农村供水保障能力的同时，提升饮水安全标准，将"千吨万人"农村集中式饮用水水源地纳入日常环境质量监测，确保饮用水水源水质安全。二是坚持最严格的耕地保护制度，将优先保护类耕地划为永久基本农田，超额完成了国家下达的1748万亩耕地保有量、1399万亩永久基本农田保护面积任务。在永久基本农田集中区域，不再规划对土壤环境造成污染的各类建设项目，确保耕地面积不减少、土壤环境质量不下降。三是农业标准化生产水平显著提高，高标准实施土地整治工程，全区现有国家级农业标准化示范园区69个、全国绿色食品原料标准化生产基地14个、有机农业（水稻）示范基地2个、国家级畜禽标准化示范场72个。四是结合"两不愁三保障"民生工程，累计补助资金66亿元（中央补助33亿元、自治区配套33亿元），改造农村危窑危房49.23万户，使150万农村贫困群众住上了安全房。五是加强县乡道路改造和连通道路建设，农村公路总里程达到2.85万公里，乡镇三级及以上公路所占比重达到98%，村村通硬化道路实现全覆盖。六是积极实施农村电网提质和信息入户工程，大力推进5G网络、大数据中心等"新基建"项目建设，实现全区所有行政村光纤和4G网络全覆盖。七是建立健全统一的城乡居民基本医疗保险制度，不断提高基层基本医疗和基本公共卫生服务能力，实现村级标准化卫生室全覆盖。

（二）有效推进农村生活污水治理和垃圾处理

围绕"宜居、宜业、宜养、宜游"目标，宁夏农村生活污水治理得到稳步推进。截至2022年底，累计投资16.87亿元，实施农村生活污水治理项目218个，使农村生活污水治理率达到28.96%。主要做法有三种，一是以县为单元分类分区治理农村生活污水，按照"整村推进"的原则大力推进农村生活污水治理与资源化利用，强化农村生活污水治理与改厕相衔接，使农村生活污水得到逐步治理。二是全力推进农村黑臭水体治理，根据水体黑臭程度、污染成因、水文气候和经济发展水平合理选择治理技术和模式，采用农村生活污水治理、农村厕所粪污治理、畜禽粪污治理、水产养殖污染防控、种植业面源污染治理、工业废水污染治理及垃圾清理等技术措施进行综合治理。三是积极落实污染治理属地责任，推动河长制、湖长制体系向村级延伸，完善农村水体及河岸日常清理维护制度。与此同时，建立健全农村生活垃圾收运处置体系，使农村生活垃圾得到有效治理。一是制定垃圾治理设施设备配备规范和建设计划，优化户、村、乡镇、区域或县域四级垃圾治理机构，改造建设乡村垃圾中转站223个、填埋场187个，全区生活垃圾得到有效治理的村庄达到95%。二是持续开展农村生活垃圾源头分类减量和资源化利用，积极推动农村有机生活垃圾与农业生产有机废弃物处理和资源化利用，实现垃圾"就地、就近、就农"资源化利用和无害化处理，垃圾分类和资源化利用率川区村庄达到43%、山区村庄达到19%。

（三）大力实施农村厕所革命

农村厕所革命是提高农民生活品质、提升乡村文明水平的一项重要工作。近年来，宁夏紧紧围绕宜居宜业和美乡村目标定位，把农村改厕作为农村人居环境整治的一项重大民生工程，结合当地群众生活习惯和地理条件等因素，以粪污治理为推进农村厕所革命的关键要素，围绕节水、防冻两个环节，大力推广钢筋混凝土三格式化粪池、节水防冻等改厕技术，有效破解了干旱寒冷地区水冲式厕所的技术难题。将全区22个县（市、区）按照一二三类县划分，研究制定出符合当地实际的三种改厕模式，对靠近城镇的村庄，按照城乡统筹发展要求，建设完整下水道式卫生厕所，粪污直接排入城镇污水管网；对居住集中的村庄，建设小型污水处理设施，主推室内水冲式卫生厕所；对地处偏远、居住分散的村庄，大力推广由"沉淀池、发酵池、粪液池"组成的节水防冻型地下储水高压冲水三格式化粪池厕所。据统计，截至2022年底，全区共新建和改造农村卫生厕所32万户，累计完成改厕59.6万户，卫生厕所普及率达到64.9%。以海原县为例，该县属六盘山集中连片特殊困难地区国家级贫困县，2019年以来该县依据《宁夏农村"厕所革命"提升行动指导意见》要求，把改厕与村庄布局、抗震宜居农房建设、生活污水治理、资源化利用等要素结合起来统筹考虑，科学有序推进农村厕所改造，完成农村户厕改造16306座，农村卫生厕所普及率由2018年的5.4%提高到2022年的27.1%，使用率达到90%，完成公厕建设42座，覆盖镇村驻地、城乡结合部、乡村文化广场、集贸市场、旅游景区等，农村"如厕难"问题得到基本解决。

二 乡村生态环境综合整治情况

（一）乡村生态空间保护

乡村生态空间保护涵盖空气环境质量、耕地资源保护、水资源有效节约利用、生物多样性保护、田间生物群落恢复和田园生态景观建设等。《2022年宁夏生态环境状况公报》显示，全区农村环境质量监测的54个村庄，环境质量总体保持稳定。在耕地资源保护方面，自治区坚持最严格的耕地保护制度，多措并举实施耕地保护和土壤污染防治管理，高标准实施土地整治工程，补充耕地10.2万亩，使全区耕地达到1821.69万亩，人均耕地达到2.53亩。在长期的农业生产实践中，宁夏各族群众经过不断筛选，培育小麦、水稻、玉米、枸杞、马铃薯等新品种29个，积累了许多与当地生态具有良好协调性的物种类种质资源，如盐池滩羊、中卫山羊、灵武黑山羊、泾源鸡等畜禽种质资源，北方铜鱼、兰州鲇、黄河鲤等鱼类种质资源，枸杞、甘草、黄芪等药用植物种质资源，贺兰山葡萄、彭阳红梅杏、灵武长枣等果树种质资源，海原小茴香、同心银柴胡、固原燕麦、西吉马铃薯等农作物种质资源，这些遗传种质资源不仅是宁夏农业资源多样性的重要基因库，也是目前国内利用基因组、转录组、代谢组等技术分析较少的品种资源。这些种质资源在生态营养方面具有独特的生态适应性和较高的营养价值，具有抗病、抗虫、抗旱、耐盐碱等特点，有着丰富的遗传多样性，为生物多样性和生态环境保护发挥了重要作用。乡村作为景观尺度上的空间聚落，是山水林田湖草沙各类生态系统的有机协同体，在生物群落恢复与田园生态景观建设等方面发挥着无可替代的作用。近年来，宁夏聚焦乡村生态空间规划，按照"一村一品位、一村一景观"的目标定位，大力推动各类规划在村域层面"多规合一"，积极构建山水相依、村田共融、鱼菜共生的绿色乡村生产空间、生活空间、生态空间，逐步形成了依山傍水、错落有致的山水田园风光，涌现出了四十里店村的"稻渔空间"、"贺兰山下第一村"的龙泉村、"梯田花海"的龙王坝村等典型代表。

（二）乡村环境污染防治

随着现代化工技术在农业中的推广使用，大多数农民为了追求农业经济效益的短平快，大量使用农药、化肥、除草剂、农用地膜等化工材料，严重污染了土壤种植环境。近年来，宁夏深入推进农业面源污染防治工作，大力发展绿色、生态、现代农业，就如何减少农药、化肥等化工原料在农业中的不合理投入以及消除农用地膜对土壤污染的影响问题，采取了一系列措施，深入实施农业生态环境保护。一是通过化肥农药投入减量、绿色替代、种养循环、综合治理等方式，有效推广测土配方施肥、水肥一体化和绿色防控技术，促进化肥农药减量增效。《2022年宁夏生态环境状况公报》显示，截至2022年底，全区化肥利用率达到41%、农药利用率达到41.5%。二是通过畜禽粪污资源化利用、秸秆离田多元利用和农膜回收再利用等方式，积极推进农业废弃物资源化利用。截至2022年底，全区畜禽粪污资源化综合利用率达到90%、农作物秸秆综合利用率达到89%、农用残膜回收率达到87%。三是加强畜禽养殖污染防治，推进畜禽粪污治理和综合利用。在畜禽养殖废弃物资源化利用方面，全区规模养殖场粪污处理设施装备配套率达到95%以上，大型规模养殖场粪污处理设施装备配套率达到100%。四是优化水产养殖空间，严禁使用非法药物，积极发展稻渔立体生态种养等健康放养方式，大力推广渔业养殖尾水处理技术应用，确保尾水减量、达标。五是严格建设用地准入管理，稳步推进土壤污染修复项目，实施吴忠市巴浪湖农场和贺兰县幸福村土壤污染修复试点项目，为污灌区土壤污染治理与修复提供可资借鉴的技术和经验。

（三）乡村林草绿化

在持续实施天然林资源保护、退耕还林还草、湿地保护与恢复、自然林保护区建设等重大生态工程的基础上，大力开展乡村绿化行动，充分发挥林草植被在改善农村生态环境中的作用。一是围绕环城镇、环村庄、沿公路、沿河道、沿轨道"两环三沿"以及湿地、水源地、自然保护区等重点区域栽植苗木，最大限度地扩大乡村林草绿化面积。近年来，中卫市海原县围绕乡镇驻地、村部、学校、卫生院、村道、河道两岸遗留空地，累计完成乡村绿化苗木栽植60万株8108.1亩，其中，乡村主干道路及村部完成苗木栽植38.4万株，清水河、贺堡河2条河道两岸完成苗木栽植2.47万株。二是鼓励农户在房前屋后、闲置土地、山坡遗留空地等区域开展村庄绿化美化和庭院经济林建设，建设具有乡村特色的绿化景观。吴忠市同心县积极实施大规模国土绿化行动，累计绿化村庄83个，完成村庄绿化面积6990亩，种植庭院经果林46.9万株，村庄绿化覆盖率达到22%以上，村容村貌得到明显改善，人居环境持续提升。三是严格保护村落古树名木，重点推进村内绿化，实施山坡、沟渠、河道、村道、农田周围全面增绿。中卫市沙坡头区迎水桥镇北长滩村是宁夏入选"首批中国传统村落名录"的历史文化名村，这里盛产红枣和香水梨，村内有两三百年的古梨树50余棵，一百年以上的古梨树130余棵，枣树从黄河岸边一直绵延到村里，每年4月上旬，梨花绽放、花香袭人，焕发青春的古树和滔滔黄河水相映成趣。四是生态修复工程方面，固原市以清水河、葫芦河、渝河、泾河、茹河等流域治理为重点，依托南部水源涵养林等工程建设，完成生态修复56万亩，累计治理水土流失面积6400平方公里，逐步实现了"山变绿、地变平、水变清、路畅通"的生态治理目标。

三 乡村规划布局与村落文化建设

（一）村庄布局与村容村貌美化

乡村整体规划主要针对需要整体搬迁、撤并集中和保留提升的村落，按照硬化、绿化、亮化、美化要求，就村庄内部的生产、生活、生态空间进行科学规划和合理布局。譬如，田拐村[①]以创建自治区级乡村治理示范村为契机，积极争取整村推进项目，整合资金1800余万元，以自建、代建方式，改造危房468户，硬化巷道12.8公里，安装太阳能热水器760台、路灯165盏，新建公园、文体广场、文化服务中心、卫生室和民俗展厅，实施旱作节水"坡改梯田"工程，投入资金2350万元，建成1万亩红梅杏基地，配套种植景观油菜，大力发展肉牛养殖、交通运输、劳务输出、乡村旅游等产业，培育农家乐15家，让农业成为"有奔头"的产业。在村庄布局与村容村貌美化过程中，不仅要规划好村内道路、水电、房屋、沟渠、管道，合理布局村

---

① 中卫市海原县史店乡田拐行政村地域面积25.8平方公里，辖9个村组962户3437人，其中建档立卡户262户970人。近年来，田拐村以创建自治区级乡村治理示范村为契机，坚持目标导向、问题导向、效果导向，借鉴新时代"枫桥经验"，积极探索构建党建引领举旗帜、三治（自治、德治、法治）融合强根基、数字赋能"一张网"的"1+3+1"乡村治理体系，使田拐村后进变先进，迈向了生态美、产业兴、农民富的乡村振兴之路。2018年、2019年连续两年被海原县委评为先进基层党组织，2020年被评为首批自治区级乡村治理示范村。

庄绿化、照明等基础设施，还要注重地域风俗，充分吸收当地传统民居特色元素和文化符号，譬如中卫"黄河宿集"，原是一个被遗弃的古老村落，在旧村新改过程中，开发商将挖掘原生态村居风貌和引入现代元素有机结合，尽量保留当地民居夯土建筑风格和农业生态景观，坚持村落建筑与黄河、沙漠、烽火台、古树自然融合，绘就了一幅怡然自得的美丽乡村画面。近年来，自治区依据乡村地域分布规律和生态功能定位，通过整村推进、搬迁合并、特色优化等措施，整合建成一批绿色小城镇、绿色村庄，积极推动美丽乡村高质量发展。截至2022年底，已完成12个国家级和自治区级特色小城镇的规划任务和三年培育计划，并着力实施20个重点乡镇和150个"集聚提升类、城郊融合类"美丽村庄规划建设。

（二）和美乡村示范区建设

近年来，宁夏按照"产业兴旺、生态宜居、乡风文明、治理有效、生活富裕"总要求，大力推进村镇建设和农村人居环境整治，先后实施特色小城镇、美丽小城镇、美丽村庄、危窑危房改造、人居环境整治等乡村建设重大项目，大力开展"四改"（改水、改厕、改厨、改圈）、"五化"（硬化、绿化、美化、亮化、净化）、"六通"（通水、通电、通气、通路、通信、通客车）等工程建设，持续推动以"规划引领、农房改造、收入倍增、基础配套、环境整治、生态建设、服务提升、文明创建"等"八大工程"为主要内容的宜居宜业和美乡村建设，实行全域规划、全域提升、全域建设、全域管理，推进美丽庭院、精品村、风景线、示范县四级联动，形成"一户一处景、一村一幅画、一线一风景、一县一品牌"的宜居乡村建设。截至2022年9月，全区共建成美丽小城镇147个、美丽村庄979个，全区城市规划区外91.8%的乡镇建成美丽小城镇、60%的规划中心村建成美丽村庄，培育特色小城镇 12 个，其中 7 个入选国家级特色小城镇。

（三）乡村旅游和村落文化融合情况

优化农村生态环境、建设宜居宜业和美乡村离不开生态文化的继承和弘扬，需要充分发挥乡村生态文化底蕴优势。宁夏旅游资源种类丰富，在自然生态方面，大山、河流、河漫滩地、沙漠、荒滩、戈壁、峡谷、草原、黄土高坡、梯田、丹霞地貌一应俱全；在历史人文方面，全区境内有不同时代、不同风格的古楼阁、古石窟、古寺塔、古墓群、古长城和分别建于汉、唐、西夏、明等不同朝代的 100 余处古堡类遗址，以及传承在全区各地的红色革命文化，这些都是宁夏实施宜居宜业和美乡村建设的重要支撑。其实，实施宜居宜业和美乡村建设，最好的办法就是依托乡村生态资源，深入挖掘村落文化，凸显当地民俗风情，积极发展乡村旅游。宁夏聚焦特色鲜明、生态优美、旅游要素齐全、农民增收致富目标，利用乡村生态资源和人文历史资源，把农耕活动与休闲农业、传统农耕文明与现代乡土文化有机结合，积极实施宜居宜业和美乡村建设和乡村旅游融合发展，推出了一批在产业上有特色、文化上有底蕴的特色产业示范村，推出涵盖休闲农业观光游、农业观光采摘体验游、生态休闲度假游、生态康养游、研学体验游、民俗风情游等包括银川 8 条、石嘴山 3 条、吴忠 6 条、固原 7 条、中卫 4 条共计 28 条的乡村旅游线路和涵盖"贺兰山东麓红酒品鉴游""塞上江南渔米稻香游""品民俗风情、享农趣体验趣味游""赏壮美沙海、品特色美食生态游""杞乡文化农耕体验游"等包括银川 6 条、石嘴山 4 条、吴忠 5 条、固原 5 条、中卫 5 条共计 25 条的休闲农业和乡村旅游精品线路，打造出乡村"自然、生态、文明、和谐"的旅游休闲体验长廊，为宁夏乡村旅游发展奠定了坚实基础。

第二节　制约宜居宜业和美乡村建设的影响因素

一　农村环保基础设施薄弱，公共服务不配套

农村环保基础设施建设滞后，多数村庄的污水处理系统、粪便处理系统尚在规划建设中，农村污水处理站建设覆盖面小、运行机制不完善，存在停运、超标排放等问题，许多农户自建粪肥处理设施，不仅简陋，而且气味恶臭；厕所改造方面，部分县（区、市）卫生厕所改造与污水治理未能有效衔接，加上技术支撑不到位，缺乏长效运行机制，导致新改厕所质量良莠不齐；农村生活垃圾分类减量和资源化利用还处于示范推广阶段，部分村庄虽设有垃圾箱，但仍存在村民倾倒垃圾不入箱的现象，还有一些偏僻村庄的垃圾回收设施较少，极少有垃圾分类设施；农药包装废弃物及农用残膜回收体系不健全、秸秆资源化利用率还比较低；偏远乡村电网物网建设有待提升，网络覆盖率低；农村物流服务网点少，快递点设置不配套，特色农副产品运出和村民网上购物送达不快捷，村民无法享受到销售与购物的快捷体验；在清洁能源使用方面，宁夏很多乡村尤其是偏僻山村仍然停留在非清洁能源体系阶段，这就需要政府大力推动农村清洁能源配置与完善工作，倡导广大农村居民采用低碳高效的清洁能源，减少废气排放污染。

二　乡村总体建设规划不能适应发展需求

乡村总体建设规划不尽合理，大多数民居建筑基本都是村民自建，因为缺乏相应的规划设计，生态空间、生活空间、生产空

间界限不明，村落布局较为凌乱，部分村庄存在中心区域过于扎堆密集、临街建筑较多且高低参差不齐的现象，也没有综合考虑排水、排污、绿化、农业废弃物处理、畜禽养殖粪污排放等长远规划，致使乡村空间发展布局无法形成良性互动循环；部分乡村景观规划设计没有遵循农业生产规律和农村生活规律，缺乏对村落文化和乡土人情的有效吸纳，致使部分乡村景观的生态宜居功能未能充分体现；一些移民搬迁村因为盲目追求视觉效果，没有充分考虑农村发展和家庭生活的实际情况，虽然所建房屋整齐划一，却更多呈现与生态可持续发展相悖离的状况；农村公共空间的绿化率普遍较低，村落内部有些区域杂草丛生，给人一种荒凉废弃之感；部分乡镇虽然对沿山沿河的一些采矿、烧砖等耗能企业要求停产并拆除有关设施，但未进行生态修复，附近河沟有大量矿砂石料露天堆存。

三　农村生态环境缺乏有效的监管机制

农村公共环保设施缺少专业的维修管护技术人员，加上村民居住较为分散，致使公共设施出现问题后难以得到快速报修、维护、更换，这就使得很多基础设施安装使用后，维修管护工作很难落实，从而加快了公共设施的损耗速度。虽然大部分村庄（社区）的公共服务配套设施相对完善，但在管理维护上还存在一些问题，譬如健身房、阅览室等造价相对较高的场所多设置在党群服务中心，平常不对村民开放使用，基本沦为形象工程、面子工程。很多设置在村内公共区域的普通健身器械，因为普遍缺少专业技术人员的维护和管理，加上农民在农忙时节和外出务工期间基本不用，大多丧失了健身锻炼的功效和作用，也存在安全隐患。公务服务设施后期的运营、维护和管理多数依靠乡村集体经济，但村与村之间存在经济实力差距，不少村庄（社区）财政吃紧,乡村集体经济难以支付后期维护资金。在多数乡镇,农业农村污染防治标准规范、长效运维机制、污染防治监管体系等尚未得到有效建立。许多乡镇缺乏专业技术人员的有效维护和管理,再加上乡镇财政资金有限,直接影响到污水处理站的正常运行。此外,在农村人居环境整治方面,村民主动参与积极性未得到有效调动,村民中大多数青壮年进城务工,乡村空心化严重,村民参与生态宜居乡村建设的内在动力不足,而留守在村落里的妇幼老弱群体既没有参与乡村治理的积极性,也没有实施管理和监督的能力。

第三节　推进宜居宜业和美乡村建设的对策建议

一　加强农村人居环境改善和基础设施建设

对农村人居环境的改善要进行系统规划,在保障中央对农村人居环境改善专项资金投入使用的过程中,各地应统筹整合土地整治、饮水安全、垃圾收集与处理、粪污资源化利用、污水管网设施、养殖污染治理、农村清洁工程、环境综合整治、河堤加固、危房改造、生态绿化等相关涉农项目资金,并加大水、电、路等相关涉农工程建设进度,努力保障农村人居环境的改善和基础设施建设;在制定建设项目工程目标的同时,还应建立和加强运行保障机制,确保建设项目工程能够顺利实施。同时,在维护好乡村生态环境的前提下,积极推动融合发展,形成"生态+"复合型经济发展模式,拓展"生态+农业""生态+旅游"等新型乡村产业类型,努力推动农村自然资本附加值增值,促进宜居宜业和美乡村建设。

二 鼓励村民参与宜居宜业和美乡村建设

农村环境治理，单靠政府或企业的支持和努力是远远不够的，还需要充分发挥村民在宜居宜业和美乡村建设中的主体地位，引导村民主动参与乡村人居环境规划、建设、运营、管理全过程，对接农村社区服务、保障救助、卫生保健、民事调解等方面的基本管理职能；积极动员广大村民自发、主动参与到人居环境治理当中，支持村级组织和农村工匠承接村内环境整治、村内道路、植树造林、退耕还林还草、补植补造等小型涉农工程项目；在畜禽粪污资源化利用、秸秆综合利用、农业面源污染综合治理、农村水系综合整治、国土绿化等领域，积极引导村民筹资筹劳，自主开展乡村生态环境建设，大力推动农作物秸秆资源综合利用、农用残膜回收利用及处置、垃圾分类与回收等，使村民养成绿色生活习惯，让节能、节水、资源回收利用成为大家的自觉行动。

三 强化宜居宜业和美乡村建设的长效管护机制

宜居宜业和美乡村建设是一项系统工程，不仅要注重乡村基础设施建设，还要强化对已建成公共服务设施的运维管护工作。在公共环保基础设施管护方面，要提升乡村环境保护监管能力，落实县乡两级乡村环境保护主体责任，配备专职人员负责运维管护，鼓励和支持专业化服务组织承担环卫保洁和设施维护工作。在改善乡村人居环境的过程中，不仅要重点开展饮水安全、厕所改造、垃圾处理和污水治理等诸多项目，还要注重其后期的维修管护工作。全面推进乡村振兴，宜居宜业是重点，应该将宜居宜业指标纳入政府考核机制，在评价乡村发展质量时不能将经济效益作为唯一的评价标准，应当与乡村发展的生态效益、社会效益、文化效益结合起来综合考量，加大第一、第二、第三产业绿色效能融合，凸显绿色 GDP 的指标地位，不断提升乡村旅游休闲度假区效能，让乡村在成为农村居民生活乐园的同时，积极吸引更多城市居民前来休闲度假和消费体验。

第六章
绿色生态循环农业与生态文明建设

绿色生态循环农业,是指在借鉴传统农业循环经济模式有效经验的基础上,通过对农业生产资源的合理化利用和对农业废弃物的资源化利用,实现对农业生态环境的有效保护。近年来,宁夏农业发展秉持因地制宜、绿色发展的生态理念,注重农业科学、可持续、高质量发展路径,涌现出了包括"对作物秸秆、畜禽废弃物的资源化利用""生态农业观光""立体综合种养""种植业与畜牧业循环互补"4种模式在内的较为成熟的、单一或复合经营的绿色生态循环农业发展模式,为宁夏构建现代化生态循环农业体系奠定了基础。

第一节 宁夏绿色生态循环农业发展模式

一 对作物秸秆、畜禽废弃物的资源化利用模式

将作物秸秆和畜禽粪便等农业废弃物集中收集起来,通过厌氧发酵、耗氧曝气等工艺制作出沼气、沼肥等燃料或肥料,或加大秸秆转化饲料的利用力度,有效实现作物秸秆综合利用,

在引（扬）黄灌区推广水稻留茬还田和玉米秸秆粉碎深翻还田技术，在中南部旱作农业区推广覆膜玉米秸秆腐熟堆沤还田，采用生物菌剂快速腐熟还田和秸秆堆沤还田技术，实施秸秆机械化粉碎深翻还田，不仅可以有效清除生活和生产垃圾，而且还能有效补充清洁能源，是一条推进畜禽粪污资源化利用和实施作物秸秆综合利用的有效途径。据调研，2022年宁夏作物秸秆年收集量361万吨，资源化综合利用量320万吨，其中饲料化利用量占利用总量的71.3%、肥料化利用量占利用总量的25.4%。农作物秸秆综合利用，使农村农业生态环境得到了明显改善。

在畜禽废弃物的规模化、资源化利用过程中，一些大型龙头企业成效明显。作为国有农场，宁夏农垦乳业股份有限公司按照国家和自治区关于加快推进畜禽养殖废弃物资源化利用的意见以及《畜禽粪便无害化处理技术规范》《畜禽粪便还田技术规范》等文件精神，推行种养结合、农牧循环、健康养殖的绿色生态循环发展模式，在奶牛养殖场内标准化配备了牛舍粪道水循环利用系统、大型热电联沼气发电系统、牛床垫料再生系统及沼液还田系统等，将集中收集的牛场粪污，通过厌氧发酵、脱硫、高温烘干、固液分离以及还田应用等工艺，成批量生产出沼气、沼液等燃料和肥料，冬天将沼气用作燃料给牛场供暖，夏季用来供电或并网入电，产生的沼渣烘干可回用作为牛床垫料，沼液则通过二次微滤技术、耗氧曝气、生物接种、营养复配，形成有机液肥通过液肥管道接入农田，替代化肥成为绿色有机肥。这种粪污资源化利用模式不仅实现了对养殖场"三废"的无害化处理，而且对当地沙碱地改良起到了显著效果。据调研，仅农垦贺兰山奶业有限公司平吉堡第六奶牛场每年可利用粪污发电52.54万千瓦时，年产有机液肥1.2万方。在冬季沼气作为供暖燃料可每年节约用煤 750 余吨，使用沼气作为清洁能源代替煤充当燃料大大减少了二氧化碳和二氧化硫在空气中的排放，在保护生态环境及改善生产、生活条件等方面发挥了重要作用。

二　生态农业观光模式

将农业生态与旅游观光结合起来实施农旅融合是当前各地都在积极探索发展的一种绿色生态循环农业发展模式。"宁夏稻渔空间"是其中比较典型的成功案例，该生态观光园位于银川市贺兰县常信乡四十里店村，2018 年创建为国家级稻渔综合种养示范区，将自然生态和农业、渔业、休闲旅游以及产品加工、销售、社会化服务等结合在一起，较为成功地实现了第一、第二、第三产业的融合发展。截至 2022 年底，已建设有稻田画景观区、智慧农业展示馆、科普教育长廊、农民田间学校、植物观赏及风车长廊、农耕文化展示厅、传统农耕用具及稻草人展示区，以及有机瓜果采摘园、大型日光温室种植区、农事活动观赏体验区和民俗民居农家小院等基础设施，在园区可以开展稻渔综合种养、水稻工厂化育秧、旱育稀植栽培技术、钵苗①摆栽机插秧、有机肥施用、生物除草、农机农艺深度融合、绿色高产创建、"互联网+农业"等关键环节技术的示范推广。旅游旺季，该乡村生态观光园还通过为游客提供绿色有机大米及园区自产的各种水果、蔬菜等特色农产品，吸引周边市民到园区体验烧烤垂钓、农耕、育苗栽培、农产品采摘等活动。农忙季节，游客在园区不仅可以欣赏到美丽的田园风光，还可以通过科普介绍了解到更多关于农业生产的知识，进行研学体验观摩等活动。

---

① 钵苗：将水稻种子放入小容器，如小盆或小碗中进行育苗，当幼苗长大后，再将其移植到农田的育苗方法。

在经营管理方面，建立了与当地农民的利益联结机制，2018年该生态园区通过土地流转850元/亩，让农民利用承包土地入股分红100元/亩，带动315户村民每户年均增收一万元，有效解决了周边农民100余人的就业问题，成为提高村民收入的一条有效路径。据统计，该乡村生态观光园占地面积2600亩，其中种植绿色稻1600亩，有机稻1000亩，生态养殖稻田鸭2000余只、稻田蟹10万余斤、稻田鱼10万余斤。园区还通过开展粮食收储、大米加工、农资植保、农机作业、农技服务、质量安全、电商销售、技术培训等农业社会化综合服务，辐射贺兰全县粮食种植面积3万多亩，通过指导种植、统一收购，带动农户实现增收500多万元，对宁夏乡村旅游发展和生态农业观光模式的推广起到了积极示范带动作用。

三　立体综合种养模式

宁夏立体综合种养模式主要包括北部引（扬）黄灌区的稻田综合种养模式和南部山区利用梯田高度差实施的间作套种模式。在引（扬）黄灌区施行的以稻田养鱼为代表的稻田综合种养模式是将传统的种植业和水产养殖业结合起来，利用水稻种植和水产养殖互为生态链的原理，使稻田种植系统利用水产养殖中的营养，水产养殖利用稻田种植系统中的水源，在追求提高水稻品质的前提下，实现"一水多用，一地多收"的绿色生态循环农业模式。在这一立体综合种养系统中，水稻为水产养殖提供庇荫和有机食物，鱼虾、螃蟹、鸭子和泥鳅等水产养殖则发挥为水稻耕田锄草、松土增肥、提供养料、吞食害虫等作用，最大限度地减少种养循环系统对农药、化肥等化工材料的吸收和依赖，形成一个绿色健康的营养循环体系。

利用梯田高度差进行间作套种是宁夏南部山区进行立体复合

种植的主要方式，尤其是在固原市彭阳县比较集中，就是利用农作物生长发育的"空间差"和"时间差"，采用高棵作物对矮棵作物、尖叶作物对圆叶作物、深根作物对浅根作物的方法，实施小麦套种马铃薯、马铃薯间作蚕豆、豌豆套种马铃薯、小麦套种玉米、玉米间套杂豆等模式，通过提高作物对水、肥、气、热及光能的利用率，形成多物种、多层次的立体种植结构。据统计，2022年彭阳县采用全膜双垄覆盖技术共完成大豆玉米带状复合种植面积24.36万亩，其中，"4+3"模式种植面积23.68万亩，占97.21%，"4+2""4+5""2+3"等模式均为零星种植，并在梯田插花种植冬小麦、胡麻、燕麦、土豆、糜子、谷子等。其中，玉米面积占67%，折算面积16.32万亩，大豆面积占33%，折算面积8.04万亩，综合产量每亩504.1公斤，亩产值1578.0元，总产值38440.08万元。有学者表示，这种间作套种模式不仅能够有效降低作物单一品种的倒伏性，而且十分有利于生物多样性对农业病虫害的防控。

四 种植业与畜牧业循环互补模式

将种植业与畜牧业结合起来进行能量互补是实现农业生产资源循环再利用、废弃物资源化利用的一种有效农业生态模式。在宁夏，以养殖业为主的很多村镇，农牧民将畜禽粪便堆肥发酵后用于农田种植，农田种植产生的作物秸秆或青贮饲料作为畜禽的主要食源，有效实现了种养资源的互补和循环利用。硝河乡硝河村位于固原市西吉县东南部，是硝河乡政府所在地，区域面积8.5平方公里，耕地面积5764.54亩，退耕还林面积928亩，辖有6个村民小组，户籍人口448户1773人，其中常住人口292户1248人。近年来，该村坚持"生态优先、以草定畜、以种促养、种养结合"的原则，推动草畜产业扩量增效，建成青贮池

144座、饲草料配送中心1个，形成了"家家养畜、户户种草"的种牧互补、循环新格局。2022年该村进一步扩大种植养殖规模，种植优质青贮玉米3000亩，养殖存栏肉牛1800头，通过发展青贮玉米饲草种植满足存栏肉牛养殖量。

在政府的引导和支持下，标准化、规模化的种牧互补模式在农村得到了较快发展。2017年，自治区政府办公厅印发《宁夏回族自治区加快推进畜禽养殖废弃物资源化利用工作方案（2017年-2020年）》，要求畜禽养殖场（户）就地就近实现畜禽粪便资源化转化，减少养殖业污染物排放，从而构建绿色高效的循环模式。西吉县马莲乡张堡塬村将种植业和畜牧业结合起来，建立了高起点、高标准、高水平的现代生态循环农业示范园。目前，该示范园已建成标准化双排牛舍8座、草料大棚2座、青贮池3座、有机肥加工车间3624平方米、硬化堆肥场4000平方米，建成大跨度日光温室3座、大拱棚31座、双层全钢架大拱棚6座，购置饲草料粉碎机、揉丝机、全混合日粮饲料制备机等设备共计20台，按照"肉牛标准化规模养殖→牛粪加工有机肥→有机肥还田种植马铃薯、绿色蔬菜、优质牧草→牧草饲养肉牛"的生态循环模式，构建起了"种、养、加、销"和"从农田到餐桌"的全过程生态循环产业链，有效地将种植业与畜牧业结合起来，实现了种养互补和资源化的有效利用。

此外，有些地方还大力发展节水滴灌、水肥一体化、智能管控等先进生产技术，通过节水设施、智能管理，实现水产养殖与蔬菜种植相结合的"鱼菜共生"水肥一体化循环养殖模式。即在水产（鱼虾等）养殖过程中，鱼虾等的排泄物堆积使水体氨氮增加，产生富含植物所需营养的浑水，通过微生物降解将其中氨氮分解成亚硝酸盐输送到作物栽培系统进行浇灌，被植物充分吸收并净化后再输送到水产养殖系统，通过水产、作物和微生物三者之间的互动协作进行反复利用，以达到水生态平衡的目的。譬如，在西吉县黄花乡羊槽村，当地农户尝试将水产养殖用过的水，用管道接入无土栽培的蔬菜种植。不仅节约了水资源，还提供了无土栽培蔬菜所需的水量和养分，从而实现可持续循环型零排放低碳种养模式。

第二节 宁夏实施绿色生态循环农业的机遇和挑战

一 现代化设施的经济运行成本较高，传统小农种植结构难以与之匹配

发展现代化的绿色生态循环农业体系，需要规模化的大机器，而当前宁夏全区范围内的农业模式大多以小农经营为主。对于像农垦集团这样的大型龙头企业来说，标准化、产业化的绿色生态循环体系较为容易构建和推广，但对于规模小的普通小农户来说，因经济实力、人力条件等原因存在难以实施的困境。因此，整体来说，存在机械化大机器生产与以家庭经营为主体的产业模式不相契合的问题。在具体操作过程中，大部分村民受传统种植养殖理念影响较深，更多依赖传统技术，对于现代生产技术和生态理念缺乏基本理解。譬如，尽管以稻田养鱼为代表的立体综合种养模式有着广阔的发展前景，但大多数农户习惯于水稻的传统种植方式，对水产养殖技术尤其是稻田水产养殖缺乏了解，再加上立体综合种养模式需要规模化、标准化的设施基础，很多零星种植户在经济能力、土地资源、技术手段等各方面都很难适应，致使这一绿色生态循环农业发展模式无法得到大面积推广。

二 绿色生态循环农业发展模式短期效益不明显，影响大面积推广

绿色生态循环农业发展模式是一项基础工程，需要不断完善和应用，才能发挥其效应。然而，当前多数农民兼营务工的现实，与绿色生态循环农业发展模式不相适应。近 20 年来，有 40%多的农户家庭人均可支配收入以"铁杆庄稼"之称的非农经营为主，大多数农民在农业生产过程中，还要腾出时间在外务工赚钱，而绿色生态循环体系是标准化的基础建设，需要耗费大量的人力物力不断维护和修缮，并且其在短时间内所产生的效益远远不能满足农村居民家庭当年的支出预算，这大大制约了绿色生态循环农业发展模式在小农家庭经营户中的推广和应用。

三 绿色安全产品检测机制不健全，绿色有机食品销售渠道不畅

尽管绿色生态循环体系下的很多绿色食品深受消费者喜爱，但在参差不齐的农副产品消费市场上，由于尚未建立健全绿色有机产品安全检查机制和相应的绿色有机食品专柜，一些经过化肥、农药培育的农副产品与绿色、天然、无公害的食品混杂在一起，因普通消费者不能准确辨别两者差异，反而使那些经过化肥、农药浸蚀过的农副产品因其价格低廉、外观精美在市场上更为畅销。尤其是在一些特殊时期，外销原因导致绿色产品滞销，会给农户带来不小的经济损失，从而影响种养户的生产积极性。譬如，固原市西吉县硝河乡一家以绿色生态循环为模式的种菜大户，承包了当地 1100 亩的蔬菜基地，2022 年 10 月受新冠疫情影响，蔬菜不能及时送达银川和兰州等销售基地，大部分蔬菜因滞销而腐烂于地，给农户带来了不小的经济损失。

四　农旅产业融合存在严重的同质化倾向，市场核心竞争力有待提升

目前，宁夏农旅市场主体规模偏小，产品结构相对低端，文化产品创意和特色不足，农旅产品品牌较少，科技含量和文化产品附加值较低，市场核心竞争力有待提升。就全区而言，各地发展生态观光农业方面存在地区间配套设施不尽合理、农旅产业规划的引导作用尚未得到充分发挥、农旅产业发展同质化倾向严重等问题。总体而言，宁夏农业科技创新能力不强，新兴产业发展较慢，有规模、成系统的生态农业产业园区培育缓慢，尚未形成内生增长的产业生态体系。农旅产业需要规模以上龙头企业的引领和带动，而行业内领军企业还不够多，在商业模式创新、应用等方面更为滞后。在总量规模上、结构素质上，行业领军人才、复合型高端人才、优秀青年人才和专业技能人才不足，为农旅融合提供支撑的创意人才、设计群体则更为缺乏。

第三节　发展绿色生态循环农业的对策建议

一　大力实施农药减量增效，持续推进农业废弃物资源化利用

应组织农业科技力量持续推进作物秸秆、畜禽废弃物资源化利用，通过加强粪污集中处理、资源化利用技术指导，推广全量收集利用畜禽粪污、全量机械化施用等经济高效的粪污资源化利用技术模式，做好农业农村畜禽粪污集中收集处理，为有机肥加工提供资源，积极探索推广畜禽粪污资源化利用新模

式。在有条件的村镇，推进种养结合、农牧结合、沼气沼液生产等多种模式，在加快粪污直接还田、堆沤发酵还田的基础上，加大有机肥生产加工力度，争取引进大型龙头企业，扩建有机肥生产厂，狠抓产销对接，提高商品有机肥使用率；依托养殖业发展，推进秸秆饲料化利用和秸秆腐熟堆沤还田技术模式，有效实现作物秸秆的综合利用。同时，应持续推进农药减量增效工作，提升绿色防控及农药减量控害技术，示范推广低毒低残留农药，严格控制化肥、农药等投入使用量，扩大测土配方施用范围，推进有机肥、缓释肥利用，通过加强农作物病虫害监测预报，推广专业化统防统治，利用资金补助或物化补贴等形式，创建各类专业化统防统治与绿色防控融合示范区，减少化工材料在农业生产中的使用。

二 加大政策倾斜和资金支持力度，构建绿色生态循环体系

绿色生态循环农业发展模式是一项利国利民的基础性工程，对于农业长久发展和食品安全具有不可估量的作用，各级政府应负起责任，从长远考虑，发挥好组织协调力量，通过自身影响以及政策倾斜和资金支持，撬动社会资本，为绿色生态循环农业的创业人员及实施者提供一定的财政补助及银行贷款优惠，通过多渠道多形式的帮扶机制，督促肉牛存栏达到10头（其他畜禽按牛的标准进行折算）以上的所有养殖户配套建设畜禽粪污处理设施，推动宁夏各级各类生态循环农业模式有序运行和健康发展。当然，农业科技发展始终是绿色生态循环体系不断完善和发展的关键，政府应加大农技科研在农业生产过程中的创新和应用力度，切实增强新型农业科学技术对农业绿色产业体系的增值变现能力，为绿色生态循环农业长久发展提供科技支撑。

三 建立健全绿色安全产品检测机制，着力打通农业有机食品销售渠道

严格落实《农产品质量安全监测管理办法》（农业部令2012年第7号，2022年修订），制定符合宁夏实际的农产品质量安全监测计划和实施细则，对影响农产品质量安全的有害因素进行检验、分析和评估，逐步减少和限制农药、化肥超标食品在农产品市场上的流通。近年来，宁夏农垦集团研发的"连湖西红柿"因口感好、品质佳而备受消费者青睐，自治区应出台政策对类似于"连湖西红柿"的绿色优质农产品从引进、种植、运送到销售等全过程给予政策鼓励和资金支持，完善本地绿色有机地标农产品品牌培育体系，构建以彭阳燕麦、泾源黄牛肉、盐池黄花菜、西吉西芹等绿色食品、有机农产品和地理标志农产品为主要类型的农产品认证登记体系，逐步形成具有宁夏地域特色的绿色优质农产品发展格局，让人们吃上更多具有"小时候味道"的绿色安全有机食品。

四 集中力量，在农文旅融合上下功夫、出奇招

绿色生态循环农业对控制农业生产过程中产生的废弃物排放具有较高要求，这与人们追求的"天蓝、地绿、水净"目标不谋而合。因此，发展绿色生态循环农业是当前各地都在积极探索转变农业发展方式的有效实践路径。如何将绿色生态循环农业与乡村旅游深度融合，通过满足城乡居民休闲消费需求，实现农民就业增收，对宜居宜业和美乡村建设具有重要意义。各地应该认真贯彻落实《宁夏回族自治区关于推进乡村旅游高质量发展的实施意见》，依托区域特色产业优势，大力发展乡村旅游，推进中宁枸杞产业、贺兰山葡萄酒产业、盐池滩羊产业在增强地方产

业实力的同时，为旅游业提供农业观光、休闲体验等配套服务，构建旅游功能完备、公共服务完善、卫生环境整洁、文化特色明显、通达条件便捷、市场吸引力强、旅游带动作用大的绿色生态循环农业体系，着力打造一批特色文创小镇，建设一批田园综合体和旅游示范园，开发一批生态休闲游、避暑休闲游、梯田观光游、农事体验游、健康养生游等旅游产品，把绿水青山的"看点"变成致富增收的"卖点"。通过"特色产业+乡村旅游"模式，努力提升农旅产品和服务的内涵性、多样性、趣味性与互动性，从发展乡村旅游的角度丰富绿色生态循环农业的内涵。

第七章
乡风文明赋能乡村振兴

第一节 宁夏乡风文明发展现状

一 民间自办文化异军突起

发展民间自办文化是农村从"送文化"向"种文化"转型过程中,实现乡村文化内生机制的一条有效路径。随着宁夏经济社会的不断发展,农民群众的精神文化生活日益丰富,以民间文艺团队、农民文化大院等为代表的乡村民间自办文化蓬勃兴起,呈现良好的发展态势,"文明实践+爱心超市+"得到推广,村规民约作为乡风文明的教化资源受到重视,个别文艺爱好者还结合当地的优势资源和文化积淀创建了具有"书屋"性质的文创基地,共同为引领社会风尚、传承优秀传统文化、促进乡风文明发挥了积极作用。目前,宁夏乡村民间自办文化的形式主要包括村办、业余和个体3种类型。

村办文化是在村(居)委会的带动下,结合当地人文特色组织开展,包括戏曲传唱、非遗传承、秧歌舞蹈、社火表演等各种文化活动形式。在全区公共文化服务体系实现县乡村三级全覆盖的基础上，每个村（社区）都建有村（社区）综合文化服务中心，有些村（社区）还成立了民间文艺团队。民间文艺团队多数以村（社区）为单位，由村（居）委会牵头，由乡村文化能人带动周边村民组建而成。譬如，中卫市中宁县大战场镇红宝村农民合唱团，是一支由80余名文化程度不高、平均年龄在50岁左右的村民自发组建而成的村级文艺团队。该合唱团自组建以来多次参加各类文艺演出，2020年还参加了北京国际合唱节，接受了央视新闻及多家媒体的采访报道。2022年7月，在中宁县开拍的电影《六谷儿》取材自该文艺团队，讲述了新时代农民丰富精神生活、增强文化自信的故事。2022年，在大战场镇红宝村农民合唱团的示范带动下，中宁县下辖12个乡镇全部组建了具有当地特色的民间文艺团队。截至2022年底，宁夏共有各级各类民间文艺团队1136支，平均每年开展文化活动达1.8万场次以上。

农民文化大院是以农户庭院为依托，集文艺演出、非遗传承、特色收藏、体育活动等多种形式于一体的综合性文化活动场所。截至2022年底，宁夏共有586个农民文化大院，其中较有代表性的是银川市闽宁镇赵鸿文化大院、固原市原州区中河乡庙湾村梁云文化大院、固原市原州区开城镇善堡村李存吉文化大院、吴忠市盐池县麻黄山乡何新庄村何家大院等。平时在农闲之余聚集于文化大院的"行家能手"都是当地土生土长的村民，也是乡村文化内生动力的主要力量，他们在剪纸、刺绣、书法、绘画、歌唱、表演、文学创作、陶瓷制作等方面均有一定专长。农民文化大院的兴起，对丰富村民业余生活、提高人们生活品位具有较强的聚和作用。

固原市西吉县吉强镇杨河村木兰书院由创业者史静波个人依

托西海固文学和西吉县"中国首个文学之乡"的深厚积淀和特色优势创建而成,目前已设立"西海固文学教育馆"和"石榴籽文学馆",并引进布贴画、山花儿等7个非遗项目,建成"非遗文化园",为16名"非遗"传承人设立工作室。作为非遗传承基地,木兰书院每年坚持为村民举办乡村"非遗"节、中医养生节、农民作家诵读会、诗人节等群众文化活动,将农民作家和文艺爱好者联结在一起,为大家提供创作、交流和学习的平台,并吸引李成东等农民作家成为书院"签约作家",进行"一对一"帮扶培养。木兰书院一直努力寻求与高等科研院校的合作,一方面为科研学者提供教育实践、课题研究、人文调查、文艺采风的基地,另一方面通过引入文化、科技、教育、经济、社会等资源,促进书院内涵式发展。近年来,众多科研学者先后走进木兰书院,使这个偏乡僻壤的小村落逐渐成为一个充满文化气韵的精神家园。

二 农村公共文化服务得到明显提升

(一)加快推进城乡基础设施和公共服务一体化,农村公共文化服务得到不断充实和完善

目前,宁夏"区、市、县、乡、村"五级公共文化服务设施网络基本形成,公共文化服务触角基本延伸到了每一个行政村,乡镇文化站、乡镇卫生院、村文化室、农村电影放映设备、农家书屋、农村大舞台、农村文化大院等实现乡村全覆盖,基本实现学前教育普及普惠发展目标,石嘴山市、吴忠市、固原市先后成功创建国家公共文化服务体系示范区。

(二)积极开展文化下乡活动,惠民文艺演出异彩纷呈

为提振乡村文化建设,进一步引领乡风文明示范,宁夏演艺集团对接全区各市县,以"讴歌党、讴歌祖国、讴歌人民、讴歌英雄"为主题,以满足人民美好生活需要为目的,围绕宁夏西海固"苦瘠甲天下"的脱贫致富奇迹、从"干沙滩"到"金沙滩"沧桑巨变、贺兰山东麓葡萄酒的奋斗历程等重大主题,结合农民精神文化生活需求,积极开展文化下乡、"文化惠民、送戏下乡"、戏曲进校园、戏曲进乡村等活动,通过秦腔、眉户、道情等多种多样的表演形式,在保护传承优秀传统文化的基础上,推出一批展现宁夏发展成果、激发群众奋斗精神、促进民族团结进步的艺术精品,极大地丰富了乡村文化生活,让乡风文明悄然浸润在农民的日常文化活动中。

（三）选树典型,树起乡风文明标杆

结合时代需要探索传统美德的当代创新和转化,通过开展"最美家庭""星级文明户""文明村镇"等评选活动和"好家风好家训"征集活动,选树表彰道德模范、身边好人、好媳妇、好公婆等先进典型,以榜样典型的示范带动,竖起乡风文明标杆。譬如,田拐村以创建自治区级乡村治理示范村为契机,不仅积极争取整村推进项目改善村庄硬件设施条件,而且以"德治"扬正气,通过制定新时代村规民约,不断深化移风易俗,选树培育道德模范,提振社会治理新风尚,在强化教育宣传的基础上,引导农民自觉践行社会主义核心价值观,建成"儿童之家"和"老年饭桌",让空巢老人和留守儿童有一个温暖的港湾,村民互助合作蔚然成风,文明乡风日渐形成。与此同时,宁夏还依托乡镇新时代文明实践站、村（社区）家风馆、家风家训文化长廊、村（社区）妇女之家、儿童之家、家庭教育指导服务站及家长学校等平台,深入开展"爱润万家　好家风好家教好家训"家庭教育宣讲活动,切实推动社会主义核心价值观在乡村基层落细落实。

（四）积极开展移风易俗行动,竭力遏制乡村不良风气

宁夏以"提升宣传教育引导实效,提升红白理事会工作成

效，提升村规民约制度约束力"等"三提升"为着力点，深入实施思想道德建设引领工程，引导农民自觉践行社会主义核心价值观，通过"道德积分奖励"活动，积极培育和谐文明乡风，有效利用村规民约、新乡贤参事会等民间组织机制，成立县乡村三级移风易俗劝导志愿服务队，使一些陈规陋习、赌博之风、婚丧陋习、天价彩礼、人情攀比、薄养厚葬、老无所养等不良风气得到有效遏制。譬如，在党建引领乡风文明培育过程中，中卫市海原县关桥乡关桥村"两委"班子以精神文明建设为抓手，结合"好媳妇好婆婆""关桥好人"等评选活动，利用农闲季节开展形式多样、生动活泼的法制宣传教育，积极举办关桥村农民篮球运动会、"三八"妇女趣味运动会等一系列活动，广泛开展尊老爱幼、助残扶贫活动，利用国家安全日、宪法宣传日等有利时机，张贴标语，广泛宣传，开展法制宣传培训、讲座，在全村营造除陋习、树新风的良好氛围，用健康有益的文化宣传教育活动代替不良的生活习气，有效杜绝黄、赌、毒等歪风邪气在乡村的发生和蔓延，为创建宁夏民族团结进步示范村奠定良好基础。

"文明实践+爱心超市+"模式，是宁夏近年来积极探索村民自治、德治、法制"三治"建设相结合的有效实践模式，对于促进群众评先选优具有较强的引导和激励作用。2019年银川市率先出台《银川市移民村"积分超市"管理工作方案》，宁夏2217个行政村中有30%以上的村委会都积极效仿并以"积分换物品"的形式，将村民参与集体公益活动、村庄环境保护、移风易俗、遵纪守法、家庭和睦、邻里团结与选树"身边典型"、开展"美丽庭院""星级文明户"等评先选优活动结合起来，把村民的日常行为转化为可量化的积分数据指标，对照量化考核评比细则开展积分兑奖活动，为乡村弘扬新风正气、摒弃陈规陋习、激发群众脱贫致富内生动力，实现"积分改变习惯、勤劳改变生活、环境提振信心、共建美丽乡村"的目标发挥了积极作用。

"马连平家因为孩子考上大学被村委积分评定工作小组一次赋予了50分,加上他们家在邻里互助、爱护公物、赡养老人等方面积攒的45分,目前已有积分95分,是2022年全村最高的积分大户。"固原市西吉县偏城乡上马村村支书马西文说,"在'文明家庭'的评选活动中,村委会还将对他们家作优先考虑。"据调研,该村结合本地实际,大力推行乡风文明实践积分卡制度,将公德美德、诚实守信、减免彩礼、婚丧简办、矛盾纠纷调解等纳入积分制管理,通过积分兑换使村民行为规范有了"标尺",让新风良俗有了"分值",村规民约在大家心中有了"分量",为基层乡村治理提供了有力抓手。

积分兑换服务由村"两委"班子根据村委会制订的《乡村文明实践积分卡制度积分内容及标准参考表》统筹实施,积分活动涵盖"精神文明""平安建设""环境卫生""教育培训""表彰奖励"等项目,各个项目下又细分为若干细则。譬如,在"精神文明"项目下又细分为"家庭和睦""团结和谐""移风易俗""诚实守信"等小项。赋分标准也较为明晰,其中"家庭和睦"的评分细则为"长期照顾家庭老人生活起居,帮助解决村组其他老人生活的,年奖10分"。在赋分过程中,有奖也有罚,如"家庭成员之间发生矛盾纠纷并在村组造成严重影响的,每次扣5分"。

"村民在积分申报过程中,可以随时随地通过口头、电话、短信、微信等方式申报,申报时要提供相关证据。"村支书马西文说,村"两委"班子通过村民推选组建了积分评定小组,每月通过村级联合办公日或村民代表大会进行审定,审定后的积分会进行公示。据了解,上马村村民所持积分按照1

分兑换 1 元的标准，在文明实践爱心超市兑换等价物品，物品兑现后积分不清零，仍以家庭为单位逐年累加，总积分在全村排前 15 名的，在村级"道德模范""文明家庭"等评选活动中优先推选；总积分排前 3 名的，作为村部推荐各类先进模范评选的依据。

（五）乡村物质文化遗产和非物质文化遗产得到有效保护

乡村是乡风文明建设的主要阵地，要建设和弘扬乡风文明，不仅要保护好遗留在乡村的各项物质文化遗产，还要保护好传承在村落的各项非物质文化遗产。固原市隆德县依托国家级"非遗"代表性项目高台马社火，在陈靳乡新和村打造"非遗"特色房车营地，将房车体验与高台马社火表演融为一体，不仅增强了以房车营地+"非遗"为特色的乡村旅游吸引力，也激发了游客参与其中的热情。近年来，宁夏依据传统村落、民居建筑、农业遗迹等，通过建立健全"非遗"保护传承的体系机制，基本形成了国家、自治区、市、县四级"非遗"保护名录体系，使传承在民间的麻编、剪纸、刺绣等诸多"非遗"代表性项目得到有效传承和保护。其中，花儿被列入联合国教科文组织人类"非遗"代表性项目保护名录，宁夏刺绣、滩羊皮鞣制、杨氏泥彩塑等 28 项传统技艺入选国家级"非遗"代表性项目保护名录，还有 224 项"非遗"代表性项目入选自治区级"非遗"代表性项目保护名录，各市县也建立了相应的保护名录 1000 余项，切切实实地让乡村文化得到有效传承和发扬。

（六）创新造就高素质农民队伍

在石嘴山市试点对农民施行职称评审工作。为有效调动农民学习和应用农业科技知识的积极性，充分发挥农村骨干的示范引领作用，2021 年起宁夏试点在石嘴山市启动农民职称评审工作，让更多的农村"田秀才""土专家""嫁接能手""养殖能人"

拥有专业技术职称，通过示范引领带动造就一支适应现代农业农村发展的高素质新型职业农民队伍。

三　将传统美德融入乡村治理，积极探寻"以孝治村"的发展路径

近年来，很多村镇将基层治理与民风转变紧密结合，探索出了一些具有当地特色的发展路径。固原市彭阳县白阳镇中庄村"两委"班子针对农村薄养厚葬等不良陋习，倡导移风易俗，通过举办"孝老爱亲"座谈会，评选表彰"孝道之星"，探寻出了一条"德孝文化强心志，精准帮扶促发展"的治村思路，使民风在行为规范中得到极大转变，内生动力在民风转变中竞相迸发，涌现出"全国五好家庭"牛治刚等一批先进典型，使全村形成了争先"尽孝心、讲诚信、守礼仪、勤劳动"的良好氛围。牛治刚夫妇不仅是村里的致富能手，也是家喻户晓的"孝道之星"。其80多岁高龄的老母亲瘫痪多年，夫妇二人"早梳晚洗、端屎端尿"的尽孝行为深深感动了左邻右舍。为了能让孩子在现实生活中受到教育，每逢寒假，牛治刚都会带领全家到村里有老人的贫困家庭，为困难老人送上自己家榨的胡麻油和一些生活用品。

据了解，2004年牛治刚夫妇通过中庄村小额贷款和亲朋好友的资助，在县城租了一间小屋做起了榨油生意。由于勤奋能干，油坊生意十分红火，已由原来的小作坊逐步发展为加工配送"一条龙"服务的规模企业。创业成功之后，牛治刚夫妇积极投身于帮扶乡邻共同致富的行动中。村里一些无法外出打工的村民想在家里发展养殖业而没有钱购买饲料时，牛治刚夫妇便将油渣赊欠给他们，有效缓解了养殖户资金一时周转不开的压力。

"在牛治刚夫妇的影响和带动下，大家纷纷外出务工创业，很多人都在城里买了房和车。"中庄村党支部书记闫生栋介绍道。2009年中庄村争取到自治区外事办60万元的项目款，在充分征求村民意见的基础上，成立了信阳农村资金互助社，采取"支部+银行+合作社+农户"模式，撬动银行贷款600万元，通过小额贷款解决了村民发展产业缺少资金的问题。截至2022年底，已累计发放贷款510万元，扶持农户286户1438人。既解决了农户想发展缺资金的问题，又帮助党支部走出了"无米下锅""缺钱办事"的尴尬境地，形成了"支部说话有人听、干事有人跟"的新局面。

四 以村志、族谱等为代表的乡风文明得到较好传承

乡风文明是乡村文化的精髓，以村志、族谱等为代表的家规家训或村规民约作为乡风文明的教化资源，蕴藏着家庭教育、宗族制度、村落历史等文化内涵，对于再现乡村原始风貌、强化群众自我教育、唤起村民文化认同等意义重大。近年来，在自治区党委、政府的大力推动下，宁夏各地依据当地村落发展实际，相继完成《梁堡村志》《长城村志》《崖堡村志》《南长滩村志》等30余部村志的编写和出版工作。在传统文化保留相对完整的村落，有很多或用文字记载或口头传承的村规民约和家规家训，有些甚至以族谱的形式予以传承。譬如，固原市隆德县奠安乡梁堡村保存有传承已达七代之久的董氏族谱，该族谱封面题签"皇清董氏历代家谱编纂"，卷首有清代庄浪"五进士"之一赵贡玉所撰的《十则例》，详细列举了董氏家谱的修谱规定。董氏族谱涵盖"行孝""尽悌""尽忠""守信""守礼""尚义""养廉""知耻"等内容，对于规范和教导家庭成员勤奋务实、诚实守信、讲求礼数、耕读传家具

有一定作用，并将这种优良家风传递给了其他村民家庭。

良好的乡风文明在选树身边道德典型、弘扬乡村优秀传统文化，以及村民持家治业、孝敬老人、教育子女等方面具有重要的引领和示范作用。据《纳家户村志》载，该村"偷盗、赌博、吸毒、性乱以及经营中的坑蒙拐骗等丑恶行为为人们所不容；勤劳节俭、吃苦耐劳、诚实善良、济贫扶困、尊老爱幼的优良品德则为人们所崇尚"[1]。家风正则民风淳，民风淳则社稷安。深入挖掘村志、族谱中所蕴含的思想观念、人文精神、道德规范时应结合时代要求善加引导和继承创新，让以家规家训和村规民约为代表的乡风文明展现出永久魅力和时代风采。

第二节　乡风文明建设面临发展困境

一　人口结构失衡，乡村文明传承后继乏力

乡村有一定文化知识或技能经验的青壮年多数外流，他们不仅疏于农业生产，对本村举办的各种文化活动也较少参与。随着年轻一代婚姻的渐次形成，多数女方家庭要求男方家庭"在城里有车有房"，很多农民也不再将农业收入和翻建新房作为炫耀资本，相互之间攀比更多的是谁家在城里购了楼房及数量的多少，这使农村社会结构呈现明显的从结构"空心化"到精神"空心化"的发展趋势，人口外流使农村社会结构严重失衡。另外，乡镇文化站、村（社区）文化活动中心、农民文化大院普遍缺乏文化带头人，专业人才断层和老龄化问题突出，严重影响了乡村文化活动的正常开展。各乡镇、村（社区）文化站（室）

---

[1]　永宁县党史县志办公室编《纳家户村志》，宁夏人民出版社，2010，第78页。

的建设、管理和使用与公共文化服务发展也不相适应，很多地方不能满足农民群众日益增长的精神文化需求。在乡风文明的传承和发展过程中，传统文化与当代实际契合也不够深入，缺乏现代元素的有效融入。乡村现代化是一个综合性概念，涉及经济、文化、科技、观念、生活等各个方面的变革与发展。在这一整体概念下，要实现乡村文化的现代化，就要在复兴、修复和回望的基础上，与现代文化无缝衔接、快速融合，形成符合现代需求的文化体系，而当前宁夏很多村镇对传统文化的发掘尚停留在能唱、会演的肤浅层面，根本达不到"精"和"专"的标准，这使得政府主导的文化下乡服务难以与人口结构、年龄结构、性别结构严重失衡的村庄相对接，在开展乡村公共文化服务活动过程中，面临人员短缺、组织不力等问题，导致传统戏曲、传统舞蹈、传统小吃、传统技艺等传统农耕文化遗产不能在新时代乡村展现迷人的风采。

二 部分公共文化设施配置不尽合理，造成资源严重浪费

乡村公共文化服务资源分配不均衡，存在城乡之间、镇乡之间、村组之间文化设施配置不尽合理、供给结构失衡、建设数量难以满足实际需要的问题，尽管多数县域已经实现了文化馆的总分馆模式，但是乡村明显次于城镇，城镇明显次于区域中心城市和大城市。有些乡村的公共文化服务设施极为短缺，甚至连基本的文化活动中心和老年活动室都没有；有些乡村虽然形式上有，但设施陈旧不达标，有效利用率低。许多乡镇设立的文化馆、图书室、健身器材等文化基础设施由于缺乏有效的监管、运维机制，只是满足了指标的变化，并没有真正满足村民的实际需求。还有一些乡镇网络覆盖率不高、手机信号微弱，也没有建立农村亟须的物流网络配送点（站），在很多乡村，尤其是偏远山村，

经常出现菜烂在地里、苹果挂在树上无人问津的情况，而村民们急需的一些物资、设施却要跑到较远的城镇或者更远的中心城市去购买，导致困扰乡村发展的农产品滞销和农民购物难问题一直得不到有效解决。

三　缺乏现代元素，传统文化与当代实际契合不够

部分乡村文化建设过于追求"面子工程"，加上很多参与乡村文化建设的规划设计者缺乏对传统民俗和乡风礼俗的理性研究，没有充分将当地的优势特色和文化基因考虑进去，往往任意剪裁或对公共文化服务照抄照搬城镇模式，提供的公共文化服务与农民实际需求不符，致使一些节庆活动内容空洞，缺少当地传统文化底蕴和内涵，难以引起人们对乡土文化的怀旧和共鸣，也不能紧跟时代要求满足村民对现代文化的追求。随着互联网时代的到来和智能手机的普及，农村居民的文化活动载体已经由传统媒介转为以抖音、快手和微信等新媒体为主的新型媒介，然而部分乡村公共文化服务供给在内容、主体、方式等方面，仍然局限于传统思维，没有努力跟上农民群众的多样化、便捷性需求。随着社会的发展，村民的文化需求也呈现多样化发展趋势，然而在一些乡村增设的文化设施与村民的实际生活脱节，造成了资源的严重浪费，甚至部分基层文化服务存在同质化倾向，优势地域特色不够显现，呈现文化产业结构不尽合理、文化科技创新能力不强、新兴产业发展滞后及有规模、成体系的文化产业园区培育缓慢等状况，也未形成内生增长的文化生态系统，这导致具有乡土味道的优势特色文化不能形成发展合力。同时，基层群众文化创新、消费能力普遍较弱，缺乏大项目带动和支撑，未能与乡村旅游、体育运动、特色民宿、审美意识等文创产业形成发展合力，缺少品牌意识，

在市场上推出的一些文化产品附加值明显较低，缺乏核心竞争力。

四　家风民风等社会问题突出，道德观念有所弱化

长期以来，乡村是一个传统的礼俗社会，村民主要依靠习俗习惯、乡规民约、传统道德等实现内心约束，维系家庭稳定和村落秩序。然而，随着农村青壮年人口大量外流，传统的生活习惯和"守望相助、邻里互携"的邻里关系逐渐淡化，家庭伦理问题日渐凸显，老年人出现养老危机，有些家庭缺乏对老年人的实际关爱，存在生前不养老、死后隆重办的情况，结婚聘礼居高不下，很多家庭为筹备适婚青年的彩礼背上沉重包袱。在政府不断干预和调节下，虽然部分乡村的高额彩礼在表面上有所降低，但实际却转嫁到了婚房、婚车上，成为"隐性彩礼"。在价值追求层面，人情往来攀比之风盛行，不良习俗沉渣泛起，很多村民为人情风、随份子所累，年青一代又多沉迷于手机、网络游戏甚至赌博。一些进入城镇打工的农民（工）在适应城市生活的同时，逐渐弱化了对家乡的故土情感，传统伦理道德和行为处世方式在半熟悉、半陌生的乡土社会里被逐渐淡化，其中一部分人在淡化曾经作为自己精神支柱的乡土文化过程中，既不能有效融入现代都市生活，又不能对现代文化进行有意识地鉴别，从而处在传统与现代断层的夹缝中备受煎熬。更有一些没有挣到钱的农民（工）在难以适应城市生活节奏的情况下，再次返回农村，但回到家乡后更多表现出对自身价值的否定，出现情感世界空虚、价值取向功利、消费观念畸形和社会融合度不高等问题。而那些农村的留守人员，也没有很好地将乡村文化传承下去，反而产生思想老旧、盲目信仰、自卑感强、干劲不足等问题。村民精神贫困，已成为当前制约乡村发展的重要因素。

第三节　全面推进乡村振兴背景下乡风文明建设的路径选择

一　加强思想引领示范，充分发挥基层党组织在农村的领导核心作用

县乡两级政府应担负起乡风文明建设的主体责任，充分发挥村（社区）基层党组织在乡村文化建设中的领导核心作用，组织农民不断学习和掌握农业科技实用技术，积极发展农业产业经济，提高农民科学文化素质，切实解决农民群众最为关心的问题和遇到的实际困难，帮助村民增强信心、凝聚共识、共克时艰，借助乡村文化长廊、微信、快手、抖音等传统媒介和新型载体，宣传党员先进事迹，宣传农村种植大户和养殖能手的经验做法，宣传好的家风民风，发挥农村好公婆、好儿媳在乡风文明建设中的道德模范作用，不断引导广大农民群众把思想观念和行为习惯的养成同培育和践行社会主义核心价值观统一起来，努力使乡风文明建设与新时代要求相契合，并逐步适应农村社会治理现代化的新要求。同时，大力支持和发展农民自发成立的各种民间文化组织形式，通过以奖代补形式，疏通它们与国家、社会与村民的联结机制。乡村民间自办文化组织大多产生于乡村土壤，深知和熟悉当地的文化传统和民俗禁忌，对农民群众的喜好也有相当的认知和了解，比较容易激发村民的参与热情，并能直接获取到村民的文化诉求。在充分把握国家主流文化的基础上，应结合乡村文化传统的既有认知和话语结构，多方面积累乡村文艺素材和展现村民生活情境，形成社会共建共享格局。

二 丰富公共文化服务供给,开发具有乡土味道的文化内容

在文化内容和形式的开发上,要坚持适销对路的原则,加大农村公共文化设施的实际供给,利用市场手段整合民间艺术资源,由政府主观推送转向村民主动参与,以当地群众喜闻乐见的形式,努力搭建适合群众文化需求、服务预期的文化交流平台,实施广场文化延伸工程,推动文化广场覆盖乡镇(街道)、村(社区),开展乡镇、县域间的民间文艺团队和农民歌手大赛等文化活动,建立并形成群众演给群众看的长效机制。在加强农村公共文化服务配套设施的基础上,充分利用现代高科技手段以大数据引擎厘清农民实际需求,将实际配给与农民所需完美契合,切实提升现代化、高标准的农村公共文化服务供给。同时,努力挖掘和培养扎根基层的乡土文化能人和"非遗"传承人,建立乡土文化人才信息库,通过搭建交流平台、提供活动经费、组织培训辅导等方式,鼓励和扶持乡土人才开展乡村文化艺术、民族民间文化、文物保护管理等文化技能培训的传承、普及与推广。依托重大节庆、文艺博览等活动,鼓励各乡镇积极组织并开展群众文艺会演、广场展演、社火大赛、秦腔大赛、戏曲小品大赛、民间非遗展览、群众书画展览等群众性赛事活动,不断提升县域特色文化品牌建设水平。鼓励和支持有规模的文化艺术公司深入乡村,切实加强与民间文艺团队、农民文化大院的文创交流活动,并广泛动员专家学者、文艺爱好者到贫困地区进行教、学、帮、带的文化志愿服务,使公共文化志愿服务成为传承和弘扬中华优秀传统文化的窗口和重要阵地。通过上述措施,努力将道德教化与文艺演绎结合起来,尊重乡土文化传统和群众的道德情感诉求,开发创作出更加贴近农民生活和适合现代人口味的多样化

文化内容，真正实现"让农民演给农民看"，从而激发乡风文明的内生动力。

三 培育良好民风习俗，发挥新乡贤的辐射带动作用

如何在乡村既保留其原有的传统文化特性，又能使其与现代都市文明相合拍？笔者认为，在当前这个变动的世界中能够为村民创造一些永恒的可以寄托生命意义的东西是当务之急。乡风文明之所以延续千年而不衰，根本原因在于其内在的包容性和开放性，传统聚落作为乡风文明的有效载体，应该在遵循传统的基础上，合理注入现代元素，紧紧依托乡村的自身逻辑和秩序建构聚落空间，村（社区）基层两委班子应该立足乡村传统文化生态空间，通过宣传教育和红白理事会的介入，积极引导村民树立正确的婚姻观、家庭观以及生前尽孝胜过死后重葬的孝道观，高质量推进移风易俗，抵制大操大办、厚葬薄养等陈规陋习。充分发挥村民议事会、道德评议会等群众自治组织的作用，依靠群众制定和完善新时代村规民约，将其有效融入村民的日常生产生活，使文明乡风自觉成为村民的价值遵循。乡贤文化是根植于乡土社会的重要精神力量，对于推进乡村治理现代化具有重要作用，基层两委班子应积极吸纳农村中德才兼备、以"田秀才""土专家""种植能人""养殖大户"等为代表的新乡贤人才，使他们在乡村道德建设中发挥辐射带动作用，激发村民的道德认同和情感支持，在潜移默化中提升村民的道德素质和技能素养。

四 通过农文旅融合，盘活乡村生态资源和人文历史资源

农旅产业是当前改善农村人居环境、传承乡土文化、带动农民增收的重要抓手，通过农旅项目的开发和运营可以最大限度地

盘活乡村的生态、农业、民宿等资源，并倒逼农村厕所革命、基础设施改善、生态环境提升的有序推进。在有条件的村镇继续打造集文化展示、特色餐饮、演艺娱乐休闲、民俗风情体验等于一体的文化旅游综合体及文化创意园区，努力推动构建"农业产业+文旅配套+文旅社区"城乡融合发展新格局。充分发挥地域和资源优势，聚焦特色鲜明、生态优美、旅游要素齐全、农民增收致富目标，把乡风文明与乡村旅游结合起来，开发具有历史文化记忆和地域民族特色的宜居宜业和美乡村，是当前实施乡村振兴战略的重要抓手。宁夏可利用乡村生态资源和人文历史资源，把农耕活动与休闲农业、传统农耕文明与现代乡风文明有机结合起来，不断促进乡风文明与乡村旅游融合发展，推出一批在产业上有特色、文化上有底蕴的特色产业示范村，网织出涵盖农业观光采摘体验游、生态康养研学体验游、民俗风情游等乡村旅游线路，努力将民宿体验与宁夏地方农产品加工深度融合，通过推广传统饮食、体验传统文化、参与传统节庆、学习传统歌舞等形式，打造出乡村"自然、生态、文明、和谐"的旅游休闲体验长廊，积极吸引外来游客，推动产业发展，切实让农民吃上"旅游饭"。

第八章
传统村落与乡村旅游

传统村落作为人类数百年甚至上千年农耕文化传承的主要平台和基本单元，留下了丰富的历史遗存和独具特色的各项传统农耕文化遗产。随着收入的增加和社会的发展，久居城市的人越来越向往到乡村感悟、亲近大自然，体验农村生活的乐趣，这为传统村落与乡村旅游的融合发展提供了现实基础。然而，我国乡村旅游起步晚，存在规模小、档次低、基础差等问题。传统村落中很多有关农耕民俗的体验项目还未在旅游开发中得到适销对路的发掘，再加上村落兼并、文化冲击、农产品季节性强、附加值低等原因，传统村落中的许多优势特征尚未在乡村旅游中得到充分展现。本章以宁夏为例，通过对传统村落发展乡村旅游的困境分析，就传统村落发展乡村旅游的路径选择进行探析。

第一节 传统村落与乡村旅游的互动关系

一 传统村落丰富了乡村旅游的文化内涵

传统村落是乡民艺术和传统农耕文化遗产传承和发展的基本

单元，随着宁夏全域旅游示范区建设的深入推进，传统村落在乡村旅游开发中发挥了重要作用。在千百年的农业劳动实践中，宁夏各族群众依靠黄河之利，创立了包括工程类、特产类、物种类、聚落类和民俗类等在内的各项传统农耕文化遗产，这些乡民艺术和传统农耕文化遗产在生态保护、文化传承、观光休闲、科学研究，以及开展农事活动、强化村民行为习惯等方面发挥了重要作用，体现了独特的动态保护思想和农业可持续发展理念。[①]譬如，沉积在传统村落中的古钟、古桥、古树、古墓、青砖、青瓦、砖雕、泥塑、箍窑及灵武长枣种植系统、中宁枸杞种植系统、羊皮筏子制作技艺、黄渠桥羊羔肉烹饪技艺、中宁蒿子面制作技艺、糖挂子制作技艺、六盘山抟土瓦塑等乡民艺术和传统农耕文化遗产，都是在人们的生产生活实践中逐渐演变和形成的，具有悠久的历史渊源和独特的艺术品格，在活态性、适应性、复合性和多功能性等方面具有显著特征，已经与当地群众的生产、生活习惯紧紧融为一体，显示出了浓郁的地域特色。有学者指出："传统村落镌刻着农业、农村和农民发展的历史印记，沉淀了数千年的农耕精华，是认识和传承中华农业文明的重要物质基础。"[②] 分布在宁夏广大村落中的院落式四合院、窑洞、古堡子、平顶房等别具一格的传统民居，都是勾起旅游者浓浓乡愁的文化元素。相对来说，传统村落较普通村落更具历史、传统、民俗、民宿、饮食、建筑、农耕等方面的优势特征，是乡村旅游吸引外来游客的重要文化体现。传统村落传承着具有浓郁地域特色的民俗风情、乡土文化、传统技艺、传统生产生活方式，以及与之相

---

① 张治东：《黄河流域宁夏段传统农耕文化遗产的保护与开发利用》，《宁夏党校学报》2020年第2期，第121页。
② 伽红凯：《中国传统村落记忆·浙江卷》，中国农业科学技术出版社，2018，第1页。

应的风俗习惯和礼仪制度等。如隆德县梁堡村留存有传承数百年的"世德堂"①，是当地刘氏家族传承数十代的古老民居，整体建筑坐南朝北，人字梁结构，雕刻讲究，虽历经多次地震和自然侵蚀，但房屋结构依然保存完好，室内保存有八仙桌、明清高扶手座椅、漆盒、帽架、铜水烟壶、木质雕花烟盒等。可以说，这些遗存承载了这个村落的"根"与"魂"，对外来游客前来参观具有较大吸引力。② 在宁夏各地还留存着诸如祭河神、放河灯、祭山、青苗水会、游九曲、燎疳等民间观念与信仰，反映了人们"趋避灾祸、祈求平安"的精神诉求。在祭祀活动中，人们怀着敬畏的心情有序参与每一项既定程序，折射出了乡土社会人们法天敬人的思想观念。当然，这些民间观念与信仰，在一定程度上又发挥了超自然的诸多价值，对于人们世界观塑造、乡村社会秩序建设的再构具有重要作用。有学者表示："村落艺术活动作为一种与村民日常生活密切相关的文化样态，蕴含着村民们特有的精神旨趣及心理图式。"③ 流传于宁夏各地的，诸如山花儿、寺庙音乐等传统音乐，诸如盐池秧歌、辛家高跷等传统舞蹈，诸如皮影戏、宁夏小曲、隆德许川地摊戏等传统戏剧，诸如武术、吆逐、打梭、方棋等传统体育、游艺与杂技，诸如杨氏泥彩塑、魏氏砖雕、赵氏木版雕花等传统美术，诸如

---

① 据文物专家考证，该民居建于明代，距今已400多年，建筑面积500多平方米，是一座典型的四合院，为村民刘昌珀世居住宅。南面门口进去有一座建造精美的影壁，主建筑坐南朝北，由门厅、左右厢廊、正房组成，门厅进深2.4米，宽2.2米。马头墙砌有"福""寿""白鹤""鹿"等砖雕，墙面磨砖对缝镶砌牡丹花盆。房顶覆以小青瓦、筒瓦，瓦口是勾头滴水，清水脊上刻有镂空莲花。门额镶有"世德堂"匾额一幅，长1.65米，宽0.7米，右边落款"岁在乙卯浦月上浣之吉"，左边落款"表弟薛梦麟赠"。
② 张治东：《在城镇化进程中加强传统村落保护》，《宁夏日报》2020年4月28日，第11版。
③ 冯巍巍：《乡土艺术与村落语境的互动关系——以山东莱芜官厂村长勺鼓乐为个案》，《民俗研究》2014年第3期，第116页。

箍窑、擀毡、草编、金积大缸醋酿造等传统技艺，诸如祭山、祭河神、青苗水会等民间观念与信仰，等等，不仅在一定程度上丰富了人们的精神文化生活，而且在创造经济、社会、环境效益等方面发挥了重要作用。随着乡村旅游的发展，宁夏把保护和传承村落传统农耕文化遗产作为和美乡村建设提质增效、样板示范的重要举措，具有重大的战略意义和现实意义。

二 乡村旅游为传统村落注入了新鲜血液

在传统村落发展乡村旅游，通常可以依托农村的生态、文化资源优势，促进地区经济发展，推动乡村治理、基础设施以及生活环境的改善。第一，乡村旅游带来的人流、物流和信息流能够促进传统村落的繁荣复兴。随着人们生活水平的提高，旅游者逐渐对乡村旅游中的乡民艺术和"非遗"等民俗项目产生浓厚兴趣。源源不断的游客来到乡村旅游目的地，在欣赏农村田园风光、品尝当地餐饮美食、体验乡村民宿、感受浓浓"乡愁"的同时，把旅游消费活动也带到了农村。以农家乐、民宿体验等为主要形式的旅游消费会大大拉动乡村经济的发展，为增加农民收入、带动就业、推动农村地区高质量发展发挥积极作用。有条件的传统村落可以以发展乡村旅游为契机，大力发展当地极具特色的乡民艺术和"非遗"等民俗体验项目，一方面可以使游客在参与互动中接受村落传统农耕文化的洗礼，另一方面使乡民艺术和"非遗"等民俗项目在互动中得到传承和发展。譬如，在中卫南长滩村，游客在体验羊皮筏子摆渡的惊险后，肯定会对羊皮筏子的制作流程、发展历史等产生兴趣。第二，当地政府通过发展乡村旅游，对传统村落进行统筹规划，加强村落道路、民宿、环境绿化、厕所卫生等公共基础设施的建设，并对村内古建筑、老房子、老巷子等给予适当维修，使传统村落在不改变原有生态样式的情况下实现旧貌换新颜。第三，通过乡村旅游建设，促使当地居民积极参与其中，在接待、住宿、餐饮等方面获得一定的旅游收入。在乡村旅游发展过程中，当地居民可根据自身情况，在村落或直接经营农家乐、特色民宿，或在沿途售卖农产品、传统小吃、手工艺品、旅游纪念品等，通过参与乡村旅游吃上"旅游饭"。当然，更为重要的是，在传统村落发展乡村旅游，可使当地具有一技之长的"非遗"传承人充分展现自己的拿手绝活，在获得旅游收益的同时产生因旅游人气而带来的文化自信和身份自豪，从而使他们能够安下心来，传承和弘扬传统手工技艺，如草编、柳编、麻编、纸织画、葫芦刻画、砖雕、泥彩塑、糖挂子制作、枸杞种植、红枣栽培、擀毡、滩羊皮糅制、手工地毯织造、贺兰砚制作、羊皮筏子制作、金积大缸醋酿造、黄渠桥羊羔肉制作等。当然，很多乡民艺术或传统手工技艺更倾向于经济价值的变现，在自给自足的农业社会，传承已久的包括擀毡、手工地毯、六盘山木版年画、刺绣、珠绣①、中宁蒿子面、大武口酿皮、莜面窝窝、荞面搅团、洋芋擦擦②、燕麦揉揉③、背篼、麻编等在内的传统手工技艺，都是为了满足自身生活的需要，但在当下的商品社会，这些生产民俗必然要走向市场，接受市场的检验。因此，在乡村旅游发展中，

---

① 珠绣工艺是在专用的米格布上根据自主设计的抽象图案或几何图案，把多种色彩的珠粒，经过专业绣工纯手工精制而成。珠绣的艺术特点是晶莹华丽、色彩明亮，经光线折射又有浮雕效果，可作为室内或车内的挂饰品。

② 洋芋擦擦，以土豆为主要原料，将土豆切成稍粗的丝，再拌以干面粉，使每一根丝上都均匀地裹上一层面衣，然后上屉蒸熟。用土豆做成的洋芋擦擦，色泽金黄，泛着淡淡的油光。食用时，盛入大碗，调入蒜泥、辣面、酱、醋、葱油或香油，再拌上自制的西红柿肉酱。吃上一口，既有薯条的口感和嚼头，又有肉末红椒的鲜香。

③ 燕麦揉揉，风靡宁夏的小吃之一，各大清真饭店多把它作为一道凉菜。就是将燕麦面揉成团，蒸好后切成丝，拌入胡麻油等调料，口感柔韧劲道，十分爽口。

以乡民艺术和传统农耕文化遗产为依托，积极融入现代科技元素，发展产业经济可以为当地乡民艺术和"非遗"等传统技艺带来新的生机。

第二节　在传统村落发展乡村旅游的困境分析

一　缺乏有效的保护和传承，传统村落遭到一定程度的破坏

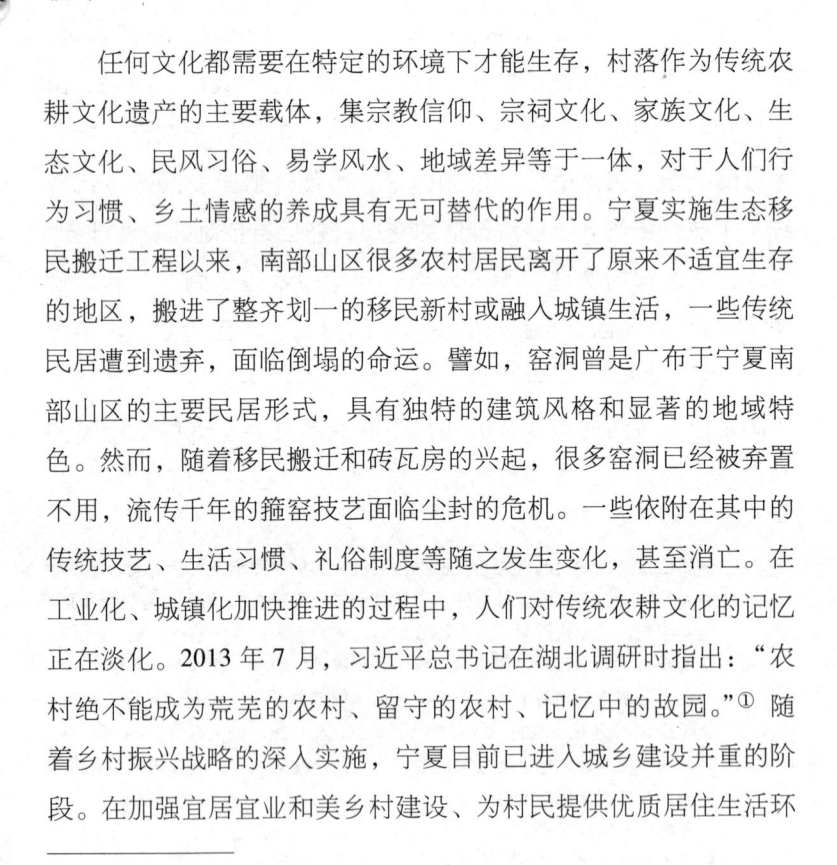

任何文化都需要在特定的环境下才能生存，村落作为传统农耕文化遗产的主要载体，集宗教信仰、宗祠文化、家族文化、生态文化、民风习俗、易学风水、地域差异等于一体，对于人们行为习惯、乡土情感的养成具有无可替代的作用。宁夏实施生态移民搬迁工程以来，南部山区很多农村居民离开了原来不适宜生存的地区，搬进了整齐划一的移民新村或融入城镇生活，一些传统民居遭到遗弃，面临倒塌的命运。譬如，窑洞曾是广布于宁夏南部山区的主要民居形式，具有独特的建筑风格和显著的地域特色。然而，随着移民搬迁和砖瓦房的兴起，很多窑洞已经被弃置不用，流传千年的箍窑技艺面临尘封的危机。一些依附在其中的传统技艺、生活习惯、礼俗制度等随之发生变化，甚至消亡。在工业化、城镇化加快推进的过程中，人们对传统农耕文化的记忆正在淡化。2013年7月，习近平总书记在湖北调研时指出："农村绝不能成为荒芜的农村、留守的农村、记忆中的故园。"[①] 随着乡村振兴战略的深入实施，宁夏目前已进入城乡建设并重的阶段。在加强宜居宜业和美乡村建设、为村民提供优质居住生活环

---

① 《丰收节里，重温习近平的"三农"情怀》，学习强国，2019年9月23日。

境时应重视乡村及其生产生活方式的延续、传承和发展。实践证明，建新不能废旧，历史不能复制。当今中国好的、独具特色的乡村旅游景点，无一不是生态环境、传统民居保护得好的古老村落。① 由于缺乏有效的管理措施，即使已经入选"中国传统村落名录"的农村聚落，也面临着各种的问题。譬如：南长滩村，由于缺乏战略规划，村民为了适应旅游发展，对老房子进行了大面积改建，村内原有建筑风貌被破坏；北长滩村，缺乏资金支持，村内的双神庙、清代商铺等传统建筑得不到有效修缮；红崖村，没有进行整合规划，强行加上了一些现代化元素，出现新老民居混杂的现象，从而打破了村落的原有布局，历史环境遭到了严重破坏；梁堡村，村内经济基础薄弱，四面环山，交通极不便利，难以呈现旅游项目上的优势；长城村，由于保护措施不得力，穿越境内的古长城遗址成了零星点缀的遗存。传统村落作为自然与人类共同创造出来的美丽景观，既存有田园风光这一看得见的物质文化遗产，又存有流传下来的耕作技术、传统技艺以及与之相关的耕读习惯、礼仪制度等看不见的非物质文化遗产。然而，笔者在调研中发现，在一些偏远的传统村落，虽然当地农民对传统农耕知识、传统技艺、乡规民约和乡风民俗具有一定的了解，但随着劳动力的转移和农户兼业化，近三成的受访者对传承已久的农耕制度和礼仪习俗了解程度较差。我们在海原县九彩乡就当地传统技艺擀毡情况进行了调研，在"您对传统农耕文化遗产擀毡了解程度"的调查问卷中，有12.5%的调查对象选择了"完全不了解"，有47.5%的调查对象表示"听说过，但不知其具体情况"，有37.5%的调查对象表示"稍有了解"，只有2.5%的调查对象表示"非常了解"。在一些条件较差、信息闭塞的

---

① 夏学禹：《农耕文化的传承价值与路径探索》，《中国乡镇企业》2012年第12期，第43~44页。

偏远农村，现实生活的压力以及对下一代教育的需求，迫使许多村民迁出村落，村落自然消失。有学者指出："一旦村民无法在传统业态的产业链上谋生，往往只有走出村落，在城市的边缘或打工或经商谋生。"[①] 随着城镇化建设和大量农民进城务工[②]，很多村落，尤其是富含传统耕作技术、传统技艺、具有一定文化底蕴的村落，出现青壮年外出务工、妇女陪伴儿童进城上学、只有一些零星老人苦守"空巢"的现象。人口老龄化、空巢化导致很多村落出现衰败现象，外出务工人员的增加以及留守儿童、空巢老人的增多，都会潜移默化地破坏村落的传承和发展。传承在宁夏的一些传统耕作技术或传统手工技艺，如枸杞种植、长枣栽培、滩羊皮鞣制、擀毡、砖雕、木雕等，需要长期的观摩学习和经验积累，很多人却在追求更高经济利益的驱动下追求工程的"短平快"，严重依赖高效的化工技术，对传统耕作技术或传统手工技艺缺乏耐心，从而难以真正掌握要领。由于遗产地居民对自己手中持有的传统农耕文化遗产的价值了解不够，意识不到目前正在使用的现代化工技术对传统农耕文化遗产所造成的破坏，再加上很多人不知道采取何种方式进行保护和开发利用，很多传统农耕文化遗产面临消失的危机。甚至很多当地居民对自己司空见惯的具有一定文物价值的遗址、遗迹或遗存视而不见，更别说对这些遗址、遗迹或遗存进行有效保护了。譬如，蜿蜒在一些村落的古长城遗址、遗迹

---

① 丁智才：《新型城镇化背景下传统村落特色文化的保护与传承——基于缸瓦窑村的考察》，《中国海洋大学学报》（社会科学版）2014年第6期，第93~98页。
② 《2021年黄河流域九省（区）经济社会发展主要指标》和《宁夏区情数据手册2018~2019》等资料显示，宁夏城镇化率一直呈上升趋势，从2011年起，宁夏的城镇化率每年都呈上升趋势。其中，2011年的城镇化率为49.8%，2021年的城镇化率为66.04%。

或遗存[①]，以及一些古堡子遗址[②]，虽然当地百姓对其来龙去脉说得头头是道，但由于缺乏有效的保护措施，这些具有文物价值的古遗址、遗迹或遗存面临被损毁或消失的危机。年久失修，再加上传统村落的"空心化"，一些具有文物价值的传统建筑，如老寨子、古堡子、老巷子、老城墙等遭到严重破坏，尤其是村落居民对其损毁速度远远大于对其保护速度。譬如，宁夏很多地方散落着一些古堡子遗址，附近居民在缺土少料时，会将目光瞄向那些历经岁月沧桑的古堡子。古堡子曾经厚重的城墙，在当地居民的掏挖破坏下显得斑驳不堪，甚是衰败。由此可见，对传统村落的保护和传承已经到了岌岌可危的地步。

二 旅游基础设施较为薄弱，服务体系尚未建立

宁夏很多已经被开发成乡村旅游目的地的传统村落，虽然旅游基础设施得到了改善，但在交通、住宿、餐饮、娱乐、购物等方面，旅游服务体系仍不健全。笔者走访了龙泉村、南长滩村、北长滩村、梁堡村、红崖村、长城村、龙王坝村、青铜古镇等多个传统村落，除了个别村落能够提供住宿、餐饮外（譬如黄河

---

① 宁夏素有"关中屏障，河陇咽喉"之称，历朝各代都曾在宁夏境内修筑过长城，现存有战国、秦、汉、隋、明多处长城遗址。宁夏长城多为就地取材的土夯长城，很多已残缺不全。

② 宁夏地处西北边塞，由于屯垦的原因，自古以来，居住便多以城、堡、屯的形式出现。城、堡的墙用土筑成，墙上有女墙、垛口等军事设施，城内有街道、巷子，设公署、仓廪、商号、作坊、住宅等。宁夏至今有些地名仍留有当时的名称，如洪广营、镇北堡、张亮堡、九彩坪堡子等。清代又新筑了部分营子、寨子、庄子，如哨马营、北营子、罗家寨子、王团庄等。比较有代表性的是平罗县，平罗历史上属于一个屯军之地。明代时，军屯士兵和军属集中居住于城、堡、屯内。平罗县较大的城堡有平房城、洪广营堡、镇北堡、李纲堡、镇朔堡、高荣堡、姚福堡、崇口堡、五香堡、金贵堡、威镇堡、徐合堡、桂文堡、张亮堡、丁义堡等24座。新中国成立后，堡子逐渐被废弃，成为宁夏屯军历史的见证。

宿集打造的生态土坯酒店），其他村落皆处于旅游发展的萌芽阶段，并未做好旅游经营的充分准备。有些村落甚至没有凉亭、走廊等供外来游客休憩乘凉的地方，更别说"吃、住、行、游、购、娱"等旅游六要素了。相对来说，村落的公共基础设施以及生产生活条件还是过于落后，甚至找个水冲式厕所都有难度，这对久居城市的游客来说无疑增加了诸多不便，从而大大降低了传统村落的吸引力。譬如，中卫北长滩村是宁夏最早一批入选"中国传统村落名录"的，但是若要到村子里去消费体验，不便的交通路况和坍塌破败的村落环境会立刻使旅游者的兴致减少。由于村内双神庙、清代商铺等传统建筑未能得到有效修缮，村子显得很是衰败不堪。虽然一些类似于农耕博物馆或农家大院的场所，集中收集并展示诸如石磨、碌碡、风匣、基模子、杵子、木漏勺、面搓、木耙、耧铧等传统农耕用具，在一定程度上能够勾起旅游者的怀旧思绪，然而这离"望得见山、看得见水、记得住乡愁"的乡村旅游标准尚有距离。一直以来，乡村旅游多是以"农家乐"的形象展现在人们面前，然而，游客到一些乡村旅游目的地，却并不能享受到可口的餐饮美食，譬如，黄渠桥羊羔肉、老毛手抓羊肉、中宁蒿子面、大武口酿皮、饸饹面、生氽面、洋芋擦擦、莜面窝窝、燕麦揉揉等。总体而言，宁夏乡村旅游起步较晚，主要存在规模小、档次低、基础差等问题，甚至一些乡村旅游目的地的建设项目还仅在建房开路阶段，很多乡村旅游模式仍以休闲观光为主，类型单一，文化特色不明显。当地很多传承已久的传统民俗、传统手工技艺，以及与之相应的民俗活动也未在乡村旅游中得到充分体现，游客无法感受到具有浓郁地域特色和乡土气息的民俗风情。薄弱的旅游基础设施和凌乱的村落环境，以及乡土艺术、田园风光、传统农耕和地域文化的缺失，使传统村落原本的休闲、自然、古朴、怀旧和"记得住乡愁"等优势特征难以在旅游开发中得到展现,从而导致很多乡村旅游收入不高,存在消费低、体验差等问题。政府在主导项目开发中虽然十分注重对以"非遗"为代表的乡土艺术和传统农耕文化遗产的发掘,但是并没有开发出适销对路的特色体验项目或文旅产品。当地的土特产和"非遗"元素与乡村旅游发展融合得也不够紧密,从而没有较大可能形成当地乡村旅游的优势资源,这使宁夏乡村旅游难以产生较强的震撼力和招徕力。据很多旅游者反映,到了乡村白天看是蓝天白云,一到晚上就成了漆黑一片。如何挖掘隐埋在传统村落的传统民俗、传统技艺、传统舞蹈、地方戏曲等传统文化及其内涵,并融入乡村旅游民俗体验项目,应是当前业界需要深入思考的问题。

三 当地文旅商品开发层次低,土特产季节性较为明显

要打造全域旅游示范区发展乡村旅游经济,土特产和特色文旅商品是不可或缺的一环。土特产和特色文旅商品既能够拉动旅游消费,也是地方形象的主要标志之一。虽然宁夏各地都有知名的土特产,如贺兰山紫蘑菇、中卫硒砂瓜、中宁枸杞、灵武长枣、永宁桃子、贺兰螺丝菜、盐池黄花菜、海原小茴香、同心银柴胡、固原燕麦、彭阳红梅杏、西吉马铃薯等,但是全区能够叫得响的文旅产品,以及与土特产相关的衍生产品却很少。在一些特色文旅商品店,虽然泥哇呜、咪咪、口弦等特色民族乐器被摆得琳琅满目,但销售情况却并不乐观。宁夏各族群众经过长期的生产实践,选择和培育出了许多与当地生态具有较好协调性的特产类或物种类品种资源,像中宁枸杞、灵武长枣、盐池黄花菜、中卫硒砂瓜、海原小茴香、同心银柴胡等,具有独特的生态适应性和较高的营养价值,在抗病、抗虫、抗旱、耐盐等方面有着丰富的遗传多样性,为生物多样性和生态

环境保护发挥了重要作用。然而，当地很多土特产都只是以初加工产品的形态展现在消费者面前。在众多游客的印象中，中宁枸杞、灵武长枣、贺兰山紫葡萄、盐池滩羊、西吉马铃薯、海原小茴香和中卫硒砂瓜等都很有特色，但这些富有特色的地方特产却没有被开发出较高的附加值，而且很多地方农产品的季节性较强，能够延伸的产业链也比较短。目前，除了枸杞、葡萄、马铃薯等少数宁夏特产在政府的主导和精心打造下，基本实现了"公司+基地+农户"的发展模式，开发出了部分系列产品外，其他土特产的品种开发尚在规划起步中。总体而言，宁夏传统农业产业效益低、竞争力不强，农业特色产业发展质量不高、市场占有率低，特色农产品加工业规模小、档次低，农村电商等新业态应用不足、辐射带动作用不够，推动特色产业提质增效和新兴产业培育已是当务之急。对此，应积极与高校等专业科研机构合作，加大传统特色产业培育力度，将富有宁夏地方特色的品种资源与现代农业科技有机结合，提高农产品附加值，通过深加工的形式延长产业链，以农业龙头企业为引领带动、农民专业合作社积极参与产业化建设为支撑，促进产业转型升级，形成现代农业发展新格局，打造具有宁夏特色的品牌，铺就农业产业高质量发展之路。另外，在宁夏旅游纪念品或文旅商品的开发中，还存在产品特色不鲜明、主打产品不突出、同质化现象十分严重的问题。虽然剪纸、刺绣、珠绣、桃核枕头等在一些景区或文旅商品店随处可见，但基本停留在非主流状态，没有与现代生活接轨，不能激发游客对旅游纪念品或文旅商品的购买欲望，从而很难对游客产生较强的吸引力，因此很少得到游客的光顾。譬如，入选国家传统村落的梁堡村、红崖村、长城村，均以剪纸、刺绣见长，但将其放在整个西海固地区甚至宁夏全区来看，基本上也都停留在较低层次的发展阶段，并没有一家做大做强，整合成龙头企业引领带动周边地区乃至整个行业发展。当产品特色不鲜明、同质化现象较为严重时，产品的市场和销路就会存在问题。如何将剪纸、刺绣等传统手工技艺与现代工艺结合起来，渗透进日常生活用品中，如室内装饰、汽车饰品、服装设计等，融入传统审美标准，通过龙头企业的加入带动，提高产品的研发设计能力，发展联动产业经济，应该是业界深入思考的问题。其实，要想将宁夏旅游纪念品与文旅商品打造成国内品牌产品，并在国内闯出一条出路，笔者认为应该从以下两个方面着手：一是由政府主导在村落建设中引进一批规上企业参与宁夏旅游纪念品或文旅商品的研制、开发和销售，形成一定规模的专业市场，同时建立区内旅游纪念品或文旅商品集散中心来聚集分散经营的个人或企业。二是通过广泛的社会参与，重点邀请高校专业设计者、业内专家和"非遗"传承人参与到产品的设计、研发中，吸纳高水平的品牌设计，将宁夏旅游纪念品或文旅商品与"非遗"特质结合起来，从而打造出能够在全国叫得响的旅游纪念品或文旅商品。

四 在现代都市文化的冲击下，传统村落文化受到冷落甚至挤压

随着城镇化进程的加快，许多农村居民的生产生活方式逐渐发生变化，对村落的传统种植养殖方式以及祖祖辈辈流传下来的传统耕作制度越来越陌生，与左邻右舍的关系日趋淡化，对传统礼仪制度和民间观念与信仰不再遵循和虔诚敬畏，由此导致传统村落的保护、传承与发展及文化延续慢慢失去载体。笔者在走访调研中发现，很多村民的乡村礼俗观念非常淡薄，当被问及"如果家中遇到自身无法解决的困难时，一般会考虑向谁求助"

时，有45%的村民选择了"向亲属朋友求助"，有40%的村民选择了"向政府求助"，只有15%的调查对象选择了"向左邻右舍求助"，这表明村民"远亲不如近邻"的邻里关系趋于淡化。在现代都市文化的冲击下，传统农耕文化受到冷落甚至挤压。一些农村居民在半工半农的职业游离状态下，思想观念受城市强势文化的影响潜移默化地发生变化，导致传承千百年的乡土礼仪制度被打破，有些地方的传统农耕文化几乎处在断层和失传境地。笔者在调研中设计了"目前有很多传统习俗已经消失，您认为有必要将它们恢复、保留并传承下去吗？"的调查问卷。虽然有80%的调查对象选择了"有必要，意义很大"，但当我们继续追问"您是否希望自己或家人来继承这一古老传统"时，很多人明确表示"不愿意"。由此可见，在农民如潮水般涌向城市的过程中，很多传统的耕作技艺出现无人传承的境况，与农业相关的民俗礼仪面临断代失传的境地。究其原因，一是大量农民进城务工，由于常年外出，邻里之间的交往越来越少，祖祖辈辈在农业生产中结成的睦邻友好关系逐渐瓦解，传承多年的乡村礼俗随之淡化。对此，有学者表示："许多我们童年还鲜活的文化，既有物质的，又有非物质的文化正在快速地远离我们，失去生命的活力。"① 二是一些传统手工技艺，像滩羊皮鞣制工艺、贺兰砚制作技艺、六盘山抟土瓦塑技艺、中宁枸杞传统栽培技术、固原传统建筑营造技艺、浮雕技艺、木板雕花技艺、传统小吃制作等多是靠经验的积累，需要长期的观摩和学习，但很多人却在追求现实经济利益的驱动下，对传统手工技艺失去信心，从而导致很多传统技艺面临失传的境地。三是农村居民常年外出，大量房屋被闲置，不少村庄成了"空心村"，致使很多村落显

---

① 陈耕：《关于文化生态保护的再思考》，《福建艺术》2008年第2期，第17页。

得毫无生气，缺乏活力。外出务工人员离开村落后，一些人在城市扎住脚后就不愿意再回到家乡，切断了乡愁的根，使传统村落失去了后续补充的有生力量，这无疑是致命的。传统村落及传统农耕文化的创造者和传承者是当地村民，在现代文明和外来文化的冲击下，传统村落的居民尤其是年轻人不愿意去继承和发展，对传承千百年的传统农耕文化缺乏自信，致使很多独具特色、极具民俗体验价值的传统技艺，如擀毡、羊皮筏子、糖挂子、荞面搅团、箍窑、剪纸、珠绣、砖雕、石雕、水车制作等，正在发生变异、衰退，甚至面临消失。传承于乡野民间的传统观念与信仰，诸如祭山、祭河神、青苗水会、放河灯、游九曲、燎疳、高台马社火等，以及当地的民间文学艺术和风俗习惯等，都或多或少受到影响。依托传统村落中传统技艺、风俗习惯和民间观念与信仰等传统农耕文化遗产丰富和发展乡村旅游民俗体验项目，应是提高乡村旅游收入、保护和传承传统村落空间的有效实践路径。

五　缺乏特色产业支撑，很多村落呈现"空壳化"

一旦失去特色产业的支撑，传统村落就会显得无精打采、缺乏生机，并最终走向衰落。譬如长城村，2018年入选国家"第五批传统村落名录"，位于彭阳县城阳乡以北5公里处，因战国秦长城贯穿境内而得名。村内民俗文化丰富，有白马庙、饮马潭等人文景观，还有民间根雕、刺绣等非物质文化遗产。剪纸是长城村村民装点、记录生活的民间艺术。剪纸艺术自诞生以来，在长城村就没有中断过，有"活化石"之称。它充实于各种民俗活动中，是长城村民间历史文化内涵最为丰富的艺术形态之一。然而，这些民俗文化、传统技艺却不能给村民带来实实在在的经济收入，更不能支撑村落永续发展。每到春节过后，村内青壮年依旧要加入络绎不绝的劳务大军到外地去谋生。资料显示,近20年来宁夏农民外出务工人数一直呈稳步上升趋势,其中2021年全区农民工总数达99.5万人(包括外出农民工76.3万人,本地农民工23.2万人)。[1] 乡村发展的主体是农民,但从事农业的人数在锐减,农民不事农耕带来的后果是他们对乡土文化的远离和陌生。在农村依附城市经济发展的模式下,城乡收入差距在不断拉大,城乡文化差异却在缩小,城市强势文化覆盖了人们的精神需求。《宁夏经济要情手册2021》等统计资料显示,宁夏农村常住居民家庭的主要收入来源并不是单纯的农业收入,而是在外务工所得。[2] 大部分农村青壮年因常年外出打工,其生活方式、娱乐方式以及审美情趣都在悄然发生变化,他们不仅对传统农耕技术逐渐陌生,有些甚至对祖祖辈辈传承下来的礼仪民俗缺乏基本的认知和认同。笔者在调研中了解到,农村青壮年之所以常年外出务工,主要原因在于"乡村的收入水平与城镇相比明显偏低""乡村的发展机会比城市少""乡村公共设施落后""乡村生活不及城市生活丰富多彩"等。有学者表示:"面对城镇在就业机会和收入方面的巨大吸引力,大量农村人口向城镇集聚,直接导致了农村人口特别是青壮年人口的减少,随之出现传统村落物质的、精神的'空壳化',日益成为非常严重的社会问题。"[3] 农村人口大量外流造成土地闲置、农业经济滞后和历史传统风貌

---

[1] 宁夏回族自治区统计局、国家统计局宁夏调查总队编《宁夏统计年鉴2022》,中国统计出版社,2022,第11页。

[2] 据《宁夏经济要情手册2021》,2021年宁夏农村居民人均总收入为24422元,其中,全年人均可支配收入为15337元,工资性收入为5689元,经营性净收入为6137元,农牧业收入为4008元,转移性净收入为3158元。同比,城镇居民年均可支配收入为38291元。

[3] 郭勤华:《宁夏村落文化保护与传承研究》,《宁夏师范学院学报》(社会科学)2016年第5期,第117页。

无法延续等问题,严重影响了农村人居环境建设、历史遗产保护以及乡村经济的持续健康发展。2020年6月,习近平总书记来宁夏视察时明确指出:"要加快建立现代农业产业体系、生产体系、经营体系,让宁夏更多特色农产品走向市场。"[1]遵照习近平总书记的指示精神,宁夏应在加大培育乡村传统特色产业的基础上,科学分析村落自然景观、空间格局、整体风貌、建筑特征、历史环境等要素特征,全面开展村落基础普查工作,对一些符合条件的传统村落进行重点规划、重点保护、重点布局,将传统村落的资源优势转换为产业优势,通过"公司+合作社+农户"的形式,引进龙头企业,优化产业结构,调整产业布局,开展特色产业精深加工,延伸产业链条,努力构建现代农业生态产业体系,将农村环境基础设施建设与特色产业、休闲农业、旅游开发等有机融合,实现农村产业融合发展与人居环境改善互促互进,激发传统村落的内生动力,铺就乡村旅游高质量发展之路。

第三节 在传统村落发展乡村旅游的路径选择

一 加强规划引导,优化空间布局

随着全域旅游示范区建设在宁夏的深入发展,乡村旅游目的地的建设和发展已不再局限于村落内部,而是扩展到乡村周边,以生活和休闲的方式满足人们低碳消费的要求。将地方特色、村落文化、生态文明建设等内容嵌入村落发展,为游客提供乡村民宿、自驾露营、户外运动养生、森林康体体验,以及文创基地等

---

[1] 《让宁夏更多特色农产品走向市场——十七论认真学习宣传贯彻习近平总书记视察宁夏重要讲话精神》,学习强国(宁夏学习平台),2020年6月29日。

多元化、多层次的特色体验和个性化需求，应是当前乡村旅游多元化发展的一个趋势。当然，要实现乡村旅游的多元化体验和可持续发展，就要通过乡村总体规划，优化村落空间布局。首先，在规划设计上，宁夏要全面开展村落基础普查工作，摸清全区村落底数，进行梯级管理和梯次建设，对靠近城镇或近郊的村落要纳入城镇管理，与城市联动发展，在产业发展上更多融入城镇化建设；对远离城市的偏远山村，要更多关注其生态效能、文化传承与旅游开发、村落建设的有机接轨，通过对土特产附加值的开发和文旅产品特质的提升，提高乡村旅游收入，做到人文、生活、生态三者和谐统一，实现文化、旅游、生态、社区功能的有效叠加。其次，在项目选址上要格外注意乡村旅游目的地与区域中心城市的路程距离，以及通往乡村旅游目的地的交通便利度等。有学者指出："乡村旅游是城市生活空间压缩背景下城市居民选择的主要短途旅游方式。"[1] 一般而言，乡村旅游目的地的客源主要分为本地城市（城镇）居民（基础客源）和外来潜在游客。这就要求乡村旅游目的地的投资者或规划者，要在规划和策划过程中充分考虑乡村旅游目的地与高速公路出口的距离。乡村旅游目的地与直达区域中心城市公交系统的建立及完善程度，以及村落内部道路的硬化状况和沿途景观等，是建设乡村旅游目的地时考虑的主要因素。最后，对建设乡村旅游目的地的村落空间形态、自然肌理、农房建设、公共空间等要进行科学规划，这是优化村落空间布局的主要依据。在策划或规划过程中，要十分注重村落生态保护与旅游开发的关系，诸如建筑物的美观程度、规划布局的合理程度、园林景观色彩搭配的和谐程度等。城市

---

[1] 席建超、刘孟浩：《中国旅游业基本国情分析》，《自然资源学报》2019年第8期，第1569~1580页。

(城镇)居民为什么要到乡村去旅游,主要是为了放松心情和愉悦身心。如果低头看到的是土地、小草和野花,平视看到的是袅袅炊烟、星罗棋布的民居房、绿色的植被、农田劳作的人们,抬头看见的是蓝天、白云、高山,新鲜空气和花香鸟语萦绕身边……这些令人心情放松和感觉舒适的乡村美景无疑对城市居民具有巨大的吸引力和招徕力。关于空间的优化布局,不仅要在大处着眼,细微之处也要用心。譬如,在类似于乡村民宿或农家客栈的地方,有心人收集了很多过去常用的农用工具,如磨盘、风匣、碌碡、木锨、石槽、犁铧等用来装点门面。懂行的人,一定会将磨盘支起来,放在农家客栈或餐馆大厅的门口,将上述农具整合起来还原一个旧时的生活场景,让游客通过实践体验、了解过去人们是如何把小麦磨成面粉的。如果一味地将磨盘、风匣、碾子、犁铧、木锨、糖耙、牛槽等旧时农具胡乱堆放到一块,就会给人一种杂乱无章、尘封过时的感觉。业内人士分析指出:"人的视觉对于那些杂乱无章、极度不协调、相当无秩序、丑陋、脏乱差的事物会产生情绪上的烦躁郁闷、感官上的倦怠等负面情绪。"① 另外,在制度建设和服务管理上,应积极学习和借鉴内蒙古自治区等兄弟省区有关经验和措施②,制定出台促进乡村旅游持续健康发展的实施意见,并积极落实《宁夏乡村旅游示范点质量评定标准》《宁夏特色旅游村质量评定标准》等,持续推动特色产业示范村建设,实施星级农家乐、休闲农庄等提档升级,不间断创建评定乡村旅游示范点和特色旅游村庄。当然,规划乡村旅游还要与惠农富农政策对接,将其有效融入乡村振兴

---

① 蒋保安:《乡村旅游三十六计》,经济管理出版社,2019,第79页。
② 可以借鉴内蒙古自治区鄂尔多斯市《创建农牧家乐旅游区(点)实施标准》《乌审旗农牧家乐旅游星级评定规则》《乌审旗农牧家乐旅游服务质量等级评定评分标准》等。

和强农富民战略，依托"公司+合作社+农户"等模式，积极扶持特色民宿、农家客栈，通过生态休闲观光、民俗文化体验、特色旅游商品开发等新型旅游产品增加当地居民收入，让旅游业成为能给老百姓带来"真金白银"的致富产业。同时，大力实施乡村旅游创客行动，对自主创业、带领群众增收致富的乡村旅游创客予以资金支持。

二 完善公共基础设施，为乡村旅游做好充分准备

在传统村落发展乡村旅游目的地，不仅要保护和挖掘传统村落原有的古建筑、古文物、古堡子、古寨子，以及传承在这里的传统习俗、传统技艺、传统小吃，而且还要在交通住宿、餐饮卫生、民俗体验、生态植被、特色文旅商品等方面做足功课。对村内道路、停车场、绿化环境、厕所卫生、住宿餐饮等基础设施要不断改造升级，实施垃圾污水集中处理，努力营造一个让游客既愿意来旅游，又愿意留下来休闲度假的环境。就拿民宿体验来说，大多数游客都是久居城市的居民，早已经习惯了明亮、卫生、时尚的卧室，这就要求乡村民宿或农家客栈的经营者或投资者一定要让客房内的各种设施与消费者的生活习惯尽可能保持一致，或者比消费者家中生活的环境更舒适、更便捷、更卫生，尤其是室内与皮肤直接接触的消费性物品，包括床单、被罩、枕套、拖鞋、一次性用品等，要尽量选择质量好的，最好不要为游客准备灰暗破败的旧房子，提供旧式家具和老式旧床。因为游客欣赏农村景观的过程，其实也是一个消费体验的过程。只有把游客招待好了，他们才可能进行二次、三次消费，甚至带动周边亲朋好友进行多次消费。譬如，中卫打造的黄河宿集，定位于中高端消费群体，将黄河、沙漠、火炕、枣树、梨树，以及当地传统民居建筑风格嵌入其中，开发的酒店以黄河、沙漠本土元素为主调，每个院落

均配以泳池，搭配具有现代生活气息的软硬装配饰与保留移植的当地传统绿色植物，在适当位置放置一些过去人们使用过但做工考究、质量上乘的皮质沙发、旧式桌椅等，给人以新鲜、清新、舒适、放松、休闲、怀旧之感，极大地吸引了外地游客前来参观、旅游、消费。业内人士表示："乡村旅游景区（农庄）设施与游客日常生活一致性越大，或舒适宜人度高于游客的日常生活，游客重复光顾的意愿就越强。"[①] 近年来，宁夏以改善民生为目的，按照"一镇一特色、一地一风情"的原则，推出了一批产业兴旺、生态宜居、乡风文明、治理有效、生活富裕的旅游村镇，为和美乡村建设奠定了坚实基础。目前，已有包括40个村落[②]和6

[①] 蒋保安：《乡村旅游三十六计》，经济管理出版社，2019，第99页。

[②] 2019年宁夏入选"第一批全国乡村旅游重点村"名单的村落有9个：中卫市沙坡头区迎水桥镇沙坡头村、固原市西吉县吉强镇龙王坝村、固原市隆德县陈靳乡新和村、银川市永宁县闽宁镇原隆村、固原市隆德县城关镇红崖村、石嘴山市大武口区长胜街道龙泉村、吴忠市利通区上桥镇牛家坊村、银川市西夏区镇北堡镇镇北堡村、吴忠市盐池县高沙窝镇兴武营村。2020年宁夏入选"第二批全国乡村旅游重点村"名单的村落有20个：银川市西夏区镇北堡镇华西村、固原市泾源县泾河源镇冶家村、银川市西夏区镇北堡镇吴苑村、固原市隆德县温堡乡新庄村、吴忠市青铜峡市叶盛镇地三村、银川市贺兰县常信乡四十里店村、固原市隆德县神林乡辛平村、吴忠市利通区东塔寺乡石佛寺村、中卫市中宁县石空镇倪丁村、固原市西吉县将台堡镇毛沟村、固原市泾源县大湾乡杨岭村、石嘴山市惠农区礼和乡银河村、石嘴市惠农区红果子镇马家湾村、固原市彭阳县城阳乡杨坪村、固原市原州区河川乡寨洼村、吴忠市盐池县花马池镇曹泥洼村、中卫市中宁县石空镇太平村、固原市隆德县观庄乡前庄村、石嘴山市平罗县黄渠桥镇黄渠桥村、中卫市沙坡头区迎水桥镇北长滩村。2021年宁夏入选"第三批全国乡村旅游重点村"名单的村落有5个：吴忠市青铜峡市大坝镇韦桥村、吴忠市红寺堡区红寺堡镇弘德村、石嘴山市平罗县高仁乡六顷地村、中卫市中宁县余丁乡黄羊村、固原市隆德县凤岭乡李士村。2022年宁夏入选"第四批全国乡村旅游重点村"名单的村落有6个：银川市金凤区丰登镇润丰村、固原市原州区彭堡镇姚磨村、吴忠市红寺堡区柳泉乡永新村、石嘴山市平罗县头闸镇西永惠村、中卫市海原县关桥乡关桥村、吴忠市盐池县麻黄山乡何新庄村。

个乡（镇）①的46个村镇入选"全国乡村旅游重点村镇"，在推动乡村旅游高质量发展、助力宁夏加快乡村全面振兴样板区建设方面发挥了引领示范作用。譬如，贺兰县常信乡四十里店村的"稻渔空间"，通过发展稻渔立体种养，形成了以休闲观光农业为主的乡村旅游。据调研，2022年该园区入园游客达到11万多人次，接待各类观摩学习活动248人次，实现收入400多万元，通过土地入股带动315户农民每户年均增收9300多元，为发展乡村旅游、提高农民收入探索出了有效的实践路径。乡村旅游应与全面推进乡村振兴的政策契合，通过广泛吸纳社会力量，引进具有相当规模的龙头企业，通过制定特色旅游村镇建设标准，推进乡村旅游向以感受农村生态环境、修养身心、体验民俗风情为主的乡村度假旅游转型。譬如，中卫成功引入西坡等5家全国知名民宿品牌，开发建设了黄河宿集等民宿体验项目，极大地带动了乡村旅游发展。当然，在实施乡村旅游规划建设时，要以政府力量为主导，通过具体的措施步骤，帮助有条件的公司、企业或个人规范农家乐、农家客栈等基础设施建设，督促民宿经营农户改厨、改厕、改房、修整院落，提高乡村旅游服务质量。在传统村落，要依靠村落原生态自然风光，大力打造空气清新、环境优美、生态宜居的民俗文化村，吸引城市居民前来消费体验，使乡村旅游在宁夏全域旅游示范区建设的舞台上绽放光彩。同时，要深入挖掘民间传统小吃，丰富农家乐、生态农庄和乡村民宿等餐饮住宿项目，在乡村旅游目的地打造特色餐饮和民宿旅游品牌。如以饮食文化为切入点，以冬季美食滋补为产品特色，融入传统

---

① 2021年宁夏入选"第二批全国乡村旅游重点镇（乡）"的乡镇有3个：银川市永宁县闽宁镇、银川市西夏区镇北堡镇、固原市泾源县泾河源镇。2022年宁夏入选"第二批全国乡村旅游重点镇（乡）"的乡镇有3个：固原市西吉县将台堡镇、中卫市沙坡头区迎水桥镇、吴忠市利通区东塔寺乡。

烹饪工艺技艺，结合民宿，建设盐池美食风味村。深度实施"旅游+"战略，着眼乡村旅游与科技、文化、金融、农耕、民宿等产业融合对接，鼓励和支持有条件的旅行社将目光投向乡村旅游发展，在政策和资金上对其给予倾斜扶持。通过政策导向吸引有知识、有文化、懂科学、爱农村的有志之士参与到传统村落的保护、开发和利用中，鼓励组建民宿产业联盟，以"公司+协会+农户"模式推动乡村民宿的品牌营销、连锁运营、标准化服务、特色发展，对具有一定规模的农家乐、渔家乐进行提档升级，建设具有现代元素的农业庄园。譬如，西夏区镇北堡镇昊苑村志辉源石酒庄，就以"公司+农户"的形式，通过发展旅游业解决了村子1000多人的就业问题。"到2021年底，我们村的人均可支配收入达到1.98万元，其中约60%来源于葡萄酒产业。"据昊苑村党支部副书记艾晓保介绍，昊苑村全年接待游客50万人次，旅游收入超过500万元。当然，在乡村旅游配套服务设施方面，还要督促乡村旅游经营户不断改善农家乐和乡村民宿的接待服务水平，引导农家乐和民宿经营户进行庭院、客房情调意境营造等。

三 注重原生态保护，深耕传统农耕文化

很多传统村落的构建布局都是利用水文地形，或临河而筑，或依山而建，或依地势布局，层次分明，错落有致，与穿插在其中的古树、古塔、古桥、古城墙自成一体、和谐一致，呈现一幅原始和谐、怡然自得的乡村生活图景。宁夏在发展乡村旅游、提升传统村落的过程中，应尽量保持村落原有布局、建筑风格、院落风貌，即使拓展村落空间，也要体现出人与自然、人与社会、人与精神和谐共处的属性，凸显传统村落淳朴的自然特色。在保护、开发和利用过程中，应该尊重当地的历史传统，做到实用、耐用、安全、便利与现代审美兼顾。虽然我们一直强调尊重传

统,但是并非因循守旧、故步自封,而是要与时俱进,赋予传统村落现代化气息和先进文化内涵,将现代科技文化和时代精神融入村落建设当中,引入夜晚灯光元素,配上现代化基础设施,将之建设成富有现代气息的和美乡村。譬如吴忠市"青铜古镇",凭借黄河大峡谷旅游区、水利博览馆、青铜峡黄河铁桥、青铜峡拦河大坝等景区景点优势,定位休闲观光、特色体验、特色饮食,以黄河文化体验、古渠古镇观光、特色休闲接待等为主导功能,发展生态旅游小镇,不仅十分注重古镇内部升级改造,而且较好地利用了周边景区的环境。在发掘保护与延续传承的过程中,还要注重村落的延续性和永续性,打造既有老宅子、古树、老巷子、石匾、石台阶、古井、古钟、传统民俗等原生态乡居,又有新风尚、新乡贤、新业态等与现代生活接轨的新时代新型村落。宁夏很多传统村落都保存有反映传统农耕文化的传统手工技艺、传统民俗风情,以及与之相关的风俗习惯等。在保护和传承传统村落的过程中,通过现代科技文化元素的渗透,辅以先进的科技手段,提升传统文化审美以及当地农业产品的附加值,实现在挖掘宁夏本土特色文化资源的基础上,加强原创文旅产品的创意制作、设计策划等。当然,保护传统村落,不仅是为了在村落布局、传统建筑等方面复原村落的原有风貌,更要寻找村落经济持续增长的新动力,注重村落的长久发展,让村民在传统村落的规划建设与乡村旅游发展中获得经济收入和文化自信。因此,在妥善保护传统建筑的基础上,要积极引入现代科技元素完善原有村落的基础设施,依靠生态和文化优势,形成新时代乡村聚落效应,进一步完善新型农村医疗卫生设施和公共服务设施,将厕所革命延伸到乡村旅游的各个角落,这不仅有利于吸引外来游客前来参观体验,而且有利于促进城乡一体化发展,使村民真正享受到改革开放的成果。2013年7月,习近平总书记在湖北调研时指出："城镇化要发展，农业现代化和新农村建设也要发展，同步发展才能相得益彰，要推进城乡一体化发展。"[1] 在乡村旅游建设过程中实施具体旅游项目时，如投资建设生态农庄、农家乐、农家客栈，要尽量按照标准在硬件和软件上进行提升，但选材时应尽量使用当地的优质材料，如物种、树木、石头、特产等，从原材料上减少成本开支。在规划设计上则千万不可小家子气，一定要聘请有实践经验的专业团队，依托当地的优势资源，在尊重村民意愿的前提下，从环境绿化、传统业态、营销项目等方面入手，在不背离村落原有布局、原有建筑风格的基础上做好"当地乡村味道"的项目策划。业内人士说："现在有一种设计思想叫 Permaculture（永续生活设计或朴门学），它从自然界中找寻各种可仿效的生态关系，发掘大自然的运作模式，再模仿其模式来设计庭园等生活场景以寻求并建构人类和自然环境的平衡点，它可以是科学、农业，也可以是一种生活哲学和艺术。"[2] 在保护、开发与利用过程中，要充分利用传统村落的特色产业，积极挖掘村落传统文化内涵，在政府主导、多方参与下，积极开发具有当地特色的旅游纪念品和文旅商品。譬如，中卫南长滩村结合水文化，开发赏梨花、采摘红枣、体验羊皮筏子制作等民俗项目；隆德县奠安乡梁堡村有一处防御性古建筑"宋城堡"[3]，可以结合村落的历史传统，积极发展剪纸、刺绣等民俗

---

[1] 《丰收节里，重温习近平的"三农"情怀》，学习强国，2019 年 9 月 23 日。
[2] 蒋保安：《乡村旅游三十六计》，经济管理出版社，2019，第 52 页。
[3] 位于奠安乡梁堡村半山腰处，是目前隆德县境内唯一保存完好且有人居住的古城堡。根据文物专家考古推断以及现有城堡夯层证明，该城堡由宋代官方所筑，属军事防御工程建筑，距今 1000 多年。城堡处在半山腰上，具有易守难攻的特点。战争平息后，成为民居城堡。城堡内现住有 17 户人家，且呈斜对相过之状，中间留有一条宽 10 米左右的过道供人出进。古城堡内有一处保存完整的建于明代的古宅子——世德堂，村民刘昌珀世居于此。

文化产业。在乡村旅游开发过程中，旅游经营者应与当地乡政府以及村委班子共同商量，学习借鉴兄弟省区的管理经验和经营理念，提升服务能力，增强村落旅游魅力，从而提高当地旅游经济收入。

四 拓展民俗体验项目，丰富乡村夜间文化生活

随着社会的发展，久居城市的人越来越向往农村的田园风光，想到乡村感悟、亲近大自然。乡村洁净的空气、洁净的水源、恬静的田园风光等生态自然产品，以及传统农耕文化、乡愁寄托等精神产品，对城镇居民具有较大吸引力。尤其是乡村的生产生活方式、传统技艺、传统小吃，以及与之相关的风俗习惯等，更是吸引外来游客的重要文化元素。然而，由于宁夏乡村旅游目前正处于起步阶段，很多民俗体验活动开展得还比较少，一些村落一到晚上就显得格外单调、寂静。对此，各地政府应该立足当地传统文化，挖掘当地文化亮点，把特色文化项目植入乡村旅游，高品质、高水准地策划一批夜间文化娱乐活动，培育一批参与性强、市场认可度高的旅游体验项目。在民俗体验项目方面，要不断丰富乡民艺术和传统农耕文化活动，在乡村集中打造一批集特色餐饮、旅游购物、民俗体验、康体养生、夜间休闲于一体的消费性娱乐场所，形成全天候旅游服务。在努力拓展白天旅游体验项目的同时，还要不断丰富游客夜间出游活动，可以举办类似于唱秦腔、跳广场舞等性质的群体性活动，也可以让农户以农家乐的形式经营酒吧、茶艺馆、健身房等消费性经营场所，还可以设置小型影院、桌球室及添置天文望远镜开展夜观星象活动，让游客拥有一个丰富多彩的"夜生活"空间。广大农村，尤其是传统村落，是一个集历史文化、生态环境、特色餐饮、传统习俗和自然景观于一体的聚落，政府可以考虑将整个村落作为

规划空间，以当地的传统农耕文化遗产为主要内容，规划建设集休闲、度假、观光、旅游于一体的开放型农业生态博物馆，对涉及传统农耕文化遗产的农业田地、自然景观、活动场所、遗址遗迹，以及以传统手工技艺为代表的传统农耕文化的生存环境给予整体性保护和开发利用。就拿二毛皮来说，二毛皮是宁夏"五宝"之一，清代乾隆年间就已闻名遐迩。吴忠、固原曾是西北著名的皮毛集散地，在一些回族聚居区，几乎整个村、乡都专营皮毛的加工与销售。《乾隆宁夏府志》有"布衣褐，冬羊裘"[①]的记载。二毛皮制作工艺十分考究，制作程序相当复杂，要经过打灰、抓毛、熟皮、干铲、定型、去潮、裁制等50多道工序才能将二毛皮鞣制出来。用二毛皮缝制的裘衣，色泽晶莹，轻便保暖，洁白美观，久穿而不黏结。2014年，二毛皮制作技艺入选第四批国家级非物质文化遗产代表性项目名录。[②] 如何精选像二毛皮这样富集非物质文化遗产的传统村落，建立文化生态保护区和民俗文化村，使民间文化的基本形态、承载方式、核心内涵在乡村旅游中得到有效提升，应是当前发展乡村旅游的一个重要方向。以传统手工技艺制作为代表的传统农耕民俗文化遗产，往往凝结了几代甚至十几代传承人的心血。譬如，隆德杨氏家族是闻名于陕甘宁地区的泥彩塑世家，翻开杨氏家谱，就是一部泥彩塑艺术的传承史。[③] 对此，要按照习近平总书记提出的"望得见山、看得见水、记得住乡愁"的原则来传承传统农耕文化，依托具有传统农耕文化底蕴的村落，建立民俗文化展示中心、生态

---

① （清）张金城修、（清）杨浣雨纂、陈明猷点校《乾隆宁夏府志》，宁夏人民出版社，1992，第108页。
② 宁夏非物质文化遗产保护中心编《宁夏非物质文化遗产项目名录：增补本》，宁夏人民教育出版社，2017，第69页。
③ 宁夏非物质文化遗产保护中心编《宁夏非物质文化遗产项目名录：增补本》，宁夏人民教育出版社，2017，第51页。

观光园、生态体验农场、自主采摘园、民俗体验馆等，使传统农耕文化与现代科技有机结合，打造旅游、休闲、居住三位一体的乡村旅游目的地。

五 注重村民诉求，建立与现代化接轨的新时代农村生活

在传统村落建设乡村旅游目的地，不能忽视村民对于美好生活品质的诉求。我们要建设"望得见山、看得见水、记得住乡愁"的传统村落，应该充分考虑村民的诉求，在保持村落原有风貌的基础上，完善现代化生活设施，让家家户户都饮上自来水，安上太阳能和沼气池，使农村居民和城里人一样拥有干净便捷的卫生洗浴设施。只有满足了村民自身生存和发展的需求，才能更大限度地发挥他们对村落保护和建设的主观能动性。当地居民在乡村旅游建设中发挥着两方面的作用。一是当地居民是地方最鲜活的元素，是游客地方感构成最具活力的表现。[①] 政府可以通过合理的规划和具体的政策措施，引导农民既"种农田"，又"种风景"。游客到乡村旅游目的地休闲度假，如果赶上农忙时节，当地居民在田间劳作的场景便是一道靓丽的风景线。政府在构建乡村旅游目的地的过程中可以通过政策引导，促使当地村民参与到乡村旅游建设中，在接待、住宿、餐饮等方面发挥作用，或直接经营农家乐、特色民宿，或在沿途售卖农产品、传统小吃、手工艺品、旅游纪念品等。二是遗产地居民是乡村旅游目的地传统农耕文化遗产的创造者、使用者和守护者。以滩羊养殖、二毛皮制作、羊皮筏子制作、葫芦刻画、箍窑、六盘山抟土瓦塑、中卫古建筑彩绘、原州民间古建筑技艺、赵

---

① 李海娥：《乡村旅游地主客地方感研究》，中国社会科学出版社，2018，第101页。

氏木板雕花技艺、秦腔、道情、说唱、民歌、山花儿、皮影戏等为代表的民间传统知识、传统手工技艺、节庆民俗、礼仪观念、民间曲艺乐器等，是宁夏各族群众在千百年的生产生活实践中创造和积累的宝贵财富，然而随着城镇化和农业现代化的加速推进，农村的生产生活方式和人们的思维方式随之发生了变化，农村居民也在这种浪潮下，从传统农耕文化的传承者变成了观望者。如何以发展乡村旅游为契机，将这些乡民艺术和民间传统纳入村落保护和乡村旅游发展中，应是当前政府需要花大力气解决的问题。其实，如果能够结合当地土特产优势和传统手工技艺优势，引进一批在经济、科技、文化等方面实力雄厚的规上企业入驻村落，通过产业发展带动村落人力、资源、经济、社会、文化各方协调发展，将传统村落打造成一个集旅游、产出、销售等多功能于一体的现代化村落，将能更好地推动乡村旅游发展。在传统村落发展乡村旅游，还要建立与现代化接轨的体制机制，依托当地传承已久的传统农耕文化遗产，通过与旅游产业的融合发展，将现代高新技术融入其中，开发传统村落休闲度假、农业观光等特色乡村旅游产品，如全面推介泾源县二十公里旅游风景道、隆德县老巷子民俗文化村、西吉县龙王坝村等乡村旅游发展经验，积极支持举办乡村旅游节庆活动，着力打造原生态乡村休闲旅游品牌，六盘山山花节、庙庙湖桃花旅游节等一系列节事活动吸引区内外大批游客踏青赏花、休闲观光。同时，大力发展"特色小镇+民宿""景区+旅游新村""休闲农庄+合作社+农户"等模式，依托乡村旅游建设，一方面吸引城市居民前来"体验民俗风情，享受农家美食"，另一方面使当地居民在乡村旅游发展中吃上"旅游饭"。在第一、第二、第三产业融合上，利用农村特有的优势，打造集生态产业、循环农业、创意农业、农事体验于一体的田园综合体，开发乡村休闲旅游产业等，并以此努力提升乡村旅游产业科技水平、文化内涵、绿色含量，增加创意产品、体验产品、定制产品，发展融合新业态，提供更多精细化、差异化旅游产品和更加舒心、放心的旅游服务，使宁夏乡村旅游最终向大旅游格局转变。

第九章
"非遗"与乡村旅游的融合发展

随着收入的增加和社会的发展,久居城市的人越来越向往到乡村感悟、亲近大自然,体验农村生活的乐趣。这为"非遗"与乡村旅游融合发展提供了现实基础,然而由于我国乡村旅游起步较晚,很多具有"非遗"特质的民俗体验项目尚未在乡村旅游中得到充分体现,再加上村落兼并、文化冲击、产品单一等多方面原因,将"非遗"嵌入乡村旅游实施融合发展存在一定难度。本章以宁夏为例,通过对"非遗"融入乡村旅游发展困境的分析,就"非遗"嵌入乡村旅游的路径选择做出浅显探析。

第一节 "非遗"与乡村旅游融合发展的基础

一 "非遗"丰富了乡村旅游的文化内涵

非物质文化遗产是人类在历史长河中通过口传心授的方式保留下来的"活态"文化遗产,反映了一个民族、国家或地区的文化风貌和传统习惯。地处黄河上游的宁夏,历史悠久,文化丰富,具有类型多样、特色鲜明的各类"非遗"项目,并以民间文学、传统音乐、传统舞蹈、传统戏剧、曲艺、传统美术、传统技艺、传统医药、民俗和传统体育、游艺与杂技等形式根植于乡野民间。从地理学上讲，宁夏紧挨胡焕庸线①，并处在该线西北侧。自古以来，胡焕庸线就是草原游牧文化和中原农耕文化的分界线。在这种犬牙交错的地理条件和生产生活环境下，宁夏各族群众创立了辉煌灿烂的农耕文明和粗犷奔放的草原游牧文化，并在各类别的非物质文化遗产中得到充分展现。据统计，目前宁夏已收录各级各类名录的非物质文化遗产 2968 项。② 这些产生于乡野民间的非物质文化遗产，在有效节约水土资源、维护生物多样性、保障粮食安全、改良土壤环境、修复生态环境和塑造乡风文明、推进农村社会治理等方面发挥了重要作用，体现了独特的动态保护思想和农业可持续发展理念。在长期的生产实践过程中，宁夏各族群众不断吸收前人及周边地区精华，通过口耳相传、学习模仿等方式，逐渐形成了具有当地民族地域特色的非物质文化遗产。譬如，羊毛毡曾是宁夏农村土炕上铺垫的类似于褥子的毛制品，因其保暖、隔潮、吸土、耐用等特点，深受广大群众的青睐和喜爱。然而，随着社会的发展和人们物质条件的改善，新的工业产品代替了传统手工艺制品，土炕、羊毛毡逐渐远离了人们的生活。目前，在吴忠市红寺堡区、海原县九彩乡华家村等个别地方还有人继续坚持着制作羊毛毡的古老传统工艺。将

---

① 胡焕庸线是指从黑龙江省黑河市到云南省腾冲，大致为一条倾斜 45 度的斜线。线东南方 43%的国土居住着 94%的人口，以平原、水网、丘陵、喀斯特和丹霞地貌为主要地理结构，自古以农耕为经济基础；线西北方人口密度极低，是草原、沙漠和雪域高原的世界，自古是游牧民族生息繁衍的地方。胡焕庸线也可被看作是中国景观的一个分界线。由景观联系到历史文化，可分析得出，这条线也是中原王朝直接影响力和中央控制疆域的边界线，是王朝时代汉民族和其他民族之间战争与和平的生命线。
② 宋建钢：《全力推动宁夏黄河文化旅游业高质量发展》，学习强国，2020 年 7 月 13 日。

羊毛制成羊毛毡的过程就是擀毡。据传，擀毡从蒙古游牧部落传入并在宁夏生根发芽。千百年来，宁夏各族群众为适应当地自然气候条件，就地取材，创造了以擀毡、二毛皮、羊皮筏子、手工地毯、贺兰砚、糖挂子、草编、柳编、吴忠老醋酿造等传统技艺为代表的各类非物质文化遗产。这些传统技艺与人们的生产生活紧密相连，以传统种植、养殖为核心展开。就拿擀毡来说，因为宁夏畜牧业发达，盛产大豆、苴麻，这正好为擀毡提供了物质上的保障。受当地地理环境、自然条件、生产方式、历史传统等影响和制约，很多传统技艺都是在人们的生产生活实践中逐渐形成和演变的，具有悠久的历史渊源和独特的艺术品格，在活态性、适应性、复合性和多功能性等方面具有显著特征，已经与当地群众的生产、生活习惯紧紧融为一体，显示出了浓郁的地域特色。从这个角度讲，地域性强、文化内涵丰富、审美价值高是传统技艺最显著的特征。随着人们生活水平的提高，旅游者开始对蕴含浓郁"非遗"体验特征的乡村旅游产生了浓厚兴趣。而绵延于宁夏各地的，诸如山花儿、回族民间器乐、寺庙音乐等传统音乐，诸如舞狮、舞龙、隋唐秧歌、盐池秧歌、辛家高跷等传统舞蹈，诸如皮影戏、宁夏小曲、隆德许川地摊戏①、秦腔等传统戏剧，诸如武术、吆逐、打梭、方棋、赶牛等传统体育、游艺与杂技，诸如民间绘画、剪纸、刺绣、砖雕、木雕、麻编、杨氏泥彩塑、赵氏木版雕花、古建筑彩绘、民间社火脸谱、六盘山木版年画等传统美术，诸如擀毡、二毛皮、手工地毯、草编、柳编、羊皮筏子、糖挂子、中宁蒿子面、黄渠桥羊羔肉、吴忠老醋酿造、贺兰砚、花灯扎制、固原传统建筑营造、纸织画等传统技艺，诸如祭山、

---

① 地摊戏是将秦腔、眉户剧与当地民间小曲、小调结合在一起，形成的一种有说有唱、柔和动听的地方戏曲。地摊戏具有服装、道具简单，不受演出场地限制，可以随时演出的特点，深受当地群众的喜欢。

祭河神、青苗水会、放河灯、游九曲、燎疳、高台马社火民俗等，这些非物质文化遗产在吸引旅游者及创造经济、社会、环境效益等方面发挥了重要作用。因此，将"非遗"项目嵌入乡村旅游，不仅有利于非物质文化遗产的保护和传承，而且对促进乡村旅游经济可持续发展具有重要意义。

二 乡村旅游为"非遗"提供了保护和传承空间

非物质文化遗产是乡土社会的审美观照和文化创造，以乡村旅游为载体的聚落空间是其传承和发展的基本单元。宁夏地处黄土高原和内蒙古高原交错地带，具有独特的区位地理条件和自然生态环境。在历史发展的长河中，宁夏各族群众不断探索、模仿和学习，吸收周边地区精华，传承和发展了诸如皮影戏、山花儿、口弦、二毛皮、六盘山抟土瓦塑、杨氏泥彩塑、魏氏砖雕、烙铁画、花灯扎制、葫芦刻画等丰富而珍贵的非物质文化遗产。这些非物质文化遗产涵盖传统表演艺术、传统技艺、传统音乐、民俗等多个门类，涉及人们生产生活的方方面面，在帮助当地居民增加收入、带动就业、促进经济发展，以及凝聚村民情感、丰富乡村精神文化生活等方面发挥了重要作用。譬如，二毛皮制作技艺自治区级非物质文化遗产项目代表性传承人周永红，在盐池先后开办滩羊二毛皮皮毛店、二毛皮加工厂，并注册成立二毛皮制作公司，有200余人在她的工厂里学习二毛皮制作技艺，每年通过订单销售为签约滩羊养殖户带来了上千万元的收入。非物质文化遗产根植于乡野民间，来源于劳动人民的生产、生活实践和群众心理情感沟通的需要。以民间传统美术为代表的非物质文化遗产，从它产生的那天起就像一朵盛开的鲜花，把民众的情感紧紧连接在一起，并使这种情感迸发出无限的创造力与生命力。笔者在隆德县红崖村老巷子、奠安乡梁堡村调研时，发现家家户户大门口都砌刻有"耕""读"字样和"仙鹤""神鹿"等寓意吉庆祥瑞的砖雕图案。这些做工精美的砖雕作品，一方面彰显了当地群众尊师重教的优良传统和对美好生活的诉求，另一方面也反映出人们对砖雕的青睐和喜爱。为使砖雕技艺得以继承和发扬，国家级非物质文化遗产项目代表性传承人卜文俊，博采众人之长，大胆创新，开发研制出了 100 余种砖雕作品，如狮子、砖塔、龙凤呈祥、二龙戏珠等，用于仿古、现代民居建筑的装饰。2010 年，卜文俊还投资成立了隆德县魏氏砖雕有限公司，培养了一大批砖雕艺人，带动当地群众就业、创业，让昔日的祖传技艺成为带动家乡致富的新路径。随着全域旅游示范区建设在宁夏的深入推进，乡村旅游为非物质文化遗产的传播拓宽了渠道、插上了"翅膀"。譬如，在中卫市沙坡头区迎水桥镇南长滩村，游客在体验羊皮筏子摆渡的惊险后，肯定会对羊皮筏子的制作流程、发展历史等产生兴趣。习近平总书记要求我们在新农村建设中要留得住绿水青山，记得住乡愁。乡愁，是珍贵灿烂的传统农耕文化遗产，是丰富的农业物质文化形态和多彩的非物质文化内涵，也正是传统村落所承载的乡土文化和农耕文明的记忆。有学者指出："在乡村旅游发展过程中，若能深入挖掘传统地域文化空间的文化形式，将文化形式和文化空间转换成旅游者的吸引物，增加乡村旅游的文化内涵和旅游价值，增强旅游者在乡村旅游过程中的文化体验，最终实现乡村旅游和地域空间内非物质文化遗产的深度融合，达到通过乡村旅游来保护传承非物质文化遗产的目的。"[①] 当前，以非物质文化遗产和乡村旅游所蕴含的民俗风情等为旅游体验特征，极大地迎合了城市居民追求新颖、独

---

① 梁诸英、陈恩虎：《以历史文化资源促进环巢湖地区旅游产业的开发》，《巢湖学院学报》2017 年第 2 期，第 5~9 页。

特、体验的心理需求。对于旅游者来说，到当地居民的日常生产生活中亲身体验，不仅可以直观地感受当地的乡村生产生活方式，也能增强其对传统文化亲和力的深入理解。当然，对宁夏非物质文化遗产的保护和传承利用，更重要的是要激发和增加非物质文化遗产本身的内生动力，使它在传承中进行创造性转化。在这个过程中要注重传统与现代的对接，使其从现代文化中汲取养料，注重挖掘其自身所蕴含的自我革新元素，以一种活态开放的形式"从苍茫的历史中来，再走向民众的日常生活"，真正实现在传承中永续发展。

第二节 "非遗"在乡村旅游中的发展困境

一 资源整合不够，产品结构单一，附加值低

具有宁夏"非遗"特质的旅游体验项目主要集中在传统音乐（山花儿、寺庙音乐、民间器乐）、传统技艺（擀毡、二毛皮、手工地毯、糖挂子、糖画、贺兰砚）、传统美术（剪纸、刺绣、杨氏泥彩塑、魏氏砖雕、木雕）、传统戏剧（皮影戏、秦腔、隆德许川地摊戏）、特色饮食（黄渠桥羊羔肉、大武口酿皮、荞面搅团、莜面旦旦、洋芋擦擦[①]、燕麦揉揉[②]）等方面。

[①] 洋芋擦擦，以土豆为主要原料，将土豆切成稍粗的丝，再拌以干面粉，使每一根丝上都均匀地裹上一层面衣，然后上屉蒸熟。用土豆做成的洋芋擦擦，色泽金黄，泛着淡淡的油光。食用时，盛入大碗，调入蒜泥、辣面、酱、醋、葱油或香油，再拌上自制的西红柿肉酱。吃上一口，既有薯条的口感和嚼头，又有肉末红椒的鲜香。

[②] 燕麦揉揉，风靡宁夏的小吃之一，各大清真饭店多把它作为一道凉菜给予供应。就是将燕麦面揉成团，蒸好后切成丝，拌入胡麻油等调料而成，口感柔韧劲道，十分爽口。

然而，综观整个旅游消费市场，宁夏很多具有"非遗"特征的旅游体验项目尚未在乡村旅游中得到充分体现，现已开发出的文旅产品种类相对单一，产业链短，附加值低，缺乏特色性、典型性和代表性。究其原因，主要是宁夏乡村旅游起步晚，存在规模小、档次低等问题。很多民间器乐、传统民俗、传统技艺、传统医药、传统服饰等还未在旅游开发中得到充分体现，游客无法感受到这种具有浓郁地域特色的民俗风情。尽管各级政府在民俗体验中十分注重对以"非遗"为代表的乡土艺术和传统农耕文化遗产的发掘，但是却并没有开发出适销对路的特色旅游体验项目。很多土生土长的"非遗"元素与乡村旅游发展融合得还不够紧密，没有发挥出当地乡村旅游资源的优势特征，这使得宁夏乡村旅游难以产生较强的震撼力和招徕力。据很多旅游者反映，到了乡村白天看是蓝天白云，一到晚上就成了漆黑一片。如何挖掘隐藏在传统村落的传统民俗、历史典故、传统技艺、特色饮食、传统舞蹈、地方戏曲等传统文化及其内涵，并融入乡村旅游，应是当前业界需要深入思考的问题。总体而言，宁夏乡村旅游模式仍以休闲观光为主，类型单一，文化特色不明显。很多具有浓郁地域特色的民俗体验活动在乡村旅游中开发得还比较少，致使很多村落在民俗体验项目上没有展现出乡村旅游应有的朝气，从而显得有些单调和乏味。其实，在乡村旅游中如果能够挖掘一些体育类竞技性项目，譬如在泾源回族群众中广为流传的传统体育活动——打毛蛋，就是一项将娱乐、健身、竞技等内容融为一体的群体性竞技游艺活动，不仅可以吸引外来游客观摩参观，还能丰富当地群众的精神文化生活。因此，各地政府应该立足当地民族文化和传统文化，挖掘当地文化亮点，把特色文化项目植入乡村旅游。在民俗体验项目方面，通过不断丰富乡民艺术和传统农耕文化活动，在乡村集中打造一批集特色餐饮、旅游购物、民俗体验、康体养生、晚间休闲于一体的消费性娱乐场所，形成全天候旅游服务。当然，在努力拓展白天旅游体验项目的同时，还要不断丰富游客夜间出游活动，可以举办类似于唱秦腔、练武术、跳广场舞等性质的群体性活动，也可以让农户以农家乐的形式经营茶艺馆、健身房等消费性场所，还可以设置小型影院、桌球室及添置天文望远镜开展夜观星象活动，积极挖掘具有"非遗"特征的民俗体验项目，并将其嵌入乡村旅游，使游客拥有一个丰富多彩的"夜生活"空间。

二 空心村现象突出，"非遗"传承人缺失

众所周知，相较于城市发达的工业生产体系，农村的劣势地位是显而易见的。有学者指出："城市除承担工业生产功能以外还承担着多样化的服务功能，而乡村作为'传统部落'，农业生产功能似乎是乡村职能的全部。"① 在农村依附城市经济发展的模式下，城乡收入差距在不断拉大，城乡文化差异却在缩小，城市强势文化覆盖了人们的精神需求。据统计，宁夏农村常住居民家庭的主要收入来源并不是单纯的农业收入，而是靠在外务工所得。② 大部分农村青壮年因常年外出打工，其生活方式、娱乐方式以及审美情趣都在悄然发生着变化，他们不仅对传统农耕技术逐渐陌生，有些甚至对祖祖辈辈传承下来的礼仪民俗缺乏基本的

---

① 郑重：《转型期农业文化遗产地乡村规划研究——以当涂大公圩为例》，东南大学硕士学位论文，2015，第41页。
② 据《宁夏经济要情手册2021》，2021年宁夏农村居民人均总收入为24422元，其中，全年人均可支配收入为15337元，工资性收入为5689元，经营性净收入为6137元，农牧业收入为4008元，转移性净收入为3158元。同比，城镇居民年均可支配收入为38291元。

认知和认同。随着城镇化①建设和大量农民进城务工，很多村落，尤其是富含传统耕作技术、传统技艺，具有一定文化底蕴的村落，出现青壮年外出务工、妇女陪伴儿童进城上学，只有一些零星老人苦守"空巢"的现象。传承在宁夏广大农村的一些传统耕作技术或传统技艺，像枸杞种植、长枣栽培、砖雕、二毛皮鞣制、擀毡等，多是靠经验的积累，需要长期的观摩和学习，但很多人在追求更高经济利益的驱动下，严重依赖高效的化工技术，对传统农耕技艺缺乏应有的耐心，从而难以真正掌握要领。在一些条件较差、信息闭塞的农村，现实生活的压力以及对下一代的教育，迫使许多村民迁出村落，导致村落自然消失。村落人口老龄化、空巢化导致很多村落出现衰败现象，外出务工人员的增加以及留守儿童、空巢老人的增多，都会潜移默化地影响非物质文化遗产的传承和发展。另外，掌握传统农耕技艺的"非遗"传承人经济收入普遍过低，这也是导致当地很多具有浓郁地域特色的非物质文化遗产出现断层的主要原因。譬如，在中宁枸杞种植系统中，掌握传统种植技术的人多在70岁以上，他们掌握着修剪、选育和传统加工等技术，但他们的生活却依旧贫困窘迫。目前，很多地方的"非遗"传承保护工作仍以精神鼓励为主，一些掌握"非遗"技艺的项目传承人生活条件较差，无力继续从事传承工作，致使一些传承项目濒临灭绝。譬如，固原传统建筑营造，涵盖古建筑榫卯结构、古建筑彩绘技艺及古建筑雕刻技艺等多门独门绝活，是一项涉及木工、瓦工等多工种的"非遗"项目，然而因当地政府没有将传承人补助经费纳入本地财政预算，这门"绝活"的传承面临尴尬境地。有学者指出："一旦村

---

① 《2021年黄河流域九省（区）经济社会发展主要指标》和《宁夏区情数据手册2018~2019》等资料显示，宁夏城镇化率一直呈上升趋势，其中，2021年的城镇化率为66.04%。

民无法在传统业态的产业链上谋生，往往只有走出村落，在城市的边缘或打工或经商谋生。"[1] 当地居民对自己手中所持有的传统技艺所蕴含的价值了解不够，意识不到目前正在使用的现代化工技术对传统农耕文化遗产所造成的破坏，再加上很多人不知道采取何种方式进行保护和开发利用，导致很多非物质文化遗产面临消失的危机。就拿砖雕这一传统技艺来说，虽然深受当地群众的青睐和喜欢，但很多人在修建门楼时用水泥雕刻代替了传统砖雕，水泥刻画出的纹路看上去更加圆润美观，但却无法与砖雕技艺相媲美。非物质文化遗产存亡续绝的关键在于培养一代代合格的传承人，然而年轻人对传统农耕知识的认知度、参与度和学习意愿远低于中、老年群体，年轻人更倾向于接受"现代化的城市生活"，致使那些曾经被老一代传承人引以为豪的传统手工技艺在年轻一代遭遇"滑铁卢"，陷入无人继承的困境。非物质文化遗产是一种活态绿色资源，保护传承是其发展的关键，而"非遗"传承人老龄化问题较为普遍，这大大影响了对非物质文化遗产保护和传承的内生动力，难以实现在保护和传承中进行创造性转化。

三 缺乏主打产品，同质化现象十分严重

要打造全域旅游示范区发展乡村旅游经济，土特产和特色文旅商品是不可或缺的一块。土特产和特色文旅商品既能够拉动旅游消费，也是地方形象的主要标志之一。然而，综观宁夏整个旅游纪念品或文旅商品行情，还存在产品特色不鲜明、主打产品不突出、同质化现象十分严重的问题。虽然泥哇呜、剪纸、刺绣、

---

[1] 丁智才：《新型城镇化背景下传统村落特色文化的保护与传承——基于缸瓦窑村的考察》，《中国海洋大学学报》（社会科学版）2014年第6期，第93~98页。

珠绣[1]、核桃枕头、二毛皮、羊毛毯等在一些景区或文旅商品店随处可见，但基本都停留在小打小闹的非主流状态，没有与现代生活接轨，不能激发出游客对旅游纪念品或文旅商品的购买欲望，从而很难对游客产生较强的吸引力，因此很少得到游客的光顾。据笔者调研统计，游客对旅游纪念品或文旅商品的关注点更多的还是在工艺品、饰品和特色食品的选择上。在产品的特色追求上较为看重产品所蕴含的民族特色和地域文化内涵，及其产地的独有性、外观形状、制作工艺等。因为很多游客购买旅游纪念品或文旅商品的目的多是馈赠亲朋好友，抑或自己收藏用于纪念旅行经历等。笔者就旅游者在购买旅游纪念品或文旅商品时对"产品价格、质量、创新性、纪念性、款式、包装、服务、实用性、地域性和便捷性"等方面的倾向做了问卷调查。调查问卷的统计数据显示，有75%的游客在购买旅游纪念品或文旅商品时，更多倾向于产品的"价格、质量、创新性和纪念性"，这是决定他们是否购买该旅游纪念品或文旅商品的重要影响因素，而"款式、包装、服务、实用性、地域性和便捷性"则是决定他们是否购买该旅游纪念品或文旅商品的次重要影响因素。譬如，须弥山景区商贩们所销售的当地土特产——桃胡枕头，用小桃胡装起来的枕头，对头部具有一定的按摩作用，枕的时候非常舒服，但仍少有顾客问津。究其原因，主要是因为其没有与当地的传统手工艺，如刺绣、民间绘画等结合起来，如果将普通的枕套布艺换成做工精细、图案精美的刺绣布艺，销路肯定会不一样。总体而言，宁夏旅游纪念品或文旅商品在开发设计上尚处于简单的模仿阶段，生产工艺还很粗糙，民族地域特色也不够鲜明。因此，

---

[1] 珠绣工艺是在专用的米格布上根据自主设计的抽象图案或几何图案，把多种颜色的珠粒，经过专业绣工纯手工精制而成。珠绣的艺术特点是晶莹华丽、色彩明亮，经光线折射又有浮雕效果，可作为室内或车内的装饰品。

对旅游纪念品或文旅商品的打造，更多地要与当地的"非遗"特质结合起来，充分挖掘"非遗"与现代生活接轨的切合点，在产品设计上更多体现旅游纪念意义和民族地域文化特色，在产品档次上，要在质地、内容、大小、包装等方面体现其精美、精致、精巧和实用性等特点。当然，在研发设计过程中，还要融入现代生活元素，充分运用新形态、新材质、新工艺，从款式、包装、质量、实用性等方面入手，通过精心设计将"非遗"的传统审美价值融合在有形的工艺产品、生产生活用品、装饰艺术品等载体上，形成具有民族地域文化特色的旅游纪念品或文旅商品。譬如，可以将草编、麻编、剪纸、葫芦刻画、民间绘画统一包装成工艺品、生活用品，将刺绣、擀毡、二毛皮、回族服饰与现代服装、装饰品、环保等主题结合起来进行研制开发，提升审美档次和科技含量。其实，宁夏旅游纪念品或文旅商品发展之所以一直不太有起色，根本原因在于缺乏能够为当地人带来较高收益的自主设计、生产、销售的品牌产品。譬如，入选国家传统村落的梁堡村、红崖村、长城村，均以剪纸、刺绣见长，但扩大至整个西海固地区甚至宁夏全区，基本上也都停留在浅层发展阶段，并没有一家做大做强，整合成龙头企业引领带动周边地区乃至整个行业发展。当产品特色不鲜明、同质化现象较为严重时，产品的市场和销路就会存在问题。如何将剪纸、刺绣等人人见长的传统手工技艺与现代工艺融合起来，渗透日常生活用品中，如室内装饰、汽车饰品、服装设计等，结合传统审美标准，通过龙头企业的加入带动，提高产品的研发设计能力，发展联动产业经济，应该是业界深入思考的问题。笔者认为，要想将宁夏旅游纪念品与文旅商品打造成国内品牌产品，并在国内闯出一条路，应该从以下两个方面着手。一是由政府主导在村落建设中引进一批规上企业参与宁夏旅游纪念品或文旅商品的研制、开发和销售，形成一定规模的专业市场，同时建立区内旅游纪念品或文旅商品集散中心来聚集分散经营的个人或企业。二是通过组织广泛的社会参与，重点邀请高校专业设计者、业内专家和"非遗"传承人参与产品的设计、研发，推出高水平的品牌设计，将宁夏旅游纪念品或文旅商品与"非遗"特质结合起来，从而打造出能够在全国叫得响的具有宁夏地域特色的旅游纪念品或文旅商品。

四 在城市强势文化的冲击下，传统农耕文化受到冷落和挤压

在现代都市文化的冲击下，以非物质文化遗产为代表的传统农耕文化遗产受到冷落、甚至挤压。在半工半农的职业游离状态下，农民的思想观念发生了变化，导致传承千百年的乡村礼仪秩序被打破，有些地方的传统文化几乎处在断层和失传境地。究其原因，主要是以非物质文化遗产为代表的传统农耕文化的经济效益未得到有效发挥，富有地方特色的文化产业发展较为滞后。[①]宁夏各地传承着各式各样的，能够呈现一定经济价值特征的非物

---

① 《宁夏统计年鉴 2022》《宁夏经济要情手册 2021》《2021 年黄河流域九省（区）经济社会发展主要指标》等资料显示，2021 年宁夏全体居民人均可支配收入为 27905 元，城镇居民人均可支配收入为 38291 元，农村居民人均可支配收入为 15337 元，由统计数据可知，农村居民的人均可支配收入仅为宁夏全体居民人均可支配收入的 55%，是城镇居民人均可支配收入的 40%。2021 年宁夏全体居民人均生活消费支出为 20024 元，城镇居民人均生活消费支出为 25386 元，农村居民消费支出为 13536 元，由统计数据可知，宁夏农村居民人均生活消费支出比宁夏全体居民人均消费支出少 30%，比城镇居民人均消费支出少近一半。这说明城乡居民收入情况存在较大差距，生活质量明显不同。同时，地区间的差异也很明显。2021 年海原县农村居民人均可支配收入为 11741 元，是兴庆区农村居民人均可支配收入 20557 元的 1/2 强，隆德县城镇居民人均可支配收入为 28284 元，比兴庆区城镇居民人均可支配收入的 45080 元少了 37%。

质文化遗产，像二毛皮制作、杨氏泥彩塑、魏氏砖雕、葫芦刻画、麻编、剪纸、珠绣等。虽然很多"非遗"传承人进社区、进学校、进商场做现场演示或搞培训，甚至一些有条件的"非遗"传承人注册公司成立作坊发展生产线，但基本都是小打小闹，没有形成规模效应。譬如，二毛皮国家级非物质文化遗产项目代表性传承人丁和平，他和儿子、徒弟共同筹建皮毛厂，所制产品远销新加坡、俄罗斯、加拿大等国，但每年100万元的销售利润，维持生计尚可，离"做大做强"还有差距。总体而言，非物质文化遗产的经济效益还未得到有效发挥，富有地方传统特色的文化产业发展还比较滞后。在现代都市文明和外来文化的冲击下，传统村落的居民尤其是年轻人不愿意继承和发展，对传承千百年的传统农耕文化缺乏自信，致使很多独具特色、极具民俗体验价值的传统技艺，如擀毡、羊皮筏子、糖挂子、箍窑、砖雕、石雕、水车制作等，正在发生变异、衰退，甚至面临消失的危机。传承于乡土民间的传统观念与信仰，诸如祭山、祭河神、青苗水会、放河灯、游九曲、燎疳、高台马社火等，以及当地的民间文学艺术和风俗习惯等的传承和发展，都或多或少受到影响。一些向往到城市打工的新生代农民工普遍对本民族本地域传统文化知之甚少，也缺乏继承当地非物质文化遗产的强烈意愿，再加上不能获得较好的经济效益，很少有人愿意继续从事"非遗"项目的保护与传承工作，导致遗产的内在价值难以得到呈现。资料显示，近20年来宁夏农民外出务工人数一直呈稳步上升趋势，其中2021年全区农民工总数达99.5万人（包括外出农民工76.3万人，本地农民工23.2万人）。[1] 乡村发展的主体是

---

[1] 宁夏回族自治区统计局、国家统计局宁夏调查总队编《宁夏统计年鉴2022》，中国统计出版社，2022，第11页。

农民，但从事农业的人数在锐减，农民不事农耕带来的后果是他们对乡土文化的远离和陌生。

第三节 "非遗"与乡村旅游融合发展的路径选择

一 持续加大政府主导扶持力度，强化资源有效整合

关于"非遗"的保护与传承，各级政府文化管理部门从2000年起就普遍增加了"非遗"保护这一工作职能。对于宁夏这种经济欠发达的民族地区来说，政府在"非遗"保护与传承中的作用无疑是巨大的。如果缺少必要的保护资金，"非遗"的保护和传承就会成为空话，而政府一个很重要的职能就是对"非遗"提供资金支持和政策保护。传承在宁夏全区各地的以滩羊养殖、二毛皮制作、羊皮筏子制作、葫芦刻画、皮影戏、泥哇呜、秦腔、山花儿等为代表的传统技艺、节庆民俗、礼仪观念、民间曲艺乐器及山歌等内容多属独门绝技，口传心授，往往因人而存，人绝艺亡。[1] 对此，政府应该加大力度对各类非物质文化遗产根据其现存状况和发展前景进行科学分类和梯次分级管理，分别采取抢救性、生产性、整体性和立法性等保护措施使之延续、传承和发展。对一些已经不适合当前社会生活节奏、跟不上时代发展节拍的濒危非物质文化遗产，如箍窑、擀毡、吆逐、打毛蛋、打梭等，建立实物或电子影像档案等尽可能地完整记录保存，以免被历史尘封；将一些易失、易丢的传统技艺和民间观念与信仰，如六盘山抟土瓦塑、中卫古建筑彩绘、原州民间古建筑

---

[1] 张治东:《黄河流域宁夏段传统农耕文化遗产的保护与开发利用》,《宁夏党校学报》2020年第2期,第124页。

技艺、赵氏木板雕花技艺、花灯扎制、高台马社火、青苗水会、祭山等,要采取抢救性保护措施,利用现代科技手段通过音频、视频等现代保护工具进行完整记录;对与产业挂钩、具有明显经济效益的传统技艺,如剪纸、刺绣、宁夏毯、二毛皮、手工酿皮、传统酿醋、杨氏泥彩塑、魏氏砖雕等,采取生产性保护措施,在产品设计上融入传统审美标准和现代科技理念,进行合理的开发、研制和生产销售;对一些以传统村落等为代表的承载非物质文化遗产的聚落、场所应给予整体性保护,让聚积在其中的一些传统建筑、传统生产生活方式和生活理念,能够较好地得到延续、传承和保留;对一些以古文物、古建筑为代表的物质遗产,如康济寺塔、同心庆王墓、宋城堡①、世德堂②、古堡子③、

---

① 地处奠安乡梁堡村半山腰处,是目前隆德县境内唯一一座保存完好且有人居住的古城堡。根据文物专家考古推断以及现有城堡夯层证明,该城堡由宋代官方所筑,属军事防御工程修筑,距今1000多年。城堡处在半山腰上,具有易守难攻的特点。战争平息后,成为民居城堡。城堡内现住有17户人家,且呈斜对相过之状,中间留有一条宽约10米左右的过道供人出进。古城堡内有一处保存完整的建于明代的古宅子——世德堂,村民刘昌珀世居于此。

② 据文物专家考证,该民居建于明代,距今已400多年,建筑面积500多平方米,是一座典型的四合院,为村民刘昌珀世居住宅。南面门口进去有一座建造精美的影壁,主建筑坐南朝北,由门厅、左右厢廊、正房组成,门厅进深2.4米,宽2.2米。马头墙砌有"福""寿""白鹤""鹿"等砖雕,墙面磨砖对缝镶砌牡丹花盆。房顶覆以小青瓦、筒瓦,瓦口是勾头滴水,清水脊上刻有镂空莲花。门额镶有"世德堂"匾额一幅,长1.65米,宽0.7米,右边落款"岁在乙卯浦月上浣之吉",左边落款"表弟薛梦麟赠"。

③ 宁夏地处西北边塞,由于屯垦的原因,自古以来,居住便多以城、堡、屯的形式出现。城、堡的墙用土筑成,墙上有女墙、垛口等军事设施,城内有街道、巷子,设公署、仓廪、商号、作坊、住宅等。宁夏至今有些地名仍留有当时的名称,如洪广营、镇北堡、张亮堡、九彩坪堡子等。清代又新筑了部分营子、寨子、庄子,如哨马营、北营子、罗家寨子、王团庄等。比较有代表性的是平罗县,平罗历史上属于一个屯军之地。明代时,军屯士兵和军属集中居住于城、堡、屯内。平罗县较大的城堡有平房城、洪广营堡、镇北堡、李纲堡、镇朔堡、高荣堡、姚福堡、崇口堡、五香堡、金贵堡、威镇堡、徐合堡、桂文堡、张亮堡、丁义堡等24座。新中国成立后,堡子逐渐被废弃,成为宁夏屯军历史的见证。

古长城①等，要采取立法的形式，严禁制止违法分子对古遗址、遗迹或遗存进行破坏。在乡村住宅建设、道路修建、水利灌溉设施和游览路线等方面，应科学规划、合理开发，在保持地方原有风貌和特色的基础上，尽量减少对生态环境破坏的负面影响。总体而言，对非物质文化遗产的保护与传承，要紧紧抓住"传"与"承"两个环节，推动传承工作有序进行。当然，非物质文化遗产也绝不是一成不变的，在适应外界环境的过程中既有传承，又有重构，更有创新，在新陈代谢中不断发展。在对宁夏非物质文化遗产进行有效整合的过程中，也要不断吸纳和补充周边地区文化，使"非遗"在与各种现代文化的互动中做出有选择性地创新与组合。

二 提升"非遗"文化内涵，创新产品设计

随着城市的发展，久居城市的人越来越向往农村的田园风光，到乡村感悟、亲近大自然，体验农村生活的乐趣。然而，由于宁夏乡村旅游目前正处在起步发展阶段，以"非遗"为代表的民俗体验活动开展得还比较少，尤其到了晚间就显得格外单调、寂静。非物质文化遗产是经过长期实践检验传承下来的，涵盖与群众生活密切相关的各种传统文化表现形式和文化空间。在千百年的生产生活实践中，宁夏各族群众创立了品种丰富、形式多样的非物质文化遗产。其中，既有多姿多彩的民俗文化，如风土人情、传统礼仪、民间观念与信仰等，又有口头流传的各种民间文学，如传说、诗歌、民间故事、寓言、民谣、谚语等；既有淳朴生动的各类表演艺术，如山花儿、隋唐秧歌、民间戏剧、曲艺杂技等，

---

① 宁夏素有"关中屏障，河陇咽喉"之称，历朝各代都曾在宁夏境内修筑过长城，现存有战国、秦、汉、隋、明多处长城遗址。宁夏长城多为就地取材的土夯长城，很多已残缺不全。

又有技艺精湛、美轮美奂的工艺美术,如魏氏砖雕、杨氏泥彩塑、剪纸、纸织画、珠绣、刺绣、中卫古建筑彩绘等。如何将"非遗"特质融入乡村旅游,提升"非遗"文化内涵,创新人们乐于接受的产品设计,是当前需要深入思考的问题。笔者建议可以通过政府主导、多方参与,积极引进具备一定规模的龙头企业公司,深入挖掘当地传统农耕文化内涵,高品质、高水准策划并实施符合当地传统习惯的娱乐活动,培育一批参与性强、市场认可度高的"非遗"体验项目。这样既可以招徕、吸引外来游客前来体验、参观和消费,又能让当地富有传统特色的"非遗"项目得到保护、传承和发展。在提升"非遗"文化内涵的过程中,还要围绕宁夏历史古城遗址遗存,合理利用各种文物古迹和文化名城名镇名村,依托宁夏传统农耕技艺、传统村落和科技馆、文化馆、艺术馆、博物馆,以及非物质文化遗产展示馆等,充分挖掘地域传统文化内涵,开发集地方性、文化性、趣味性、艺术性、参与性等于一体的综合性旅游娱乐项目,大力发展山花儿、曲艺杂技和武术表演等群众文化艺术活动,推动演艺、游乐等产业与旅游业深度融合,重点挖掘、开发一批具有浓郁地域特色的工艺美术品、特色风味食品、土特产品、旅游纪念品、日常生活用品等文旅商品,积极开展以剪纸、刺绣、珠绣、扎染、糖画、泥塑、砖雕、麻编、柳编、擀毡、二毛皮等为代表的传统技艺活动,拓展赏梨花、游九曲、放河灯、山花儿、青苗水会等群体参与性民俗体验项目。将区域传统文化贯穿于乡村旅游发展全过程,把文化创意融入旅游产品开发全过程,多角度、多层次、多方面丰富宁夏旅游体验项目。当然,提升"非遗"文化内涵和品质,离不开与高校专家学者、业内人士和"非遗"传承人的合作与交流,通过组织开展研讨、展示、宣传、交流、合作及提供其他帮助,有计划地征集并保管各级"非遗"代表性传承人的代表作品,建立"非遗"代表性传承人档案，给传承人提供一个有利于传承和发展的文化生态空间。当然，"非遗"传承人在不同时代背景、地域环境下进行传承，都会进行一定的创新与发展，从而使非物质文化遗产能够更好地适应社会发展、反映时代特征。

三　嵌入乡村民宿体验，通过旅游项目助推"非遗"传承发展

因为非物质文化遗产产生的土壤是农村，所以对其保护和传承的主要基地也要放在农村。有学者表示："随着体验经济时代的到来，人们的旅游消费方式正从观光旅游向体验旅游转变。"[1]宁夏具有资源丰富、价值独特的各类非物质文化遗产，可以尝试在保护和传承的基础上，将"非遗"嵌入乡村民宿体验，选择在农业生产、生活和民间观念与信仰等方面具有代表性与统一性的群体聚居空间，与宁夏全域旅游示范区建设有效衔接起来，融入现代科技元素，构建集休闲度假观光旅游于一体的开放型农业生态博物馆，对涉及非物质文化遗产的场所、遗迹、景观，及其产生背景和生存环境给予整体性保护和开发利用。政府在乡村民宿体验项目的开发建设过程中，要主导并监管村落的"非遗"规划项目建设，尽量促使符合条件的项目建成、投入和产出。从政策倾斜和资金支持方面鼓励和支持有关企业和"非遗"传承人共同致力于特色民宿的开发和投入使用。通过扶持刺绣、珠绣、剪纸、蒿子面、枸杞膏、老豆腐等代表性传承人和社会文化能人兴办经营实体，以培训、生产、经营等市场运作模式，让家庭作坊生产走向专业规模生产。在乡村旅游建设过程中，要积极

---

[1]　雒庆娇：《甘肃省少数民族非物质文化遗产保护研究》，商务印书馆，2015，第299页。

打造传统民俗文化村,如以中卫南长滩村为依托,向游客展示并体验羊皮筏子等传统技艺的制作过程,努力将民宿体验与宁夏地方农产品加工、传统工艺美术等深度融合,通过推广传统饮食、体验传统文化、参与传统节庆、学习传统歌舞等形式,吸引外来游客,扩大产业发展,促进经济增长。从培养传承人入手,大力发展社会团体,提高民众对非物质文化遗产的认同度,结合旅游、文化和创意产业,产生经济联动效应,在文化产业发展过程中加强保护。建设全域旅游示范区发展乡村旅游,要以旅游市场需求为导向,通过整合社会各方力量,不断丰富和提高特色民宿体验的项目和档次。在一些有条件的村镇,立足产业发展,走市场开发之路。譬如,在杨氏泥彩塑、魏氏砖雕等"非遗"富集的传统村落,实施产业带动发展,通过"非遗"世家及传承能人的影响,辐射带动周边村民共同致力于"非遗"的保护与传承。对于非物质文化遗产的保护、传承和开发利用,应该贯穿整体性原则,既要保护文化事物本身,也要保护它的生命之源。就拿二毛皮来说,二毛皮是宁夏"五宝"之一,清代乾隆年间就已闻名遐迩。《乾隆宁夏府志》有"布衣褐,冬羊裘"[1]的记载。2014年,二毛皮制作技艺入选第四批国家级非物质文化遗产名录。[2] 吴忠、固原曾是西北著名的皮毛集散地,在一些回族聚居区,几乎整个村、乡都专营皮毛的加工与销售。用二毛皮缝制的裘衣,色泽晶莹,轻便保暖,洁白美观,久穿而不黏结。二毛皮制作工艺考究,制作复杂,要经过打灰、抓毛、熟皮、干铲、定型、去潮、裁制等50多道工序才能完整地将二毛皮鞣制出来。

---

[1] (清)张金城修、(清)杨浣雨纂、陈明猷点校《乾隆宁夏府志》,宁夏人民出版社,1992,第108页。
[2] 宁夏非物质文化遗产保护中心编《宁夏非物质文化遗产项目名录:增补本》,宁夏人民教育出版社,2017,第69页。

目前，传统的二毛皮制作技艺和手工作坊主要分布于永宁、青铜峡、盐池、同心和海原等县（市）。随着现代化进程的加快和人们审美观念的变化，新的工艺产品流行于大街小巷，承载传统手工技艺、民族习俗和彰显宁夏民族地域文化特色的二毛皮制作技艺遭遇现代加工业的冲击，面临发展危机。如何将二毛皮的传统鞣制技术与现代生产工艺结合起来，融入刺绣、民族服饰、传统美术等传统审美元素，在设计上充分体现地域文化特色，通过深加工的形式延长产业链，打造具有宁夏地域特色的品牌形象，是当前保护、传承和发展以二毛皮为代表的非物质文化遗产的有效实践路径。随着全域旅游在宁夏的深入实施，游客对民宿体验有了新的更高要求。在类似于乡村民宿或农家客栈的地方，有心人收集了很多过去常用的农用工具，如磨盘、风箱、碌碡、木锨、石槽等用来装点门面，并将这些农具整合起来还原了一个旧时的生活场景，让游客通过推磨体验了解过去人们是如何把小麦磨成面粉的。这种做法虽然古朴，但却能给游客带来全新的感受，在一定程度上实现了习近平总书记提出的"望得见山、看得见水，记得住乡愁"。

四 在坚守中进行创造性转化

"文化的价值，既在于对传统优秀文化的坚守，也在于与时俱进的传扬；文化的魅力，既表现在绚丽多姿的形式，更体现为感染心灵的内核。"① "非遗"是一种"活态"的绿色遗产，它强调大自然与人类和谐共处的平衡，以及对当地社会经济文化的可持续发展，从而形成一种文化景观和生产生活系统，其中包括多样的生活方式、传统礼仪、传统小吃、传统生产制作技艺、农谚民俗和知识文化等。"非遗"传承人是当地传统文化的守护

---

① 李浩然：《感觉春节文化魅力》，学习强国，2020年1月29日。

者、创造者和传承者,在开发利用中要科学合理地吸收他们的意见和建议,使他们在充分利用各种文化资源的同时,自觉担负起保护、传承和开发利用的责任。笔者认为,传统文化复兴的核心要义在于造福广大民众,通过拓展人们的发展空间,提升人们的生活品质,从而引领社会的文明进步。当然,传统文化的复兴,并不是单向地怀旧复古,而是一种修复和回望,更是在新时代社会主要矛盾发生转变下的一次变革与新生。如果说传统是乡村文化的生存土壤,那么现代性则是它未来的发展指向。因此,以"非遗"为代表的乡村文化的复兴应当是在开放的思维中,在与城市文化、域外文化的互学互鉴中,去充分激活乡土传统的文化精华,积极探寻乡村文化的现代表达,进而激发和释放乡村文明的传统价值和现代价值。随着国家对"非遗"保护实践的深入发展,各地对"非遗"及其传承人做了深入发掘和动态保护,政府逐渐由过去的精神鼓励转为精神鼓励和物质奖励并重,但尚未建立有效的法律保障体系和有关财政制度政策。其实,对"非遗"的保护传承和开发利用,更重要的是要激发和增强其文化本身的内生动力,使其在传承中进行创造性转化。有学者指出:"不但要保护非物质文化遗产的自身及其有形外观,更要注意它们所依赖、所因应的结构性环境。不仅要重视这份遗产静态的成就,尤其要关注各种事象的存在方式和存在过程。"[1] 在以"非遗"为代表的乡村文化的复兴中,要重新审视生活的内涵,重新发现生命的价值,重新构筑乡村的未来。在这个过程中,要注重传统与现代的对接,使其从现代文化中汲取养料。这就要求我们在保护的过程中,要注重挖掘"非遗"自身所蕴含的自我

---

[1] 刘魁立:《非物质文化遗产及其保护的整体性原则》,《广西师范大学学报》(哲学社会科学版)2004年第4期,第5页。

革新元素，使其以一种活态开放的形式"从苍茫的历史中来，再走向民众的日常生活"，真正实现在传承中永续发展。

五　充分利用"互联网+"模式，使"非遗"在乡村旅游中得到传承、发展

在乡村旅游建设过程中，要充分利用"互联网+"模式，探索网络直播、手机 App 等在线网络，通过借助线上直播、宣传、销售等多种形式，吸引投资人和媒体的目光，将当地美丽的自然风光和"非遗"旅游体验项目通过网络、微信、抖音、快手等现代传媒让更多人知晓。通过乡村旅游，让非物质文化遗产与旅游体验项目相辅相成、相互促进。各级政府应发挥主导作用，组织搜集民间遗留的"非遗"资料，建立较为完善的数据库、名录体系和"非遗"电子档案，利用数字化技术对"非遗"资源进行科学分类、信息化存储，通过多媒体数据不断向外界展示全区"非遗"有关信息，包括传承人的基本情况、"非遗"最新开展活动、"非遗"项目及产品等。将传统舞蹈、传统美术、传统戏剧、节日民俗等，通过高质量专题形式拍摄介绍反映"非遗"产品的影视作品，让"非遗"产品通过镜头走向大众。推动文物和"非遗"保护传承利用，推进文物和"非遗"创新、创意、转化、教授、展示等与乡村旅游相结合，建设一批"非遗"旅游体验基地，开发一批特色鲜明的文创产品、旅游商品。[①] 在推进"非遗"保护基地建设方面，积极与高校或文化传媒公司等专业机构加强联系，通过建立"非遗"研究中心，对非物质文化遗产的表现形式进行收集、评估和探测，支持微元素文化传媒

---

① 宋建钢：《全力推动宁夏黄河文化旅游业高质量发展》，学习强国，2020 年 7 月 13 日。

等相关企业推进"非遗"及"非遗"衍生品开发,让"非遗"元素及"非遗"产品融入现代生活。在乡村旅游建设过程中,政府应发挥主导监管责任,通过"非遗"展销会邀请代表性传承人现场制作展示涉及"非遗"内容的及传承人在乡村旅游景点、旅游线路中从事的以"非遗"为内容背景的体验项目。在"非遗"保护与传承中,应采取政府倡导、公司运行的方式,成立"非遗"文化推介团队,通过搭建民间传统工艺品展销平台,大力扶持以"非遗"为主要内容的旅游纪念品、文旅商品和民宿体验项目的开发、生产和销售;组织发掘和申报自治区级及以上"非遗"代表性项目和代表性传承人,注重对地方文献、民俗器物和本土名家艺术精品的收藏和展览,完成品类丰富、特色鲜明的民间文化资源积累。譬如,学习固原市隆德县博物馆做法,建立专门的民俗文化展厅,宣传在当地民俗文化建设方面做出突出贡献的"非遗"传承人,并展示他们的作品。鼓励组建民宿产业联盟,以"公司+协会+农户"模式推动乡村民宿的品牌营销、连锁运营、标准服务、特色发展。譬如,银川市西夏区镇北堡镇昊苑村志辉源石酒庄,就以"公司+基地+农户"的形式,通过发展旅游业解决了村子1000多人的就业问题。当然,在乡村旅游配套服务设施方面,还要督促乡村旅游经营户不断提升农家乐和特色民宿的接待服务能力,引导农家乐和特色民宿经营户进行庭院、客房情调意境营造。积极学习借鉴兄弟省区包括国外的有关管理经验和措施,为发展乡村旅游和非遗保护提供经验支持。譬如,学习借鉴泰国经验,建立支持"非遗"发展基金会,以高于市场价的方式从"非遗"传承人手中购买被开发成具有民族地域特色的旅游纪念品或文旅商品,并在超市、商场及旅游景点统一销售。同时,将"非遗"基金会重点倾向于农村,更多保护那些经济困难又有一技之长的"非遗"传承人。

第十章
传统农耕文化遗产与宁夏全域旅游示范区建设

　　随着全面建成小康社会的持续推进，旅游已经成为人们日常生活的重要组成部分。地处黄河上游的宁夏，历史悠久，积淀深厚，具有类型多样、特色鲜明的旅游文化资源。对照国家标准《旅游资源分类、调查与评价》（GB/T 18972-2003），宁夏占有8大主类资源中的所有主类，主类覆盖率达100%，在31个亚类中拥有28类，覆盖率达90.32%，在155个资源类型中占有131个基本类型，覆盖率达84.52%。宁夏享有"中国景观的微缩盆景"美誉，是继海南之后全国第2个"国家全域旅游示范（省）区"的创建单位。2016年习近平总书记来宁夏视察时作出了"发展全域旅游，路子是对的，要坚持走下去"的重要指示，为深入贯彻学习习近平总书记视察宁夏时关于坚持把全域旅游的路子走下去的重要精神，深入贯彻学习习近平总书记在"黄河流域生态保护和高质量发展座谈会上"的重要讲话精神，本章通过梳理宁夏旅游资源类型，从生态旅游、"非遗"特质、资源整合、管理服务、法律法规等方面就掣肘宁夏发展全域旅游的影响因素进行分析，以期为宁夏创建全域旅游示范区做出尝试性探索。

第一节 创建全域旅游示范区的禀赋优势

一 拥有丰富而独特的人文地理资源

宁夏地处黄河上游、祖国西北边陲，南北相距456公里，东西相距250公里，总面积6.64万平方公里。北与桌子山、狼山形成要冲，西通河西走廊，与景泰、兰州一线相连，南有天高云淡六盘山，东跨黄河与陕北高原相顾，中部的马鞍山、牛首山、罗山、香山等山地与丘陵、平原相间而成。虽然地域面积不大，却涵盖大山、河流、湖泊、湿地、草原、峡谷、戈壁等西部所有的旅游资源类型，区内汇集有山地、丘陵、台地、平原、沙漠等多种地貌形态，还具有全国旅游资源中最为壮美、最为奇特的丹霞地貌景观——火石寨国家地质森林公园，全区山川相济，以山控原、以原养山，共同促成了美丽富饶的塞北御景。

历史上宁夏曾是"丝绸之路"东西部交通贸易的重要通道，从西汉至唐宋，留下了丰富的文化遗址遗存。据文物考古调查，全区境内有古遗址1000多处，包括灵武水洞沟旧石器遗址、隆德页和子新石器遗址、海原菜园新石器遗址、彭阳姚河塬商周墓葬遗址、泾源果家山汉代遗址、灵武磁窑堡西夏古窑址、贺兰山东麓西夏陵遗址、固原开城元安西王行宫遗址等，还有蜿蜒2000多公里的古长城，分建于汉、唐、西夏、明等不同朝代的100余处古城堡遗址，以及遍布全区各地的古楼阁、古石窟、古岩画、古寺塔、古墓群、古长城、古城堡等。星罗棋布的文物古迹、丰富多彩的文化遗产，是宁夏实施全域旅游示范区建设不可多得的宝贵资源。多样性的自然资源与深厚的历史文化资源交相辉映，为宁夏旅游提供了充实的人文地理条件。

二 建立了标准化的国家 A 级以上旅游景区体系

景区建设是旅游产业发展的核心要素，能直接反映旅游资源开发利用的基本情况。近年来，宁夏围绕 A 级以上景区建设，以《宁夏空间规划》为引领，在旅游观光的基础上拓展休闲、度假以及特种体验等功能，深入推进"点、线、面"相结合的旅游发展规划，营造处处见景、处处可观、处处可玩、处处可留的环境氛围。目前，宁夏已有国家 A 级以上旅游景区 131 家，包括 5A 级景区 4 家，4A 级景区 31 家，3A 级景区 54 家，2A 级景区 39 家。其中，5A 级景区分别是沙湖旅游区、沙坡头旅游区、镇北堡西部影城和水洞沟旅游区。

随着全域旅游示范区建设的深入推进，宁夏已基本实现由景区点、线开发向面状（板块状）旅游产业集群发展的布局，这对打破行政区划割据、实现旅游资源产业集聚发展具有重要作用。譬如，沙坡头景区被誉为"世界沙都"，是国家首批 5A 级景区，以沙坡头、腾格里湖为核心构建沙坡头旅游经济开发实验区，通过旅游服务业、智慧产业、养老养生产业、观光农业、旅游产品生产和装备制造业、沙产业为主导的产业体系，逐渐形成了集观光、休闲、购物、娱乐为一体的旅游核心产业集群，对于引领景区标准化体系建设具有良好的示范与带动作用。

三 形成以城市为核心的旅游资源整合平台

城镇化是增添发展动能的重要支撑，对于宁夏实施全域旅游示范区建设不可或缺。发展全域旅游，就是要构建新的复合空间，通过统一规划、资源整合、梯次推进、联动发展，实施城市更新行动，发挥银川首府城市的辐射带动作用，突出"塞上湖城、绿色宜居"的城市特色，引导石嘴山、吴忠和中卫等沿黄城市群全面一体化发展，立足固原生态底色和红色文化资源优势，把宁夏全域整体打造成一个大景区和一个完整的休闲度假区，凸显"一主一带一副"城市发展新格局，实现特色化、差异化、融合化发展，提高旅游业在全区经济、社会、文化、生态中的综合效益。

目前，宁夏依据旅游资源空间分布及城市结构布局特点，通过旅游资源整合初步形成了以区域中心城市为核心的三大旅游圈，即银川旅游圈、中卫旅游圈和固原旅游圈。银川旅游圈是指以银川市为核心的大型旅游圈，包括银川市、石嘴山市南部和吴忠市北部，以沙湖、西夏陵、西部影城、青铜峡水库等为主体，依托山脉、峡谷、湖泊、湿地等，积极打造集休闲运动旅游、滨水休闲度假等功能于一体的都市休闲度假旅游组团；中卫旅游圈是指以中卫市为地域主体，依托黄河、沙漠、草原、戈壁等，积极打造以沙漠旅游、探险猎奇等为主题的深度体验旅游组团；固原旅游圈以六盘山自然保护区为主体，立足观光旅游、深度体验和休闲度假功能，形成集红色文化体验、生态避暑休闲、历史文化观光等于一体的旅游组团。

第二节　创建全域旅游示范区的影响因素

一　基础设施建设还比较滞后，离创建标准尚有距离

虽然宁夏旅游资源开发利用类型越来越多样，高标准、高质量的4A级以上景区的带动作用越来越突出，但目前还存在散、乱、小等问题，同质化现象依然严重，离实现全域旅游一体化目标尚有距离。尽管宁夏已建成立体交通网络体系，但航班经停多直飞少，列车始发班次少，高铁还在完善发展中；旅游住宿接待

设施明显不足，5个地级市高品质酒店少，且有一半集中在银川市，旅游旺季"一票难求、一房难求"的问题和旅游景点季节性强、"半年闲"的问题一直未能从根本上得到解决。

景区提升是全域旅游发展中的核心内容，综观全区宁夏旅游基础设施建设还很滞后，住宿、餐饮、购物、娱乐等配套较为薄弱，旅游核心品牌少，仍以观光旅游为主，缺乏体验型、度假型、智能型等高端旅游产品。在项目设计上，普遍存在体验感不强、参与度不足等问题，导致无法有效延长来宁夏旅行游客的停留时间。景区门票设计也不尽合理，游览线路较为单一，自费项目多、收费贵，管理能力较弱，服务质量和水平亟待提升。

二 资源条块分隔，尚未打造出一流的品牌产品

宁夏有很多优良旅游资源，但却没有一家被打造成一流的具有世界影响力的品牌产品。究其原因，主要是因为宁夏旅游景点小且分散，缺乏旅游资源的有效整合和龙头景区的引领带动。譬如，在贺兰山东麓，有大量的旅游景点，像北武当旅游区、贺兰山国家森林公园、拜寺口双塔、西夏陵、贺兰山岩画等旅游景点，因缺乏必要的整合和连接，表现为旅游景点小和旅游景点分散等突出问题。自治区应该从顶层设计出发，牢固树立全域"大旅游"理念，积极构建"大景区"格局，让各个景区互联互通、错位发展，形成串点成线、连线成面的整体优势。

宁夏旅游资源在管理上还存在部门分割和条块分割的情况，一些旅游资源分属林业、自然资源、农业农村、水利、城乡建设、生态环境等部门，被多头管理，甚至有些王牌景点为企业或个人所有，如沙坡头旅游景区由香港中旅国际投资有限公司控股，沙湖旅游景区分属宁夏农垦集团有限公司，镇北堡影城由著名文人张贤亮家族所控股。可谓"九龙治水，各管一摊"。这使

得宁夏旅游资源的综合效益得不到有效发挥，出现旅游资源同质化项目较多、龙头项目较少、产业融合不够等问题。旅游资源的条块分割式管理，极大地制约了宁夏旅游资源的开发与利用，也限制了全域旅游示范区建设向纵深发展。

三　生态环境脆弱，旅游气候适宜期较短

宁夏位于西北内陆高原，生态自然环境十分脆弱，水土流失、土地沙质荒漠化、土壤盐渍化和水资源匮乏等问题较为严重，从南到北地跨黄土高原和内蒙古高原，平均海拔在 1000 米以上。从地形地貌来看，宁夏两头窄、中间宽，自西面、北面至东面，由腾格里沙漠、乌兰布和沙漠和毛乌素沙地相围；自北向南依次为贺兰山脉、宁夏平原、鄂尔多斯高原、黄土高原、六盘山地等。南部是黄土地貌，以流水侵蚀为主，属黄土高原；北部以干旱剥蚀、风蚀地貌为主，属于内蒙古高原的一部分。

全区四季分明，春天暖得快，秋天凉得早，每年 5~10 月是旅游观光的黄金季节，山川如画，气候宜人。银川、石嘴山、吴忠、中卫 4 个地级市同处在宁夏北部的引黄灌区，地理分布相对集中，生态自然环境相近，气候特征相似，旅游适宜期相对较长，主要集中在 3 月 10 日至 11 月 7 日，持续时间有 243 天；固原位于南部六盘山地区，气候特征与其他 4 个地级市稍有差异，旅游适宜期为 3 月 27 日至 10 月 29 日，持续时间为 217 天。[①] 总体而言，与南方温润的气候相比，宁夏适宜旅游的时间较短。

四　管理服务能力有待提升，特色产品不多也不响

宁夏旅游资源丰富，窑洞、梯田、长城、边墙、关津、古

---

① 官景得、王咏青、孙银川、王素艳：《近 39 年宁夏旅游气候适宜期及变化分析》，《干旱区地理》2020 年第 2 期，第 9 页。

渡、城堡、寨子一应俱全,人文历史悠久,文物遗存丰厚,早在旧石器晚期就有人类在此繁衍、生息,水洞沟遗址是迄今为止我国黄河上游地区经过正式发掘唯一的旧石器遗址。可以说,宁夏很多旅游资源都有吸引游客前往的理由。但是,往往去了之后,却给人一种"开发粗糙,既没有看头,也没有玩头"的感觉。多数景区的基础设施和服务能力与旅游精品化尚存在距离,不能达到休闲度假的标准要求,产品延展性不够,偏向于"原材料",人性化、个性化、特色化、国际化和人文化表现不足,难以给旅游者提供深度体验。

在特色文旅产品方面,存在主打产品不突出、特色产品不鲜明、同质化现象十分严重的问题。虽然泥哇呜、咪咪、口弦、剪纸、刺绣、核桃枕头等在文旅超市随处可见,但因没有充分与现代生活接轨,难以产生较强的吸引力,不能激发游客对文旅商品的购买欲望。在千百年的农业生产实践中,宁夏培育出了许多与当地生态资源具有良好协调性的农业特产,像固原燕麦、海原小茴香、西吉马铃薯、中卫硒砂瓜、中宁枸杞、灵武长枣、盐池黄花菜等,都有独特的生态适应性和较高的营养价值,然而很多农副产品却只是以初加工产品的形象出现在消费市场,并没有被开发出较高的附加值,能够延伸的产业链也比较短。

五 "非遗"项目嵌入不够,乡村旅游还处在起步阶段

实施全域旅游示范区建设,离不开以"非遗"为代表的传统农耕文化的支撑。将"非遗"项目嵌入全域旅游,不仅有利于对传统农耕文化遗产的保护与开发利用,而且对促进全域旅游可持续发展具有重要意义。"非遗"与全域旅游结合,在让游客感受浓浓"乡愁"的同时,可增强其对以"非遗"为代表的传统农耕文化的直观理解。譬如,让游客亲身参与到葫芦刻画的制

作流程，会更能激发其对当地传统文化的传承和保护意识。然而，很多以传统聚落、传统技艺为代表的"非遗"项目尚未在旅游开发中得到充分应用，游客还不能感受到具有浓郁地域特色的民俗风情。

自创建全域旅游示范区以来，宁夏乡村旅游得到了快速发展，先后涌现出黄河大漠观赏型、休闲垂钓型、生态观光型、休闲农庄型、农家特色餐饮型等多种类型的旅游产品，并带动了以葡萄、枸杞、马铃薯等为主体的特色文旅产品发展，成为宁夏休闲旅游和假日消费的新亮点。然而，由于乡村旅游起步晚，存在规模小、档次低等问题，部分乡村旅游模式仍以休闲观光为主，类型比较单一。已经开发出的一些文旅产品，由于文化旅游特色的聚焦展示功能不够明显，再加上科技含量和文化附加值比较低，市场竞争力不强，大大限制了特色文旅产品在旅游消费方面的贡献。

六 实施细则不明，存在管理的结构性矛盾

从旅游资源开发到旅游产品的形成，需要经历规划、监测、环评、开发等环节和过程。由于国家对旅游资源开发缺乏具体的制度规范，很容易出现在实际操作中对旅游资源进行过度开发或绝对保护等两极分化的情况，这并不利于旅游资源的有效保护与开发利用。在实施旅游开发过程中，涉及文旅、环保、水利、自然资源、农村农业、城乡建设等多个行政职能部门，当发生管理权限重合或空白时，各部门既互不统管，又没有一个统一管理部门进行协调，容易发生推诿扯皮现象，导致保护与开发出现结构性矛盾。

自治区 2007 年颁布实施《宁夏回族自治区旅游条例》(2017 第 1 次修订、2022 年第 2 次修正)，并于最近两年先后出

台《文化和旅游标准化工作管理办法》《文化和旅游行业信用分级分类监管管理办法》《文化和旅游统计管理实施办法》《深化"互联网+旅游"推动旅游业高质量发展实施意见》等法规和文件,为宁夏旅游业创新发展理念、转变发展方式、推进产业升级,以及旅游规划、旅游促进、旅游经营与服务、旅游安全、监督管理、法律责任提供了政策保障,并开启了新的良好局面。但是,这些条例或政策文件在全区旅游资源的保护与开发实施细则上仍然不够具体,在地域的协调性、行业的统一性等方面操作起来仍有难度。

第三节 将传统农耕文化遗产嵌入宁夏全域旅游示范区建设

一 严格执行国家标准,努力使创建工作向纵深发展

《国家全域旅游示范区验收、认定和管理实施办法(试行)》和《国家全域旅游示范区验收标准(试行)》,是推动全国各地全域旅游创建工作的指挥棒和指导全域旅游示范区创建工作的准绳,为了确保宁夏全域旅游示范区的创建质量,宁夏应该紧扣检查验收标准,即对"四项优先验收指标""五个围绕""六项考核标准""八个转变"等要求予以认真落实。在执行过程中,各创建单位要对标《国家全域旅游示范区验收标准(试行)》包含的体制机制、政策保障、公共服务、供给体系、秩序与安全、资源与环境、品牌影响、创新示范项目等8个项目,认真开展自查自纠,建立、完善各项创建工作档案资料,确保做到创建档案全面、有序、规范。针对存在的问题,制定翔实的整改方案,明确整改措施和任务分工,在创建过程中努力探寻出宁

夏样板的示范区经验。

随着生活水平的提高和思想观念的变化，人们对旅游的要求已不再局限于过去的观光游、景观游，还包括放松心情、学习知识的民宿体验、探险求奇等过程，城乡也逐渐发展成为居民和游客共建共享共游的互动空间。这种变化，不仅是对景点和酒店提出了更高要求，而且在基础设施、公共服务、生态环境、文明程度等方面，对整个城乡发展都提出了新的更高要求。因此，在全域旅游建设方面，必须具备完备的旅游接待体系，通过充分挖掘当地文化亮点和提升旅游综合服务质量，建立"我为人人、人人为我""人人做旅游、人人享旅游"的全民共建共享的旅游发展格局。

二 狠抓标准化建设，完善旅游服务接待体系

合理利用宁夏各种文化资源、文物古迹，积极发挥"三馆两中心"等平台的文化交流功能，通过加大文化旅游资源普查、梳理和挖掘力度，对标国际知名旅游城市，将旅游特色街区、城市绿道、慢行系统等重要内容纳入城市规划建设，积极契合当前旅游消费的新热点、新趋势，不断推动旅游产业与各业态的深度融合，在丰富镇北堡影城、水洞沟旅游区、须弥山石窟等"老景区"项目产品的基础上，优化A级以上景区布局建设，依托本地优势旅游资源，深入开发生态休闲度假、民俗文化体验、阳光温泉冬游、健康养生、研学科考等旅游新产品，推出具有传统文化内涵的差异化文化旅游商品，建设文化主题鲜明、旅游要素完善的差异化特色旅游景区、旅游街区、购物中心、农家客栈等文旅综合体。

大力实施项目带动战略，强力支持基础设施提档升级。围绕智慧旅游、旅游新业态、特色小镇等重大项目，积极整合现有旅游资源，优化城乡空间结构，建立政府支持、部门协同、企业联

手、媒体跟进、游客参与的整体营销机制，以项目带动全域发展。不间断开展覆盖城乡的旅游环境整治行动，持续抓好旅游环境综合治理，城镇要集中整治沿街建筑物立面、沿街门店设施、户外广告牌，乡村特别是旅游特色村要抓好道路、绿化等基础设施改造提升，实施垃圾污水集中处理，不断推动精品景区建设，全面提升旅游景区档次，努力为游客营造一个既愿意来，又愿意留下来的休闲度假环境。

三　注重生态环境保护，推动农文旅融合发展

落实生态立区战略部署，践行绿水青山就是金山银山的理念，统筹山水林田湖草沙旅游资源，形成绿色旅游发展方式。2020年6月习近平总书记在宁夏考察时指出："要牢固树立绿水青山就是金山银山的理念，统筹山水林田湖草系统治理，优化国土空间开发格局，继续打好蓝天、碧水、净土保卫战，抓好生态环境保护。"[①] 实施全域旅游示范区建设，就要牢固树立绿水青山就是金山银山的理念，妥善处理好旅游开发与自然保护区生态环境保护的关系，把生态保护与旅游开发统一起来，使旅游项目建设必须避让自然保护区的核心区、缓冲区，确保旅游资源多样化和可持续性开发，推动贺兰山、六盘山、罗山、黄河湿地生态旅游区建设，保护开发沙湖、沙头、白芨滩、哈巴湖等生态修复旅游产品，完善森林旅游地基础设施，积极推出集休憩、疗养、教育等功能于一体的森林体验、养生基地，打造"森林课堂"科普游和"湖畔人家"体验游产品。

致力于打造更具感染力和渗透力的绿色生态旅游环境，把环

[①]《习近平在宁夏考察时强调：决胜全面建成小康社会决战脱贫攻坚　继续建设经济繁荣民族团结环境优美人民富裕的美丽新宁夏》，新华社，2020年6月10日。

境保护放在生态旅游发展的首位，坚守生态底线，推进生态旅游集约化、低碳化、绿色化发展，完善旅游开发利用规划蓝图，持续加大生态资源富集区基础设施和生态旅游设施建设力度，推动贺兰山生态旅游区、六盘山生态旅游区、罗山生态旅游区、黄河湿地生态旅游区、大漠长城生态旅游区五大生态旅游区建设，在旅游开发上，注重打造一批符合宁夏自然生态条件的绿色生态旅游精品线路，如激情沙漠探险、观光黄河金岸、漫步葡萄长廊、梦幻浪漫山花等。同时，重视景区与周边环境的协调发展。目前，很多景区过分强调大面积硬化，不仅破坏了景区的原生态，也削弱了景区吸引力。

四　大力发展乡村旅游，不断提升"非遗"内涵

积极发展乡村旅游，就是要依靠村落原生态自然风光，引导农民既"种农田"，又"种风景"。通过政策引导和财政倾斜，帮助有条件的公司、企业或个人积极发展农家乐和乡村民宿等配套服务设施，深入挖掘民间传统技艺，深度实施"旅游+"战略，着眼于乡村旅游与科技、文化、金融、农耕、民俗等产业融合对接，鼓励和支持有条件的旅行社将目光投向乡村旅游发展，鼓励组建民宿产业联盟，以"公司+协会+农户"模式推动乡村民宿的品牌营销、连锁运营、标准服务、特色发展。发展"特色小镇+民宿""景区+旅游新村""休闲农庄+合作社+农户"等模式，依托乡村旅游建设，一方面吸引城市居民前来"体验民俗风情，享受农家美食"，另一方面使当地居民在景区建设中吃上"旅游饭"、走上致富路。

"统筹好文化遗产保护利用与经济社会发展，做到在保护中发展、在发展中保护……我国农耕文明是中华优秀传统文化的根，要深入挖掘继承创新优秀传统乡土文化，保留乡村风貌，注

意乡土味道，让历史悠久的农耕文明在新时代展现魅力和风采。"① 故此，围绕和美乡村建设，要依托宁夏传统农耕技艺、传统聚落、特色村镇和科技馆、文化馆、艺术馆、博物馆，以及非物质文化遗产展示馆等，充分挖掘地域传统文化内涵，开发集地方性、文化性、趣味性、艺术性、参与性等于一体的综合性旅游娱乐项目，大力发展曲艺杂技、山花儿和秦腔社火等群众文化艺术活动，推动演艺、游乐等产业与旅游业深度融合，重点挖掘、开发具有地域特色的民族工艺美术品、特色风味食品、土特产品、旅游纪念品、日常生活用品等特色文旅商品，积极开展以剪纸、刺绣、珠绣②、扎染、糖画、糖挂子、泥塑、砖雕、麻编、柳编、擀毡、二毛皮等为代表的传统技艺活动，拓展赏梨花、游九曲、放河灯、祭河神、祭山、青苗水会等群体参与性民俗体验项目。

五 突破"最后一公里"，积极发展全域旅游配套服务

加快打造旅游综合交通网络，着力解决宁夏旅游可进入性差的问题。目前，全区各市之间、各景区之间的交通网络短板比较明显，自治区应在不破坏生态环境的前提下，加快主干道与景区接线建设，打通沙湖、水洞沟、西夏陵、中华黄河楼、沙坡头、须弥山、火石寨等王牌景区的铁路连线工程，完善区内航空、动车、高速公路等交通网络体系，在解决好宁夏全域旅游建设"快旅"问题的同时，从细节入手，解决好"慢游"问题，统筹

---

① 中共中央宣传部：《习近平新时代中国特色社会主义思想学习纲要（2023年版）》，学习出版社、人民出版社，2023，第197页。
② 珠绣工艺是在专用的米格布上根据自主设计的抽象图案或几何图案，把多种色彩的珠粒，经过专业绣工纯手工精制而成。珠绣的艺术特点是晶莹华丽、色彩明亮，经光线折射又有浮雕效果，可作为室内或车内的挂饰品。

建设贺兰山东麓、黄河金岸、清水河流域、东部环线和六盘山等旅游风景道,实现"移步换景、路路通景、处处皆景"的全域旅游观光流程,把景点连成线路、线路做成产品,将"多彩珍珠"串成"美丽项链"。

实施"互联网+旅游"行动计划,探索利用遥感、云计算、大数据、地理信息等技术对旅游进行信息化和智能化武装,结合数字旅游、虚拟现实等新技术丰富旅游体验。目前,宁夏建成了智慧"旅游云"体系构架,并依据全域旅游发展理念和"智慧宁夏"总体发展目标,围绕宁夏旅游数据中心、宁夏旅游公共服务体系、宁夏旅游产业管理体系和宁夏旅游市场营销推广体系开展建设,先后搭起宁夏旅游产业运行监测管理和服务平台、宁夏移动互联网平台、宁夏旅游咨询网集群等12个系统,并初步实现了智慧管理、智慧营销、智慧服务和智慧体验。[1] 实施全域旅游示范区建设,还要在现有基础上大力发展电商平台,提升在线服务、网络营销、电子支付等服务水平,实现旅游信息一览无余、旅游出行一键搞定、旅游交易在线完成,积极打造"指尖上"的宁夏旅游。

六 完善旅游法规政策,建立健全旅游管理体制与机制

依据《中华人民共和国旅游法》和国家层面出台的有关旅游资源的诸多法律法规或条文规定,诸如《环境保护法》《水污染防治法》《草原法》《自然保护区条例》《风景名胜区条例》《文化和旅游规划管理办法》《湿地保护管理规定》《国家森林公园管理办法》《全国生态旅游发展规划(2016-2025)》等,结合宁夏本地实际,对《宁夏回族自治区旅游管理条例》有关条

---

[1] 魏成元、马勇主编《全域旅游:实践探索与理论创新》,中国旅游出版社,2017,第80页。

例和实施细则进行完善和细化，使旅游资源在保护与开发利用过程中，有法可依、有章可循，并通过行政手段实现统一管理、统一规划、统一开发。同时，建立健全旅游市场监管体系，加快建立以信用监管为核心的新型监管制度，建立市场问题发现机制，完善问题报告制度，健全旅游纠纷多元化解机制等，并积极采取有效措施，加大对国家政策及有关法律法规的宣传力度，使旅游经营者、管理者和旅游者知晓违法违规行为及应承担的相关法律责任，从而有效防范并杜绝违法违规行为的产生。各级政府应该研究制定"关于推进文化和旅游领域信用体系建设的实施方案"和"重点关注名单"等管理办法，做好"黑名单"管理工作。同时，将全域旅游示范区创建工作纳入市县（区）、部门年度效能考核，发挥考核结果在推动全域旅游创建工作中的"风向标"和"指挥棒"作用。

　　旅游的全域化是在旅游国际化加快推进的背景下出现的一种包括时间、空间、产业的全域化，是在自主、自助、自驾旅游加快发展的基础上发展起来的跨界发展模式。文化旅游部门应该在开放思维与融合理念的指引下，从规划规范、政策规范、标准规范、管理规范、服务规范等角度，强化旅游发展观念主导、业务指导、需求引导、营销辅导与创新督导，切实为宁夏建设全域旅游示范区做好基础工作。特别是在"一带一路"倡议与加快建设黄河流域生态保护和高质量发展先行区过程中，充分利用中阿博览会这类世界舞台，为丝路重镇宁夏的文化旅游产业发展注入新活力，创造新机遇。毋庸置疑，做好宁夏全域旅游示范区建设工作，既有利于"魅力丝路·塞上江南·神奇宁夏"旅游文化品牌的创建和美誉度传播，又助力于宁夏乡村振兴与经济社会文化的远景长效发展，争取早日实现习近平总书记的殷殷嘱托"建设美丽新宁夏　共圆伟大中国梦"。

图书在版编目(CIP)数据

传统农耕与乡村治理：以宁夏为例 / 张治东著. -- 北京：社会科学文献出版社，2023.12
ISBN 978-7-5228-2563-2

Ⅰ.①传… Ⅱ.①张… Ⅲ.①传统农业-文化研究-宁夏 ②乡村-社会管理-研究-宁夏 Ⅳ.①F329.43 ②D638

中国国家版本馆 CIP 数据核字（2023）第 188451 号

传统农耕与乡村治理
——以宁夏为例

著　　者 / 张治东
出 版 人 / 冀祥德
组稿编辑 / 邓泳红
责任编辑 / 侯曦轩　陈晴钰
责任印制 / 王京美

出　　版 / 社会科学文献出版社·皮书出版分社（010）59367127
　　　　　　地址：北京市北三环中路甲 29 号院华龙大厦　邮编：100029
　　　　　　网址：www.ssap.com.cn
发　　行 / 社会科学文献出版社（010）59367028
印　　装 / 三河市龙林印务有限公司

规　　格 / 开　本：787mm×1092mm　1/16
　　　　　　印　张：21.25　字　数：267 千字
版　　次 / 2023 年 12 月第 1 版　2023 年 12 月第 1 次印刷
书　　号 / ISBN 978-7-5228-2563-2
定　　价 / 128.00 元

读者服务电话：4008918866

版权所有 翻印必究